WOCHEN
SCHAU
VERLAG

Inhaltsverzeichnis

Verzeichnis der Begriffe

Geschichtsdidaktische Begriffe – lieber borgen als bilden?

Dieses Wörterbuch stellt den (oder nur einen) Grundbestand geschichtsdidaktischer Begriffe zusammen. Reflexive, klassifikatorische und empirische Begriffe, Kategorien oder auch Schlüsselwörter werden in ihm vereinigt. Es sind diejenigen Begriffe (etc.), die im Sprachgebrauch von Geschichtslehrern und Geschichtsdidaktikern zu finden sind. Das Wörterbuch beansprucht mehr zu sein als ein Lexikon zum schulischen Geschichtsunterricht, da es auch diejenigen Begriffe aufnimmt, die die geschichtsdidaktischen Denkoperationen, die den Wissenschaftscharakter der Geschichtsdidaktik ausmachen, zusammenzufassen sucht.[1] Objektsprachliche Begriffe (Feudalismus, Faschismus etc.) sind hier nicht aufgenommen; über sie geben die verschiedenen historischen Lexika hinreichend Auskunft.[2]
Die primären Adressaten dieses Wörterbuchs sind Berufsanfänger – Studierende und Referendare. Sie sollen beim Lesen geschichtsdidaktischer Texte unbekannte Begriffe schnell nachschlagen können, ohne sich diese Informationen erst in umfangreichen Handbüchern holen zu müssen. Das kann immer noch geschehen, dafür enthalten die einzelnen Artikel weiterführende Literaturhinweise. Es ist aber auch kein Lexikon, das sich ausschließlich an Anfänger wendet. Das Wörterbuch, so wie es vorliegt, wendet sich auch an praktizierende Geschichtsdidaktikerinnen und -didaktiker und erinnert sie an ihre unerledigten Hausaufgabe, die Präzisierung ihrer Begriffe vorzunehmen und das Grundvokabular der disziplinären Geschichtsdidaktik auszubilden.

I.

Ob dieses Wörterbuch *umfassend* ist – von Vollständigkeit soll hier gar nicht die Rede sein –, muss sich zeigen. Es wäre zuviel verlangt, bei diesem ersten Anlauf schon alles berücksichtigt zu haben. Allerdings ist die Geschichtsdidaktik noch nicht so ausdifferenziert, wie es sich für eine reife Disziplin gehört. Die Herausgeber haben in einer ersten Runde einen vorläufigen Katalog der Grundbegriffe zusammengestellt und dann entsprechende Autoren angesprochen, die dann in einer zweiten Runde weitere Anregungen gegeben haben.
Alle Begriffe zusammengenommen bilden kein geschlossenes System. Das heißt, dass nicht alle 64 Autoren auf der gleichen theoretischen Linie liegen. Keiner der Autoren, die Herausgeber eingeschlossen, wird mit allen Artikeln einverstanden sein. Mancher wird das eine oder andere Stichwort stirnrunzelnd und murrend lesen. Das ist unvermeidlich bei einer Disziplin, die sich erst in statu nascendi befindet. Aber auch bei theoretisch reifen Disziplinen bleiben Differenzen. Folglich: Jeder Artikel wird von seinem Autor und nicht von den Herausgebern verantwortet.
Da die einzelnen Autorinnen und Autoren ihre Artikel ohne Kenntnis der anderen geschrieben haben, beziehen sich die Begriffe nicht systematisch aufeinander.

Prinzipiell sind Begriffe in Begriffsnetze eingebunden. Jeder Begriff impliziert andere, die sich zu Begriffsnestern verdichten. Im vorliegenden Wörterbuch werden zwar Verweise zu den anderen Artikeln gegeben (→), sie sind allerdings oft nur formal. Es ist wünschenswert, dass in einer weiteren Debatte terminologisch Präzisierungen folgen.
Auch die von der Geschichtsdidaktik benutzten Begriffe haben eine Geschichte. *Begriffsgeschichtliche Analysen*[3], die zeigen, wie Begriffe in der Vergangenheit gebraucht wurden, sind hier nicht aufgenommen. Das ist ein Merkposten für die Zukunft. Der Inhalt so alltäglicher Begriffe wie „Quelle" ist in der Geschichtsdidaktik über die Zeiten hinweg nicht konstant geblieben. Er ist einem Begriffswandel unterworfen. „Quelle" meinte in den 50er Jahren des letzten Jahrhunderts in der Geschichtsmethodik „Fremdtexte", also nicht vom Autor bzw. Lehrer stammende Texte, unabhängig davon, ob sie der Vergangenheit oder der Gegenwart entnommen werden. Der Quellenbegriff der Geschichtswissenschaft war diesen Geschichtsmethodikern noch fremd. Es gibt aber auch Begriffe, die den Wortkörper wechseln. So bedeutete der Begriff Geschichtsbild bis in die 70er Jahre des 20. Jahrhunderts das, was wir heute Geschichtsbewusstsein nennen. So beklagte 1960 der Geschichtslehrerverband das „Fehlen eines verbindlichen Geschichtsbildes der freien Welt" – Geschichtsbewusstsein als antikommunistischer Kampfbegriff.
Offensichtliche Unsinnsbegriffe, *Ad-hoc-Erfindungen* einzelner Autoren – beispielsweise das begriffliche Monstrum „Vergangenheitspartikel" – wurden nicht aufgenommen. In diesem Punkt lässt das Wörterbuch die Nutzer im Stich, wenn sie bei der Lektüre mancher Publikationen auf solche Unworte der Geschichtsdidaktik stoßen. Die Geschichtsdidaktik sollte sich nicht ohne Not dem Gespött der Fachwelt preisgeben, wenn sie mit selbsterfundenen esoterischen Begriffen 200 Jahre geschichtstheoretischer Anstrengung auf den Kopf stellt. Hermann Lübbe mokierte sich schon in den 70er Jahren über die „neologismenreiche Geschichtsdidaktikdebatte".[4] Der Rückblick zeigt, dass von diesen Neuerungen (z.B. Curriculum, Emanzipation) nicht viel übrig geblieben ist. Die Kritik an der gegenwärtigen Praxis ist kein apodiktisches Votum gegen neue Begriffe, denn Neuerungen machen ja gerade Wissenschaftsfortschritt aus. Wer einen neuen Begriff einführt, trägt aber auch die Beweislast, dass damit etwas Sinnvolles bezeichnet wird. Sonst bleibt es eine Modevokabel mit sehr geringer Halbwertzeit.

II.

Die *Begriffsarbeit* als intersubjektive Bedeutungsgebung steht der Geschichtsdidaktik noch bevor. Als (werdender) Diskurszusammenhang hat sie ein Interesse an klaren und wechselweise geteilten Begriffen, um eine Verständigung herstellen zu können. Privatsprachlich abgesprengte Begriffe sind kontraproduktiv; sie entziehen sich der Wissenschaftskommunikation und werden zu sektiererischen Propagandabegriffen. Nicht nur der unbekümmerte Umgang mancher Kolleginnen und Kollegen macht die Diskussion schwierig, sondern auch das Verhalten des

Staates, der als größter Abnehmer der von der Geschichtsdidaktik ausgebildeten Personen der Geschichtsdidaktik immer wieder fachfremde Begriffe aufnötigt. Die Geschichtsdidaktik hat zudem die Tendenz, lieber Begriffe aus anderen Disziplinen zu borgen, statt sie selbst zu bilden. Kreative Begriffsbildung, die die erkenntnistheoretischen Möglichkeiten der eigenen Disziplin ausschöpft, erfolgt meist nicht; teils, weil man der eigenen Disziplin nichts zutraut, teils – was aber wahrscheinlicher ist – weil man die Potenziale der Historik gar nicht kennt. Man hält offensichtlich fremde Disziplinen für potenter. Die maßlose Überschätzung von „Konstruktivismus" zeigt das an. Die schlimmste Variante dieser Borgepraxis ist, dass nur die Worthülse ausgeliehen wird und dann mit trivialem oder traditionellem Inhalt gefüllt wird (Dekonstruktion). Die Geschichtsdidaktik sollte mehr über ihr eigenes Tun nachdenken; sie kommt nicht umhin, den Status ihrer Erkenntnismittel zu reflektieren.

In der Geschichtsdidaktik haben wir folgende vier Bereiche, die als Begriffsspender fungieren.

- *Geschichtstheorie*: Die Geschichtsdidaktik muss die geschichtstheoretischen Begriffe der Geschichtstheorie übernehmen, da es sich um die grundlegenden Kategorien ihrer Mutterdisziplin handelt. Diese Begriffe können nicht übergangen oder gar gegen ihren Inhalt gebraucht werden, ohne dass sich der Nutzer aus der Geschichtswissenschaft ausgrenzt.[5] Das bedeutet aber keine einfache Übernahme. Vielmehr muss reflektiert werden, welche Bedeutung diese Begriffe für die Wahrnehmungs- und Lernprozesse von heranwachsenden und erwachsenen Laien haben.
- *Alltagssprache*: Eine Strategie der Begriffsarbeit besteht darin, alltagssprachliche Begriffe durch wissenschaftliche zu ersetzen, die präziser und eindeutiger sind. Geschichtswissenschaft und Geschichtsdidaktik teilen sich mit der Alltagssprache viele Begriffe. Solche alltagssprachliche Begriffe werden aufgegriffen und in einem bestimmten wissenschaftlichen Sinne gebraucht. Sie haben damit ihre Unschuld verloren. So kann man heute nicht mehr so unbefangen von „Gedächtnis" reden wie vor 15 Jahren. Seitdem ist dieser Begriff in unzählige Facetten zerlegt worden (kulturelles, kommunikatives, soziales, kollektives, autobiografisches, prozedurales Gedächtnis). Ein halbes Dutzend Disziplinen, unter denen sich die Geschichtsdidaktik aber nicht befindet, versucht sich an ihm. Bisher war die Geschichtsdidaktik nur an der Merkfähigkeit von Gedächtnis interessiert. Sie nimmt noch nicht wahr, dass der Begriff „Geschichte" zur Zeit durch „Gedächtnis" verdrängt wird.
- *Nachbardisziplinen*: Begriffsimporte aus anderen Disziplinen machen ein besonders Problem aus. Mit dem Import wird nicht der gesamte Kontext der anderen Disziplinen übernommen, sondern meist nur eine Praxis, die weder mit der einen noch der anderen Disziplin zu begründen ist. Ein Musterbeispiel liefert der Begriff Rollenspiel. Er stammt aus der Psychotherapie und dient als „psychodramatisches Rollenspiel" der Verhaltensänderung und der Kompensation defizitärer sozialer Kompetenz. Historische Erkenntnis fällt nicht in seinen Bereich. Was sollte hier auch therapiert werden? Besonders

prekär sind allgemeindidaktische bzw. schulpädagogische Begriffe. Sie erwecken den Eindruck, als gäbe es zwischen Pädagogik und Geschichtsdidaktik keine Differenz. Pädagogik und Geschichtsdidaktik benutzen beispielsweise den gleichen Wortkörper „Medium", der Begriffsinhalt ist aber in beiden Disziplinen grundverschieden. So wird beispielsweise in der Geschichtsdidaktik der Begriff Medium durch Authentizitätsgrade und in der Pädagogik nach Sinnesmodalitäten definiert.

- Inzwischen verfügt auch die Geschichtsdidaktik über eine Anzahl „einheimischer" Begriffe. Diese *geschichtsdidaktischen Begriffe* sind so gut ausgearbeitet, dass sie als eigene Hervorbringungen der Geschichtsdidaktik gelten können. Hierzu gehört der Begriff der Multiperspektivität. Er umfasst die prinzipielle Perspektivität von Erkenntnis, die bildungsträchtige Norm der Multiperspektivität, die Kontroversität der Geschichtskultur und schließlich die Pluralität der Rezipienten. Manche Begriffe haben allerdings noch den Status eines Versprechens. Ihre Benutzer versichern, dass sich hinter ihnen etwas Sinnvolles verbirgt. Diese (vorläufigen) Begriffe ähneln eher abgesteckten Claims, die in der Hoffnung markiert wurden, dass sich in ihnen einige Goldkörner verbergen. Es wird unentwegt geschürft, gefunden ist bislang wenig.

III.

Begriffsarbeit braucht *Regeln* der Begriffsbildung. Um geschichtsdidaktische Begriffe zu präzisieren, müssten die Regeln der Klassifikation ausgewiesen werden. Die traditionelle mentalistische Auffassung identifizierte den Begriff mit „Vorstellung" oder „Gedanke", also psychischen Phänomenen. Das hat sich mit dem „linguistic turn" seit den 70er Jahren verändert.[6] Begriffe sind „Bedeutungen von Ausdrücken". Sie dienen der *Identifikation,* ob etwas unter einen Begriff fällt. Sie ermöglichen *Prädikation*, die Bestimmung des Identifizierten durch den Begriff, und schließlich dienen sie der *Systematisierung;* verschiedene Phänomenen werden unter einem Klassenbegriff zusammengefasst.

Den *Begriff „Begriff"* zu definieren, ist eine fast unlösbare Aufgabe. Einige Definitionen, von denen eine folgen soll, geben aber doch für den erkenntnistheoretischen Laien einige Aufhellung. „Der Begriff ist die meist sprachliche Fixierung, die für die Einheit all der Gegenstände, die unter den Begriff fallen, steht, durch die deren einheitliche Merkmale ausgesprochen werden".[7] Diese einheitlichen Merkmale müssen bestimmt werden. Dazu ist ein Auswahlkriterium nötig, denn ein Begriff wird nicht durch die schiere Menge der Phänomene, die unter ihn fallen, definiert. Um eine solche Operation vorzunehmen, werden Inhalt (Intention) und Umfang (Extension) unterschieden. Vorausgesetzt werden muss ein Auswahlkriterium für die Menge der Phänomene. „Dieses Kriterium bildet den Inhalt des Begriffs, durch welchen erst der Umfang des Begriffs als eine Menge dessen bestimmbar wird, was unter ihn fällt."[8] Die Extension, der *Umfang* eines Begriffs, setzt immer dessen Intension, den *Inhalt* voraus. Lange Beschreibungen von Phänomenen bilden keinen Begriff. Es reicht nicht hin, die

Menge von Phänomenen zusammenzustellen, ihnen dann einen gemeinsamen Namen zu geben und zu meinen, schon habe man einen Begriff. Begriffsinhalt und Begriffsumfang machen zusammen den Begriff aus.[9]

Da der Theoriefortschritt in der Geschichtsdidaktik zur Zeit minimal ist, hat die Geschichtsdidaktik vor allem zwei Aufgaben: Begriffe zu präzisieren und Leerformeln zu tilgen.

- In der Geschichtsdidaktik schließen sich die begrifflichen Klassifikationen nicht wechselweise aus. Es sind eher Reflexionsbegriffe, die aber dennoch einen *abgegrenzten Bereich* beinhalten. Bei neu in den Sprachgebrauch gekommenen Begriffen wie beispielsweise *Kompetenz* muss gesucht werden, welche bisher in der Geschichtsdidaktik gebrauchten Begriffe die gleiche Funktion erfüllten. Wenn sich unter dem neuen Begriff bekannte Phänomene subsumieren lassen, ist der neue Begriff überflüssig. Wenn mit *Kompetenz* lediglich *Methodenorientierung* gemeint sein sollte, macht diese begriffliche Neuerung keinen Sinn. Anderseits sind neue Begriffe eine Herausforderung, um bisher unbeachtete und vernachlässigte Phänomene mit dem neuen Begriff herauszuarbeiten.
- Es sollten weiterhin die vielen *Leerformeln getilgt* oder mit Inhalt gefüllt werden. Das betrifft in erster Linie die vielen geborgten Begriffe, die man ausgeborgt, aber trotz ihrer Unbrauchbarkeit nicht zurückgegeben hat. „*Sachkompetenz*“ ist ein solche geborgter Begriff, eine Leerformel ohne geschichtsdidaktischen Inhalt. Sachkompetenz besitzen auch die australischen Aborigines, wenn sie ihr Didgeridoo blasen, genauso wie sie der europäische Sechsjährige benötigt, wenn er die Hauskatze baden will. Beides kann man schwerlich „auf einen Begriff bringen“. Die Neurowissenschaft bezeichnet das Gemeinte schon ehrlicher mit „Weltwissen“, - aber die ist ja auch keine *Fachdidaktik*. Solange nicht definiert ist, was denn die „Sache“ sei, ist der Plastikbegriff „Sachkompetenz“ sinnlos. Selbst wenn deren Verteidiger das Hilfsargument anführen, es handele sich um „historische“ Sachkompetenz, wird das nicht besser. Gehört das Wissen und die manuelle Fertigkeit, mit Steinen Feuer zu machen – also unzweifelhaft eine Kompetenz – schon zur historischen Sachkompetenz? Wenn nur sogenanntes Faktenwissen gemeint ist, handelt es sich wieder um keine Kompetenz. Vor 50 Jahren nannte man das noch schlicht „Lernstoff“.

Die Geschichtsdidaktik sollte sich hier nicht auf die Leimrute der pädagogischen Trivialliteratur locken lassen, die seit 200 Jahren nicht müde wird, Kant als Eideshelfer für die eigene Praxis heranzuziehen. Kants Formulierung „Gedanken ohne Inhalt sind leer, Anschauungen ohne Begriffe sind blind“[10], meint eben nicht die *pädagogische Anschauung*. Sie kennzeichnet die Verbindung von Logik und Ästhetik, von Verstand und Sinnlichkeit. „Die Dualität von Anschauungen und Begriffen ist nichts als der erkenntnistheoretische Aspekt der Dualität von einzelnem Exemplar und allgemeinem Typ“.[11] Ein noch so anschaulich *gemachter* Einzelfall ergibt nicht zwangsläufig einen Begriff. Der Begriff ist sowohl eine Abstraktion des Sinnlichen als auch gleichzeitig eine schöpferische Setzung.[12]

IV.

Die Redlichkeit verlangt es, die Unabgeschlossenheit und Vorläufigkeit dieses Wörterbuchs zu betonen. Andererseits ist ein vollständiges und definites Lexikon einer Wissenschaftsdisziplin nicht vorstellbar. Vorschläge für Präzisierungen und Erweiterungen werden weiterhin dankend entgegengenommen.

Für die Herausgeber
Hans-Jürgen Pandel (Halle), Januar 2009

Anmerkungen

1 Eucken, Rudolf: Geschichte der philosophischen Terminologie. Leipzig 1879 (ND 1964)

2 Vgl. zu diesen Begriffen: Rüsen, Jörn, Rekonstruktion der Vergangenheit. Göttingen1986, S. 80 ff. Lexika historischer Begriffe: van Dülmen, Richard (Hrsg.): Fischerlexikon, Geschichte. Frankfurt/M. 1990; für die Hand von Schülerinnen und Schüler: Pleticha, Heinrich (Hrsg.): Geschichtslexikon. Frankfurt/M. 1991

3 Koselleck, Reinhart: Sozialgeschichte und Begriffsgeschichte. In: Schieder, Wolfgang/Sellin, Volker (Hrsg.): Sozialgeschichte in Deutschland I. Göttingen 1986, S. 89-109

4 Lübbe, Hermann: Geschichtsbegriff und Geschichtsinteresse. Basel 1977, S. 272

5 Rüsen nennt diese Begriffe „Kategorien"; vgl. dazu Mayer, Ulrich/Pandel, Hans-Jürgen: Kategorien der Geschichtsdidaktik und die Praxis der Unterrichtsanalyse. Stuttgart 1976

6 Schöttler, Peter: Wer hat Angst vor dem „linguistic turn"? In: Geschichte und Gesellschaft 23 (1997), S. 134-151

7 Adorno, Theodo W.: Philosophische Terminologie, Bd. 1, 2. Aufl. Frankfurt/M. 1976, S. 12

8 Acham, Karl: Analytische Geschichtsphilosophie. München 1974, S. 299

9 Speck, Josef (Hrsg.): Handbuch wissenschaftstheoretischer Begriffe, 3 Bde., Göttingen 1980

10 Kant, Immanuel: Kritik der reinen Vernunft (Werkausgabe Bd. III. Hrsg. von Wilhelm Weischedel). Frankfurt/M. 1991, S. 98

11 Strawson, Peter F.: Die Grenzen des Sinnes. Königstein/Ts. 1981, S. 41

12 Foucault, Michel: Archäologie des Wissens, 8. Aufl. Frankfurt/M. 1997, S. 83 ff: „Die Formation der Begriffe"

A

Alltagsgeschichte

Als Alltagsgeschichte bezeichnet man einen Zugang zur Vergangenheit, bei dem die sozialen Praktiken und Deutungen der sog. einfachen Leute im Mittelpunkt des Interesses stehen. Der Begriff des Alltags umfasst die täglichen Erfahrungen im Nahbereich der Menschen. Dazu gehören sowohl die alltägliche Routine als auch die Lebensbewältigung unter extremen Bedingungen wie Krieg und Krisen. Alltagsgeschichte bleibt nah am Menschen und versucht, die Spielräume der historischen Subjekte, aber auch die Grenzen ihrer Handlungsmöglichkeiten auszuloten. Als Konzept der Geschichtsschreibung entstand Alltagsgeschichte in den 1980er Jahren aus dem Unbehagen über eine Sozialgeschichte, die vor allem an großen Strukturen und an Kollektivsubjekten wie Organisationen, Klassen und Bewegungen interessiert war. Demgegenüber sollten die Einzelnen mit ihren Erfahrungen und Wünschen, ihren Gefühlen und ihrer Individualität ins Blickfeld kommen. Zu Beginn war Alltagsgeschichte eng mit außeruniversitären Geschichtsinitiativen verbunden, mit „Geschichtswerkstätten", Laienhistorikern und der – oft naiven – Vorstellung, die Menschen könnten und sollten ihre eigene Geschichte erforschen. Dies führte gelegentlich zu unkritischen und unwissenschaftlichen Ergebnissen dort, wo der Wunsch nach Identifikation stärker war als der nach Analyse und Kritik. Heute gehört die Alltagsgeschichte zum anerkannten Methoden- und Theoriebestand der Geschichtswissenschaft, ist in Fachzeitschriften wie „Werkstatt Geschichte" oder „Historische Anthropologie" fest verankert und international vernetzt. Andere Konzepte wie die der Mikrogeschichte oder Erfahrungsgeschichte sind mit der Alltagsgeschichte eng verknüpft. Eine Fülle von empirischen Einzelstudien hat gezeigt, dass es kreativen Historikerinnen und Historikern gelungen ist, zahlreiche neue Quellen zu erschließen und konventionelle Quellen mit ihrem Zugang neu zu lesen, um ihnen indirekt auch Aussagen zum vergangenen Alltag zu entlocken. Alltagsgeschichte scheint sich besonders für den Geschichtsunterricht zu eignen, weil sie den Zugang zur Vergangenheit erleichtert und weil sie die fremde Geschichte eher mit dem vertrauten eigenen Alltag der Schülerinnen und Schüler vermittelt. Die größere Anschaulichkeit und die stärkere Einladung zur Identifikation (→Identität), welche die Alltagsgeschichte zweifellos zu bieten hat, bergen allerdings auch die Gefahr mangelnder Distanz und unkritischen Einverständnisses, gerade bei Kindern und Jugendlichen. Dagegen gilt es, Schülern den vergangenen Alltag auch fremd zu machen und dabei gleichzeitig die Selbstverständlichkeiten des eigenen Alltags zu verfremden. Sicher ist Alltagsgeschichte nur einer von vielen möglichen und legitimen Zugängen zur Geschichte, aber sie bietet in besonders eindringlicher Weise Problematisierungen der zentralen Fragen an die Vergangenheit:

wie Menschen unter den Bedingungen, in die sie hinein geboren werden und unter denen sie aufwachsen, ihre eigenen Zwecke und Entwürfe zu verwirklichen suchen, und welche Faktoren das Gelingen oder Misslingen dieser Versuche bestimmen.

Laak, Dirk van: Alltagsgeschichte, in: Maurer, Michael (Hrsg.): Aufriß der historischen Wissenschaften, Bd. 7, Stuttgart 2003, S. 14-80; Lüdtke, Alf (Hrsg.): Alltagsgeschichte. Zur Rekonstruktion historischer Lebensweisen, Frankfurt/M. 1989

Dorothee Wierling (Hamburg)

Anforderungsbereiche

Anforderungsbereiche beschreiben fachspezifische Tätigkeiten, die Schülerinnen und Schüler zur Bewältigung von Aufgaben beherrschen müssen. Sie sind in drei Niveaustufen gebündelt, die sich hinsichtlich ihres Anspruchs an die Komplexität und Reflexivität beim Umgang mit Geschichte unterscheiden.

In den →Einheitlichen Prüfungsanforderungen (EPA) Geschichte sind die von der →Kultusministerkonferenz (KMK) vorgegebenen drei Anforderungsbereiche fachspezifisch differenziert:

- Der Anforderungsbereich I umfasst das Wiedergeben von Sachverhalten aus einem abgegrenzten Gebiet und im gelernten Zusammenhang unter rein reproduktivem Benutzen eingeübter Arbeitstechniken. Damit werden v.a. Reproduktionsleistungen erfasst, wie das Wiedergeben von bereits vermitteltem historischem Fachwissen und das Entnehmen von Informationen aus Quellen und Darstellungen.
- Der Anforderungsbereich II umfasst das selbstständige Erklären, Bearbeiten und Ordnen bekannter Inhalte und das angemessene Anwenden gelernter Inhalte und Methoden auf andere Sachverhalte. Dies erfordert v. a. Reorganisations- und Transferleistungen, wie das Erklären von Zusammenhängen, das Verknüpfen historischer Sachverhalte zu Verläufen und Strukturen und das zielgerichtete Erschließen von Quellen und Darstellungen.
- Der Anforderungsbereich III umfasst den reflexiven Umgang mit neuen Problemstellungen, eingesetzten Methoden und gewonnenen Erkenntnissen, um zu eigenständigen Begründungen, Folgerungen, Deutungen und Wertungen zu gelangen. Damit werden v.a. Leistungen der Reflexion und Problembearbeitung eingefordert, wie sie sich im Entfalten einer historischen Argumentation, im Überprüfen von Hypothesen, im Entwickeln eigener Deutungen oder dem Reflektieren der eigenen Urteilsbildung zeigen.

Anforderungsbereiche sind durch die EPA Geschichte relativ fest mit bestimmten Operatoren (handlungsinitiierenden Verben) verbunden worden, die typische Leistungsanforderungen für den jeweiligen Anforderungsbereich beschreiben. Darüber hinaus sind übergeordnete Operatoren formuliert, die integrierenden Charakter besitzen, weil sie ohne weitere Differenzierung Leistungen in allen drei Anforderungsbereichen erfordern. Dadurch sind sie geeignet, um komplexe Aufgabenstellungen zu formulieren, die ggf. auch ohne Teilaufgaben auskommen. Anforderungsbereiche sind insbesondere für Abiturprüfungen relevant. Es ist aber sinnvoll und in einigen Bundesländern sogar verbindlich, sich in Klassenarbeiten der Sekundarstufe I und in Klausuren der gymnasialen Oberstufe an ihnen zu orientieren.

Sekretariat der Ständigen Konferenz der Kultusminister der Länder in der Bundesrepublik Deutschland (Hrsg.): Beschlüsse der Kultusministerkonferenz. Einheitliche Prüfungsanforderungen in der Abiturprüfung, München 2005

Siegfried Both (Halle)

Annales

Die Schule der „Annales" ist nach der Zeitschrift „Les Annales d'histoire économique et sociale" (seit 1946: Les Annales. Economies, Sociétes, Civilisations) benannt, die 1929 von den französischen Historikern Febvre und Bloch gegründet wurde. Ihre Forschungsrichtung wandte sich gegen die in Frankreich zu Anfang des 20. Jahrhunderts dominierende „positivistische Schule" und richtete ihr Augenmerk auf ökonomische und soziale Faktoren der Gesellschaftsbildung sowie auf die Psychologie von Kollektiven. Sie zeichnet sich durch eine interdisziplinäre Ausrichtung der historischen Forschung aus. Febvre und Bloch pflegten früh den Dialog mit der Soziologie, der Politologie, der Geographie sowie der Psychologie und forderten eine problemorientierte Geschichtsschreibung. Nach dem Zweiten Weltkrieg suchte Braudel in der Zusammenarbeit mit der Soziologie, der Demographie und der Ethnologie Berührungspunkte der Sozialwissenschaften untereinander. Weitere Arbeitsschwerpunkte lagen in der historischen Geographie und der historischen Demographie. Zum Markenzeichen avancierte in den 1970er Jahren mit der dritten Generation der „Annales"-Historiker (Ariès, Le Goff, Duby u.a.) die Mentalitätengeschichte. Le Roy Ladurie verknüpfte quantitative Wirtschafts- und Sozialgeschichte mit Politik-, Religions- und Psychologiegeschichte. Methodisch prägend war Braudels analytisches Konzept der „langen Dauer" („longue durée"). Braudel situiert die Geschichte auf drei Ebenen: An der Oberfläche ist die Ereignisgeschichte („histoire événementielle") sichtbar, die durch die „kurze Zeit" („temps court") geprägt ist; auf mittlerer Ebene liegt die „Geschichte von Konjunkturen" („histoire conjoncturelle"), die einem langsameren Rhythmus folgt; und auf der untersten Ebene sind die „Tiefenstrukturen der Geschichte" („histoire structurelle") angesiedelt – die Geschichte der „langen Dauer", die langsame Entwicklungen und Veränderungen über Jahrhunderte hinweg umfasst. Diese langfristigen Trends werden anhand der Untersuchung von Kontinuitäten und Diskontinuitäten mittels der quantitativen Auswertung serieller Quellen erfasst. Die meisten Studien der „Annales"-Historiker befassen sich mit dem Mittelalter und der frühen Neuzeit. Seit 1978 hat sich für die verschiedenen Ausprägungen der „Annales"-Schule auch der Oberbegriff „histoire nouvelle" etabliert. In der geschichtsdidaktischen Diskussion wird die „Annales"-Schule seit den 1970er Jahren rezipiert.

Bourdé, Guy/Martin, Hervé: Les écoles historiques, Paris 1983; Braudel, Fernand: La longue durée, in: Annales 13 (1958), S. 725-753; Burke, Peter: Offene Geschichte. Die Schule der „Annales", Frankfurt/M. 1998; Le Goff, Jacques: La Nouvelle Histoire, Paris 1978; Revel, Jacques: Die Annales, in: Eibach, Joachim/ Lottes, Günther (Hrsg.): Kompass der Geschichtswissenschaft. Ein Handbuch, Göttingen 2002, S. 23-37; Süssmuth, Hans: Strukturgeschichte und Geschichtsdidaktik. Impulse zu einer geschichtsdidaktischen Neuorientierung, in: ders. (Hrsg.), Geschichtsdidaktische Positionen, Paderborn u.a. 1980, S. 121-177

Christine Pflüger (Freiburg)

Anschauung

Der Begriff Anschauung bezeichnet den Bezug auf konkrete, den Sinnen zugängliche Phänomene der Lebenswelt. So ist eine Landschaft, ein Rathaus, ein Gemälde, ein Automobil und eine Gabel mit den Sinnen erfahrbar, während es sich bei geschichtswissenschaftlichen Begriffen wie Leibeigenschaft, Bourgeoisie und Wirtschaftswunder um gedankliche Konstruktionen ohne direkten sinnlichen Bezug handelt. Anschauung meint die durch Betrachtung oder andere sinnliche Empfindungen eines in materieller Form vorhandenen Gegenstandes hervorgerufene Vorstellung. Durch den unmittelbaren Bezug auf etwas konkret Gegebenes sind Anschauungen klar und lebensnah, zugleich aber auch auf die „Umrisse der Wirklichkeit" (Jean Piaget) beschränkt. Für die analytische Durchdringung der Komplexität vergangenen menschlichen Lebens reicht die Anschauung nicht aus. Sie kann lediglich an deren Anfang stehen oder den Erkenntnisprozess unterstützen. Denn es muss „zu dem Einzelnen, das die Empirie gibt, ein Allgemeines hinzukommen, woraus sich erklärt, was ist und geschieht (...) – ein Allgemeines (...), welches nicht in der Form der Anschauungen, sondern durch den Gedanken erkannt wird" (Droysen). Wie Begriffe ohne Anschauung leer, bar jeder Vorstellung sind, bleiben Anschauungen ohne imaginative und verstandesmäßige Durchdringung der bloßen Unmittelbarkeit der Erscheinung verhaftet.

Die Geschichtsdidaktik verbindet mit dem Begriff der Anschauung die auf Pädagogen der Aufklärung wie Comenius und Pestalozzi basierende Einsicht, dass historisches Lernen von sinnlichen Erfahrungen ausgehen solle. Für Rousseau war die „sinnenhafte Vernunft" die Grundlage der „intellektuellen Vernunft". Die Anschauung wirklicher Gegenstände, bildlicher Darstellungen, Modelle etc. sowie die Kenntnisnahme konkreter Lebensberichte und anschaulicher Erzählungen stimuliert demnach die historische Einbildungskraft und schafft die Grundlage und Motivation für eine „gebildete Anschauung" (Gadamer) der Geschichte.

Der Begriff Anschaulichkeit ist von dem der Anschauung abgeleitet. Er bezeichnet die Eigenschaft der Klarheit, Deutlichkeit, Konkretheit und Bildhaftigkeit sinnlich erfahrbarer

Dinge und Darstellungen. Anschaulichkeit ist dann gegeben, wenn die Anschauungskraft der Rezipienten in Bewegung gesetzt wird. Überlieferte Artefakte beispielsweise enthalten durch ihre Materialität, Form, Gestaltung, Farbe und durch die Spuren früherer Be- und Abnutzung ein hohes Maß an Anschaulichkeit. Diese Anschaulichkeit ist jedoch begrenzt und trügerisch. Denn Anschaulichkeit bedeutet nicht Evidenz. Die konkrete, sinnliche Präsenz der Objekte vermittelt an sich keine Einsichten über den historischen Kontext, dem sie entstammen, und über ihre funktionalen, sozialen und symbolischen Bedeutungen. Anschaulichkeit in einem erweiterten Sinne schließt folglich die Anstrengung ein, die Artefakte einer vergangenen Kultur als bedeutungsvolle Zeichen zu deuten. Dies gilt gleichermaßen für Gegenstände, Texte, Bilder und Tondokumente.

Die im Rahmen der Geschichtsvermittlung praktizierte Methode des Veranschaulichens sollte sowohl die Konkretisierung komplexer historischer Sachverhalte mit Hilfe anschaulicher Zeugnisse als auch die Aufdeckung der Bedeutungsdimensionen an dem Vergangenheitsmaterial umfassen, das der Anschauung zugänglich ist.

Gadamer, Hans-Georg: Anschauung und Anschaulichkeit, in: neue hefte für philosophie, Heft 18/19 1980, S. 1-13; Pandel, Hans-Jürgen/Schneider, Gerhard: Veranschaulichen und Vergegenwärtigen, in: Bergmann, Klaus u.a. (Hrsg.): Handbuch der Geschichtsdidaktik, 3. Aufl. Düsseldorf, 1985, S. 464-469

Andreas Urban
(Hannover)

Anthropologie, historische

Unter „Anthropologie“ (griech. „Kunde vom Menschen“) versteht man zunächst jenen Teil der Philosophie, der sich spekulativ mit dem Wesen des Menschen befasst. Sie ist weiterhin eine naturwissenschaftliche Disziplin, die den biologischen Kontext des Menschen erforscht, so beispielsweise seine stammesgeschichtliche Herkunft oder seine genetische Ausstattung. In den 70er Jahren kam im Zusammenhang mit der Neuen Kulturgeschichte (→Kulturgeschichte/„Neue Kulturgeschichte) die „Historische Anthropologie“ hinzu. Sie bildet seither die gemeinsame Schnittmenge und semantische Klammer unterschiedlicher kulturwissenschaftlicher Ansätze wie →Alltags- und →Mentalitätsgeschichte, Frauen- und Gendergeschichte (→Gender), Religionsgeschichte, Völkerkunde oder die sich zur „europäischen Ethnologie“ wandelnde Volkskunde. Wie andere „weiche“ Begriffe auch entzieht sie sich einer präzisen Definition und tendiert gleichzeitig zur Ausweitung ihrer Themenbereiche, insofern „alle Gegenstände, Phänomene und Handlungen Rückschlüsse auf das Handeln und Denken von Menschen erlauben“ (Richard von Dülmen).

Trotz unterschiedlicher Forschungsansätze geht es der Historischen Anthropologie letztlich um die Frage, welchen Herausforderungen sich die menschliche Natur gestellt und welche kulturellen Entwicklungen sie deshalb bewirkt hat. Im Unterschied zur →Sozialgeschichte interessiert sie sich weniger für allgemeine, transpersonale

Prozesse, sondern für die konkreten Lebensformen des Menschen, seine subjektiven Wahrnehmungen, Reflexionen und Aneignungen, für seine Handlungsmuster und Rituale. Die Historische Anthropologie erstrebt keine normativen Deutungen (wie sie etwa das Modernisierungsparadigma der Sozialgeschichte impliziert), erst recht keine einheitliche und kausal geschlossene Theorie. Sie betont vielmehr im Anschluss an Derrida und Foucault die „Dekonstruktion" des Normativen und begnügt sich mit kleingekammerten Untersuchungen, mit „Mikrohistorie" oder „dichten Beschreibungen" (Clifford Geertz), ohne dabei Diskontinuitäten und Widersprüche ausschließen zu wollen. Sie bedient sich einer „modifizierten Hermeneutik" (Wolfgang Reinhard), die weniger auf aneignendes Verstehen abzielt, sondern auf postmodernes „Entziffern" von Texten oder Handlungsabläufen aus der „Logik ihrer Praxis" (Pierre Bourdieu).

Zu den Forschungsbereichen der Historischen Anthropologie (vgl. zum Folgenden Wolfgang Reinhard 2004) zählen der „Körper" (z.B. Sinne und Emotionen, Geschlecht, Kleidung und Hygiene, Ernährung), die „Mitmenschen" (z.B. Familie und Partnerschaft, Kindheit und Jugend, Erziehung und Bildung, Individuen und Gruppen, Politik) und die „Umwelten" (z.B. Raum und Natur, Wirtschaft und Technik, Bauen und Wohnen, Religion).

Die Geschichtsdidaktik bekundete schon früh ihr Interesse an Historischer Anthropologie, insbesondere, weil die hier behandelten Themen „die lebensweltliche Basis historischer Erkenntnis" bei den Schülerinnen und Schülern bilden (Wolfgang Hug). Empirische Untersuchungen, wie die von Bodo von Borries 1995, deuteten dagegen eher auf ein mäßiges Schülerinteresse hin. Die gegen Ende der 90er Jahre in vielen Bundesländern einsetzende Lehrplanrevision öffnete dann die Schulen auch für Historische Anthropologie, so z.B. in Baden-Württemberg (mit Längsschnitten wie „Familie in der Neuzeit", „Entwicklung der Menschenrechte", Kampf um die Rechte der Frau" und „Migration"). Ob sich freilich der überkommene epochale Geschichtsunterricht auf Dauer durch Längsschnitte der Historischen Anthropologie ersetzen lässt, wie dies etwa Gerhard Schneider 2000 für den Geschichtsunterricht der Hauptschule vorgeschlagen hat, bleibt abzuwarten.

Reinhard, Wolfgang: Lebensformen Europas. Eine historische Kulturanthropologie, München 2004; Süssmuth, Hans (Hrsg.): Historische Anthropologie. Der Mensch in der Geschichte, Göttingen 1984; Tanner, Jakob: Historische Anthropologie. Eine Einführung, Hamburg 2004

Wolfgang Günter (Freiburg)

Arbeitsformen

Unter Arbeitsformen versteht man im Bereich der Methodik historisch gewachsene Verfahren der im Unterricht geleisteten Tätigkeit. Sie stellen in Bezug auf historisches Lernen die Arten der sprachlichen Bearbeitung historischer Sachverhalte dar. Die planerische Entscheidung für eine Arbeitsform muss darauf zielen, dass sich die Schüler im jeweiligen Lern-

prozess solche historischen Kenntnisse, Erkenntnisse, Einsichten und Kompetenzen aneignen, die zur Förderung historischen Denkens oder methodischer Fähigkeiten beitragen.
Als wenig produktiv stellt sich die ständige Erfindung semantisch ähnlicher neuer Termini für Arbeitsformen (Lernverfahren, Handlungsmuster, Unterrichtsfiguren) in Pädagogik und Fachdidaktik dar. Hier ist eine Vereinheitlichung dringend anzumahnen.
Die Pädagogik geht von drei Arbeitsformen aus, die als feste Muster des Lernprozesses gelten: darbietender/aufnehmender Unterricht, (→Lehrervortrag), zusammenwirkender Unterricht (Unterrichtsgespräche, →Gespräch) sowie aufgebender/ausführender Unterricht (selbstständige Schülertätigkeit). Manche Fachdidaktiker haben diese Vorstellung erweitert und grenzen von den o.g. alltagsweltlichen Formen methodenorientierte (z.B. Inhaltsanalyse), spielerische (z.B. →Rollenspiel) sowie prüfende Formen (z.B. →Klausur) ab. Allerdings verknüpfen diese Ergänzungen Methoden mit Arbeitsformen und sind fast durchgängig auf die drei Grundmuster zurückführbar.
Das Darbieten hat für den Geschichtsunterricht eine besondere Relevanz, da historische Sachverhalte auf Grund ihrer →Kontingenz weder zu erraten noch logisch abzuleiten sind. Geschichte ist außerdem auf das Tradieren (Weitergabe durch Erzähler) angelegt. Bei einer kooperativen und multiperspektivischen Gestaltung relativiert sich die häufig erhobene Kritik am lehrerzentrierten Charakter von Darbietungen. Die Ächtung dieser Arbeitsform in der Vergangenheit hat lediglich dazu geführt, dass Lehrer eine ökonomische Belehrungsform nur noch zögerlich anwenden. Gekonnte Lehrererzählungen sind entsprechend selten geworden.
Unterrichtsgespräche, die nach empirischen Befunden 50 Prozent des Unterrichts ausfüllen, unterscheiden sich nach dem Grad ihrer Lenkung durch den Lehrer. Die Kritik am kurzschrittigen Frage- und Antwortspiel mit hohem Redeanteil des Lehrers (katechetisches Unterrichtsgespräch) besteht zu Recht, denn dabei übermitteln Lehrer häufig unter dem Deckmantel des Zusammenwirkens eigene historische Sach- und →Werturteile. Alternativ sollten Formen mit geringerer Lehrerdominanz eingesetzt werden (heuristisches Gespräch, Diskussionen zur wertenden Auseinandersetzung mit Historie).
Selbstständige Schülertätigkeiten im Geschichtsunterricht werden dadurch erschwert, dass keine Erfahrungen aus erster Hand nachvollzogen werden können. Sie sollten aber insbesondere in Phasen der Gewinnung historischer Sach- und Werturteile zum Tragen kommen.

Glöckel, Hans: Vom Unterricht, 4. Aufl. Bad Heilbrunn 2003; Meyer, Hilbert: UnterrichtsMethoden I, Theorieband, 10. Aufl. Frankfurt/M. 2003; Pandel, Hans-Jürgen: Arbeitsformen, in Bergmann, Klaus u.a. (Hrsg.): Handbuch der Geschichtsdidaktik, Seelze-Velber 1997, S. 400-406

Andreas Slowig (Halle)

Archiv

In Archiven werden Schrift-, Bild- und Tondokumente aufbewahrt, die aus der Tätigkeit staatlicher und nichtstaatlicher Dienststellen sowie von Verbänden, Betrieben oder Einzelpersonen entstehen und die wegen ihres rechtlichen, historischen, wissenschaftlich-technischen oder künstlerischen Quellenwerts zur dauernden Aufbewahrung bestimmt werden.

In der Bundesrepublik Deutschland existiert ein dichtes Netz von staatlichen Archiven, deren Aufgaben und Zuständigkeiten durch Archivgesetze des Bundes und der Länder festgelegt werden. Das Bundesarchiv hat, resultierend aus den Brüchen der nationalstaatlichen Geschichte, verschiedene Standorte (Berlin, Koblenz, Freiburg). In den einzelnen Bundesländern gibt es je nach deren Größe eines oder mehrere staatliche Archive. Sie sind, ebenso wie die kommunalen Archive der Städte und Gemeinden, jeweils für bestimmte Behörden eines eingegrenzten Gebietes (dessen Zuschnitt sich historisch häufig geändert hat) zuständig. Diese Archive übernehmen deren Unterlagen, verzeichnen sie, machen sie zugänglich und beraten Benutzer.

Neben der klassischen Öffentlichkeitsarbeit durch Ausstellungen wird in den letzten Jahren in den deutschen Archiven zunehmend auch die Betreuung von Schülern und Lehrern als Teil ihres „kulturellen Auftrags" gesehen (→Archivpädagogik.) Archive nehmen auch an öffentlichkeitswirksamen Veranstaltungen wie „Museums-(oder Kultur-)nächten" teil; seit 2001 findet ein bundesweiter „Tag der Archive" (in Analogie zum „Tag des Denkmals") statt.

Dokumente aus staatlichen Archiven sind grundsätzlich für Forschung und Unterricht zugänglich, doch bestehen bei personenbezogenen Unterlagen Datenschutzregelungen, die die Benutzung einschränken bzw. an den Ablauf bestimmter Fristen binden können. Archive unterhalten auch die Parlamente im Bund und in den Ländern, die großen politischen Parteien, die öffentlich-rechtlich organisierten Kirchen, große Betriebe der Wirtschaft, Zeitungen und Zeitschriften, die öffentlich-rechtlichen Rundfunk- und Fernsehanstalten sowie Adelsfamilien von historischer Bedeutung. Hier unterliegt die Benutzung unterschiedlichen Regelungen und ist z. T. kostenpflichtig (z.B. Mitschnittservice der Rundfunkanstalten).

Archivische Quelleneditionen finden sich auch im Internet als Dokumentensammlungen (z.B. ausgewählte Dokumente zur Zeitgeschichte): http://www.bundesarchiv.de/aktuelles/aus_dem_archiv/dokument/index.html), als virtuelle Ausstellungen (http://www.bundesarchiv.de/aktuelles/aus_dem_archiv/galerie/index.html) oder als „digitale Archive".

Franz, Eckhart G. : Einführung in die Archivkunde. 5. Aufl. Darmstadt 1999; Englert, Marianne/Lange, Eckhard/Schmitt, Heiner/Stülb, Hans-Gerhard (Hrsg.): Vernetzungen. Archivdienstleistungen in Presse, Rundfunk und Online-Medien, Münster u.a. 2001; Reimann, Norbert (Hrsg.): Praktische Archivkunde. Ein Leitfaden für Fachangestellte für Medien- und Informationsdienste, Fachrichtung Archiv. Münster 2004.; http://www.uni-marburg.de/archivschule/fv61.html [über diese Internetseite der Archivschule Marburg gelangt man zu den Homepages der öffentlichen, öffentlich-rechtlichen und privaten Archive in Deutschland sowie auch zu internationalen Archiven].

Thomas Lange (Darmstadt)

Archivpädagogik

Durch die Verwendung originaler historischer Dokumente (Archivquellen) im Unterricht bzw. durch selbstständiges Forschen im →Archiv soll Geschichte sinnlich und persönlich erfahrbar gemacht werden. Geschichtlichen Vorgängen wird durch das Wiedererkennen konkreter Namen und Orte bzw. durch die Möglichkeit der vergleichenden Identifikation mit der eigenen Lebenswelt ein „menschliches Maß" gegeben. Archive bieten Freiraum für Eigeninitiative und selbst organisiertes Lernen, dazu hat Archivarbeit immer einen motivierenden detektivischen Charakter („Spurensuche"). Archivpädagogik, manchmal auch Archivdidaktik genannt oder über schulische Zielgruppen hinaus in „Historische Bildungsarbeit" der Archive integriert, entspricht inzwischen dem Selbstverständnis der meisten Archivarinnen und Archivare.

In den Lehrplänen hat die Bedeutung der Archive bzw. der Hinweis auf das Lernen an regionalgeschichtlichem Material in den letzten Jahren zugenommen. Schulische Lernziele und Qualifikationen werden zunehmend fachübergreifend und interkulturell definiert, traditionelle Formen schulischer Leistungsüberprüfung werden durch „Facharbeiten", „Seminarkurse", „Präsentationen" oder „besondere Lernleistungen" abgelöst, die verstärkt selbstständiges, forschendes, fächerübergreifendes und teamorientiertes Lernen erfordern. Der Primat inhaltlichen Wissens wird durch das Lernziel „Informationskompetenz" ergänzt. Didaktisch kann Archivarbeit entscheidend zur Bildung von →Geschichtsbewusstsein beitragen: Geschichte wird als offen und widersprüchlich, nah und fremd zugleich, jedenfalls immer als aus Archivquellen rekonstruierte erfahren.

Methodisch ist neben →Projektarbeit auch →Handlungsorientierung in unterschiedlicher Form möglich. Welche Arbeitsform gewählt wird, richtet sich auch nach dem Stellenwert des außerschulischen Lernorts Archiv in der Unterrichtskonzeption: Archivbesuch, Archivunterricht, Projekttage oder -wochen im Archiv sind möglich und werden vielfach realisiert. Dazu tritt verstärkt auch die Beteiligung an →Geschichtswettbewerben.

Nur an wenigen Archiven finden sich „Archivpädagogen", die schwerpunktmäßig Schüler und Lehrer bei der Nutzung von Archiven für den Unterricht beraten, pädagogische Hilfen bei Ausstellungen geben und regional- oder lokalhistorische Quellensammlungen für den Unterricht (im Druck oder als „Digitale Archive" im Internet) erarbeiten. In den meisten staatlichen und kommunalen Archiven wird dies aber auch von den Archivarinnen und Archivaren als Teil ihrer Arbeit begriffen. In anderen europäischen Ländern sind ähnliche Entwicklungen im Gange. Vorbildlich war die Entwicklung in Frankreich, wo Lehrer flächendeckend als Beauftragte des „service éducatif" an die staatlichen Archive (archives départementales) und an die Archives Nationales in Paris abgeordnet sind.

Lange, Thomas/Lux, Thomas: Historisches Lernen im Archiv, Schwalbach/Ts. 2004.; Link, Roswitha: Lernort Archiv, in: Schönemann, Bernd u.a. (Hrsg.):

Geschichtsbewußtsein und Methoden historischen Lernens, Weinheim 1998, S. 238-245; Pieper, Joachim: Geschichte entdecken, erfahren und beurteilen. Eine Einführung in die Archivarbeit, hrsg. vom Nordrhein-Westfälischen Hauptstaatsarchiv Düsseldorf, Düsseldorf 2000; Würfel, Maria: Erlebniswelt Archiv. Eine archivpädagogische Handreichung, hrsg. von der Landesarchivdirektion Baden-Württemberg und dem Ministerium für Kultus, Jugend und Sport Baden-Württemberg, Stuttgart 2000

Thomas Lange (Darmstadt)

Artikulationsformen

Artikulationsformen sind ein methodisches Mittel, um den Ablauf einer (selten mehrerer) Unterrichtsstunden zu gliedern. Sie haben ihren Ursprung in der Pädagogik des 19. Jahrhunderts (z.B. Herbart). Als methodische Mittel dienen Artikulationsformen im Unterricht dazu, einen Sachverhalt verständlich zu machen. Der Unterricht muss so organisiert und aufbereitet sein, dass ihn der Lernende ohne weiteres nachvollziehen kann. Dazu wird der Ablauf in verschiedene Abschnitte gegliedert, die in einer bestimmten Reihenfolge angeordnet und aufeinander aufbauend sind. In der Literatur spricht man u.a. von Unterrichtsphasen, Unterrichtsstufen bzw. von Artikulationsformen. Sie sollen Sachverhalte (z.B. den Verlauf des Zweiten Weltkrieges), die nicht als Ganzes vermittelt werden können, inhaltlich aufteilen. Weiterhin verfolgen sie eine bestimmte Denklogik, bei der die Elemente eines Sachverhaltes so angeordnet werden, dass sie miteinander in Verbindung stehen und Zusammenhänge zu erkennen sind.

Bei der Gliederung des Unterrichts muss auch darauf geachtet werden, dass die einzelnen Abschnitte das Interesse der Schülerinnen und Schüler wecken und aufrecht erhalten sowie zu ihrer →Motivation beitragen. Eine Realisierung kann durch bestimmte Wechsel von →Medien und Verfahrensweisen ermöglicht werden. Mit Hilfe der Artikulationsformen wird auch das begrenzte Zeitbudget des Unterrichts beachtet. Der zu vermittelnde Unterrichtsinhalt muss so aufgeteilt werden, dass die einzelnen Sequenzen 45 Minuten ausfüllen. Die Gliederung des Unterrichts wird vom Lehrer bzw. der Lehrerin vorgenommen. Dabei müssen die einzelnen Unterrichtsabschnitte für den Schüler bzw. die Schülerin erkennbar sein. Aus der geschichtstheoretischen Literatur lässt sich ein geschichtsdidaktisches Artikulationsschema konstruieren, das die folgenden Teilschritte enthält: 1. die historische Frage (hier erfolgt die Umsetzung eines gegenwärtigen Problems in eine historische Frage, wie z.B.: Warum gab es zwei deutsche Staaten?); 2. Heuristik (d.h. feststellen, wo Material zur Beantwortung der historischen Frage zu finden ist und im Planungsgespräch analysieren, was genau beantwortet werden soll); 3. Darstellung (hier beschäftigt man sich intensiv mit Quellen und Geschichtsdarstellungen); 4. Narrative Erklärung (mit Hilfe der Darstellung wird die historische Frage beantwortet). →Geschichtsunterricht lässt sich nun aber nicht allein anhand der vier Artikulationsformen verwirklichen, denn er bedeutet Kommunikation, in der historische Erzählungen verhandelt werden. Deshalb ist es wichtig, die Artikulationsformen mit den folgenden drei Planungsdimensionen zu kombinieren: Sprech- und Handlungsakte des Lehrers bzw. der Lehrerin, Sprech- und Handlungsakte der Schüler bzw. Schülerinnen und sprachlich repräsentierte Perspektiven der historischen Akteure. Die Verknüpfung der Artikulationsformen mit den Planungsdimensionen wird einem Geschichtsunterricht gerecht, der als Kommunikation verstanden wird, bei der alle Teilnehmer die gleiche Chance haben sollten ihre Sichtweisen einzubringen.

Kuhn, Annette: Unterrichtsplanung, in: Klaus Bergmann u.a. (Hrsg.): Handbuch der Geschichtsdidaktik, Seelze-Velber 1997, S. 457-463; Pandel, Hans-Jürgen: Artikulationsformen, in: Mayer, Ulrich/Pandel, Hans-Jürgen/Schneider, Gerhard (Hrsg.): Handbuch Methoden im Geschichtsunterricht, 2. Aufl. Schwalbach/Ts. 2007, S. 577-594

Nicky Born (Halle)

Außerschulische Lernorte

Außerschulische Lernorte werden in den letzten beiden Jahrzehnten unter dem Schlagwort *Öffnung der Schule* als wesentliche Bestandteile inhaltlicher Schulentwicklung betrachtet. Dem Lernen außerhalb des Klassenzimmers wird ein besonderer Wert für erfahrungs- und lebensweltorientiertes Lernen zugesprochen. Außerschulische Lernorte würden Belehrung in der Klasse durch →Erfahrung ersetzen oder durch Erfahrung ergänzen. Während etwa in Umwelterziehung, Biologie, Erdkunde und Bereichen der politischen Bildung durchaus →entdeckend-forschendes Lernen an der „Sache" befördert werden kann, ist aus erkenntnistheoretischen Gründen Begegnung (→Realbegegnung/Originale Begegnung) oder Erfahrung mit „Geschichte" selbst nicht möglich. Bereits seit langer Zeit ist jedoch in der geschichtsdidaktischen und geschichtsmethodischen Literatur das Potenzial von →Archiven, →Denkmälern, Ausstellungen und →Museen sowie der Erschließung durch →Erkundung/Exkursion für das Geschichtslernen aufgearbeitet worden. Von besonderer Bedeutung für historisches Lernen ist die methodisch kontrollierte Spurensuche an historischen Orten, seien es einzelne Gebäude oder lokale/regionale Ensembles.

Historische Orte sind originale Plätze, die durch geschichtliche Ereignisse, Prozesse oder Strukturen geprägt sind und es ermöglichen, diese an Ort und Stelle zu rekonstruieren. Nach allgemeiner Definition ist →Geschichte der Zusammenhang allen menschlichen Tuns und Erleidens unter den Bedingungen von Zeit und →Raum. Weil sich die räumliche Komponente der Geschichte zudem dort anschaulicher darbietet als in der Papierform und in abstrakten Darstellungen, werden historische Orte zu selbstverständlichen Orten historischen Lernens. Im Unterschied zu Konzeptionen, die den Begriff →„Erinnerungsort" auch immateriell-metaphysisch verstehen, sind historische Orte sichtbare, reale ortsfeste Sachquellen vom Einzelobjekt (Ruine, Gebäude, →Denkmal) über Ensembles (historische Altstädte) bis zur Oberflächengestalt einer Region (Parkanlage, Kulturlandschaft).

Eine andere Typisierung erfolgt nach jeweils vorfindlichen Bezügen zur Vergangenheit. Danach kann ein historischer Ort sein:

- Ort eines geschichtlichen Ereignisses, Schauplatz einer historischen Entscheidung;
- Ort geschichtlich bedeutsamer Strukturen ohne Bindung an ein bestimmtes Ereignis (als Voraussetzung oder als Folge umfangreicher historischer Prozesse);
- Ort geschichtlicher Veränderung, Beispiel der Historizität eines räumlichen Ortes;
- Ort präsentierter bzw. gedeuteter Geschichte, ausdrücklicher realer Erinnerungsort.

Zur unentbehrlichen Gelegenheit für historisches Lernen werden historische Orte durch das ihnen innewohnende geschichtsdidaktische Potenzial. Mit Realität und Permanenz sind der Wirklichkeitscharakter, das Nicht-Fiktionale sowie die Dauerhaftigkeit und stetige Verfügbarkeit der historischen Relikte gemeint. Originalität und Anschaulichkeit sprechen die unmittelbare Begegnung mit dem historischen Zeugnis an seinem ursprünglichen Ort und die Möglichkeit der dreidimensionalen →Erfahrung an. →Imagination und →Authentizität betreffen die Förderung bzw. Aktivierung der Vorstellungskraft der Lernenden und die Qualität als sozusagen unbearbeitetes Quellenmaterial, beides einschließlich emotionaler Bindungskraft.

Weit verbreitet ist das Missverständnis, der historische Ort ermögliche den Blick auf den geschichtlichen Urzustand, einen unmittelbaren Zugang zu „Geschichte live“ oder eine direkte „Reise in die Vergangenheit“. Vielmehr lässt sich die allgemeine historische Erkenntnis vermitteln, dass aus den fragmentarischen Relikten erst die hier nicht unmittelbar sichtbaren historischen Zusammenhänge mithilfe weiterer Materialien rekonstruiert werden müssen.

Zur Wahrnehmung, →Erkundung, Aufarbeitung und Deutung historischer Orte eignen sich entsprechend den Lernorten und den unterschiedlichen Bedingungen alle Formen historischer Vermittlung, besonders aber die offeneren Lernformen der entdeckend-forschenden und handlungsorientierten Konzepte (→Entdeckendes Lernen, →Handlungsorientierung). Die Lernschritte beim Umgang mit historischen Orten unterscheiden sich nicht grundsätzlich vom historischen Lernen in der Schule (→Erarbeitung). Sinnvollerweise sind drei Stufen zu berücksichtigen:

- vielfältige Erkundung und Wahrnehmung des Ortes,
- Analyse der sichtbaren enthaltenen Bedeutung unter Verwendung vielfältiger Quellen und Darstellungen,
- adressatenbezogene Präsentation der Ergebnisse.

Baumgärtner, Ulrich: Historische Orte, in: Geschichte lernen 19 (2005), H. 106, S. 12-18; Hey, Bern: Exkursionen, Lehrpfade, alternative Stadterkundungen, in: Bergmann, Klaus u.a. (Hrsg.): Handbuch der Geschichtsdidaktik, 5. Aufl. Seelze-Velber 1997, S. 727-731; Mayer, Ulrich: Historische Orte als Lernorte, in: Ders. u.a. (Hrsg.): Handbuch Methoden im Geschichtsunterricht, 2. Aufl. Schwalbach/Ts. 2007, S. 389-407;

Schreiber, Waltraud: Geschichte lernen an historischen Stätten: Die historische Exkursion, in: Dies. (Hrsg.): Erste Begegnungen mit Geschichte, 2. Aufl. Neuried 2004, Bd. 1, S. 629-646; Staatsinstitut für Schulpädagogik und Bildungsforschung München (Hrsg.): Geschichte vor Ort. Anregungen für den Unterricht an außerschulischen Lernorten, Donauwörth 1999

Ulrich Mayer (Kassel)

Auswahl

Historisches Lernen erfolgt immer an Inhalten, und deshalb zählt deren Auswahl zu den Kernproblemen der →Geschichtsdidaktik. Mit der Inhaltsauswahl entscheiden Lehrplanmacher, Schulbuchautoren, Fachkonferenzen und nicht zuletzt die Unterrichtenden vor Ort ganz maßgeblich darüber, welchen Komplexitätsgrad die historische Sachbegegnung erreicht oder – anders formuliert – was von der großen Welt der Geschichte übrig bleibt, wenn sie in die Lernprovinz der Schule hereingeholt wird.

Man kann drei Typen von Auswahlkonzeptionen unterscheiden: Reduktion, Strukturierung und Konstruktion. Das *Reduktionskonzept* lässt sich als abbilddidaktische Verlegenheitslösung charakterisieren. Die Verlegenheit entsteht aus dem Missverhältnis von Lerngegenstand und Lernzeit: „Die" Geschichte, missverstanden als Gesamtheit vergangenen Geschehens, kann in der nur begrenzt zur Verfügung stehenden Zeit nicht vollständig vermittelt werden. Deshalb gibt es nur eine Lösung: die Reduktion des Stoffes. Auch die klügsten Auswahlentscheidungen, die diesem Modus folgen, sind noch mit einem schlechten didaktischen Gewissen verbunden, weil das Reduktionskonzept immer wieder dazu zwingt, interessante und eigentlich für unverzichtbar gehaltene Inhalte zu „opfern". Beim *Strukturierungskonzept* handelt es sich nicht um ein Verfahren, mit dem grundsätzlich neue Unterrichtsinhalte gewonnen werden könnten, sondern eher um eine Methode, die es erlaubt, traditionelle Themen auf ihre Zeitgemäßheit zu prüfen und diejenigen unter ihnen, die gleichsam die Modernitätsprobe bestanden haben, umzuordnen und neu zu strukturieren. Maßstäbe und Kriterien dieser Sekundärauswahl und Neustrukturierung können zum Beispiel der Gegenwartsbezug historischer Inhalte, aber auch ihre Bedeutung für die Lebens- und Erfahrungswelt der Schülerinnen und Schüler oder ihr spezieller Wert für die Sinngebungs- und Orientierungsbedürfnisse einer modernen Industriegesellschaft sein. Das *Konstruktionskonzept* begreift nicht nur den Lerngegenstand Geschichte, sondern auch das Lernziel Geschichtsbewusstsein als ein Konstrukt. Das bedeutet zum einen, dass Geschichte nicht als naturhaft verfügbar oder überzeitlich gegeben, sondern im Sinne Droysens als retrospektives, von jeweiligen Gegenwartsfragen abhängiges Konstrukt verstanden wird. Dieses Verständnis macht die Revision von Lehrplänen und Richtlinien gleichsam von der Objektseite her zu einer Daueraufgabe, weil inhaltliche Auswahlentscheidungen hinsichtlich ihrer Haltbarkeit als begrenzt und hinsichtlich ihrer Gültigkeit als prekär gelten müssen. Zum anderen ist auch die

Subjektseite zu berücksichtigen. Wenn Geschichte nicht als Stoff gelernt, sondern als Vorstellung erarbeitet werden soll, dann schließt das eine kanonische Festlegung von Themen ebenso aus wie eine beliebige inhaltliche Füllung der Lehrpläne: Die Auswahlentscheidungen können also durchaus unterschiedlich ausfallen, aber sie bleiben im Hinblick auf ihr Potenzial für den Aufbau von Geschichtsbewusstsein begründungspflichtig.
Ein wichtiges Kriterium für die Angemessenheit inhaltlicher Auswahlentscheidungen ist daher, ob sie es den Schülerinnen und Schülern ermöglichen, die Vielfalt der historischen Großepochen, das Spektrum der historischen Räume und Sektoren sowie die unterschiedlichen Ebenen der Ereignis-, Struktur- und →Mentalitätsgeschichte zu erkennen.

Jeismann, Karl-Ernst: „Geschichtsbewußtsein". Überlegungen zur zentralen Kategorie eines neuen Ansatzes der Geschichtsdidaktik, in: Süssmuth, Hans (Hrsg.): Geschichtsdidaktische Positionen. Bestandsaufnahme und Neuorientierung, Paderborn u.a. 1980, S. 179-222; Pandel, Hans-Jürgen: Geschichtsdidaktik und Problemorientierter Geschichtsunterricht. Eine Einführung, in: Uffelmann, Uwe (Hrsg.): Problemorientierter Geschichsunterricht. Grundlegung und Konkretion, Villingen-Schwenningen 1990, S. 7-17

Bernd Schönemann (Münster)

Authentizität

Authentizität (griech. verbürgt, echt, zuverlässig) ist eine Eigenschaft, die Aussagen, schriftlichen und bildlichen Quellen, Dingen sowie Orten zukommt, um ihre Echtheit, Glaubwürdigkeit und Zuverlässigkeit zu kennzeichnen. Die Eigenschaft kommt sowohl einer Quelle (bzw. Bild etc.) als ganzer (echt, nicht gefälscht) als auch deren Aussagen zu. Eine Quellenaussage gilt dann als authentisch, wenn sie tatsächlich gemacht wurde, unabhängig davon, ob der in ihr behauptete Sachverhalt zutreffend ist. Die Forderung nach Authentizität beruht auf unserem →Geschichtsbewusstsein. Es stellt ständig Authentizitätsansprüche; es will wissen ob etwas tatsächlich der Fall gewesen ist oder nicht. Die →Geschichtswissenschaft kommt dieser Forderung nach, indem sie beim Leser Vergewisserungbedürfnisse befriedigt. Sie belegt ihre Aussagen durch Fußnoten, Literaturhinweise und Beilagen. Die moderne Geschichtsschreibung weist zudem aus, welcher Theorie sie beim Schreiben gefolgt ist. Wenn einer Aussage bzw. einem Text die Eigenschaft „Authentizität" abgesprochen wird, wird sie in den Bereich Erfindungen verwiesen und aus dem Bereich der Geschichtswissenschaft ausgeschlossen.
Ein Streitpunkt ist stets der Authentizitätsgrad von geschichtskulturellen Produkten wie historische Romane (→Jugendbuch, historisches) oder →Historienfilme, die mit Fiktionen arbeiten. Es empfiehlt sich daher, verschiedene Formen von Authentizität auszudifferenzieren. Die →Geschichtswissenschaft arbeitet mit Personen- bzw. Ereignisauthentizität. Ihre dargestellten Personen und Sachverhalte hat es tatsächlich gegeben. Im Gegensatz dazu sind im Roman (etc.) die indi-

viduellen Personen zwar erfunden, aber den Typus (z.B. den überzeugten Hitlerjungen) hat es tatsächlich gegeben. In diesem Falle ist die dargestellte Person typenauthentisch. Texte sind als Ganzes erlebnisauthentisch, wenn die in ihnen dargestellten inneren Erfahrungen und Emotionen vom Erzähler in der betreffenden Situation tatsächlich so empfunden wurden. Die Erlebnisauthentizität bringt das Charakteristikum der Betroffenheit zum Ausdruck. Diese Authentizität ist kaum mit den üblichen historischen quellenbezogenen Mitteln nachweisbar. Quellenauthentizität bezieht sich auf einen Text, der zu derjenigen Zeit entstanden ist, über den er berichtet (z.B. das Tagebuch der Anne Frank). Bei Repräsentationsauthentizität müssen die dargestellten Ereignisse, obwohl sie fiktiv sind, sich in eine tatsächliche Hintergrundnarrration einfügen lassen. Repräsentationsauthentizität verlangt (besonders in Sozial-, Wirtschafts- und Alltagsgeschichte) im Geschichtsunterricht und im historischen Jugendbuch, dass die dargestellten geschichtlichen Episoden bzw. Ereignisse in genügender Häufigkeit vorkamen. Sie müssen repräsentativ für diese Epoche sein. Eine Episode, die sich einer Epoche nur ein einziges Mal zugetragen hat, mag dramatisch und belletristisch interessant sein, erzeugt aber bei den Lernenden den Eindruck, als wenn es der Normalfall wäre.

Pandel, Hans-Jürgen, Die Wahrheit der Fiktion. Der Holocaust im Comic und Jugendbuch, in: Jaspert, Bernd (Hrsg.): Wahrheit und Geschichte, Hofgeismar 1993, S. 72-108

Hans-Jürgen Pandel (Halle)

B

Begriffsgeschichte

Begriffsgeschichte ist eine Spezialdisziplin der historischen Forschung. Sie befasst sich *nicht* mit der *Fachterminologie* der Geschichtswissenschaft, sondern mit der *Quellensprache* vergangener und gegenwärtiger historischer Epochen. Dabei konzentriert sie sich auf Leit-, Schlüssel- oder auch Grundbegriffe, die sich durch die Reichweite und Vielfalt ihrer Bedeutungsgehalte von bloßen Wörtern unterscheiden. Der Begriff „Staat“ beispielsweise bezeichnet einen komplexen „Bedeutungs- und Erfahrungszusammenhang“, für den laut Koselleck folgende Komponenten geläufig sind: „Herrschaft, Gebiet, Bürgertum, Gesetzgebung, Rechtsprechung, Verwaltung, Steuern, Heer (...).“
Die in Deutschland betriebene Begriffsgeschichte, deren Haupterträge im achtbändigen Lexikon „Geschichtliche Grundbegriffe“ versammelt sind, begreift und untersucht die politisch-soziale Sprache als Indikator und Faktor historischen Wandels. In der um 1750 einsetzenden sog. Sattelzeit hat im Kontext der Aufklärung und im Gefolge der politischen und industriellen Revolution ein ebenso beschleunigter wie tiefgreifender semantischer Wandel stattgefunden: Die Auflösung der vormodernen, ständisch geprägten Sozial- und Staatsordnung und die Bildung der modernen Welt wurde von den Zeitgenossen in der Tat auch begrifflich erfasst und begleitet. Dies sei

kurz anhand des Volksbegriffes illustriert: Über weite Strecken der Frühen Neuzeit hinweg wurde er entweder im theologischen, militärischen oder geographischen Sinne (Gottesvolk, Kriegsvolk, Bevölkerung) verwendet und auf soziale Gruppen der unterschiedlichsten Größe und Zusammensetzung bis hin zur Gesamtheit der Besitzlosen und Ungebildeten in der Gesellschaft (Unterschicht) bezogen. Im letzten Drittel des 18. Jahrhunderts leitete Herder den entscheidenden Bedeutungswandel ein, indem er das Volk zu einer kollektiven, mit Sprache, Seele und Charakter begabten Individualität aufwertete.

Zu den methodischen Verfahren der Begriffsgeschichte, die Quellen aus den unterschiedlichsten Lebensbereichen und Wissenschaftsdisziplinen heranzieht, zählt zunächst die klassische Text- und Kontextanalyse nach der historisch-kritischen Methode: die Bestimmung von epochenspezifischen Bedeutungsgehalten und semantischen Feldern, die Frage nach Autor und Adressat, nach dem cui bono, nach Inklusion und Exklusion, nach der sozialen Reichweite des verwandten Begriffs. Hinzu kommt allerdings das Prinzip der diachronen Aneinanderreihung punktueller Einzelanalysen und -befunde, wodurch die Geschichte eines Begriffs als gesonderter Geschichte überhaupt erst entsteht.

Begriffsgeschichte ermöglicht unterschiedliche Erkenntnisleistungen und erfüllt deshalb auch unterschiedliche Funktionen. Erstens dient sie wegen der zahlreichen von ihr erzeugten Informationen als Hilfswissenschaft, und zwar nicht nur für die →Sozialgeschichte, sondern auch für die systematischen Sozialwissenschaften und die Sprachwissenschaften. Zweitens leistet sie einen eigenständigen geschichtswissenschaftlichen Beitrag zur Rekonstruktion der Vergangenheit im Medium sprachlichen Wandels und zeitgenössischer sprachlicher Erfahrung. Drittens ist sie für uns heute ein vorzügliches Kontrollinstrument, weil sie zwischen Quellensprache und Wissenschaftssprache zu vermitteln vermag und uns sensibilisiert: für das Verschwinden alter und das Auftauchen neuer Begriffe, für semantische Niedergänge oder Karrieren, für historische Sachverhalte, die früher noch nicht auf den (heute üblichen) Begriff gebracht, sondern anders bezeichnet wurden, und für überkommene Begriffe, die heute ganz andere Sachverhalte bezeichnen als früher.

Brunner, Otto/Conze, Werner/Koselleck, Reinhart (Hrsg.): Geschichtliche Grundbegriffe. Historisches Lexikon zur politisch-sozialen Sprache in Deutschland, 8 Bde., Stuttgart 1972-1997; Koselleck, Reinhart: Begriffsgeschichte und Sozialgeschichte, in: Ders.: Vergangene Zukunft. Zur Semantik geschichtlicher Zeiten. 2. Aufl. Frankfurt/M. 1984, S. 107-129

Bernd Schönemann (Münster)

Begriffslernen

Begriffe bündeln gedanklich typische Merkmale in einem Wort. Zu ihrem Verstehen gehört das Erfassen der Wortbedeutung, ihre Einordnung in einen (historischen) Kontext, das Abrufen von exemplarischen Vorstellungen und Wertungen sowie ihre Einordnung in ein semantisches Begriffsnetz. Begriffe spielen eine zentrale Rolle beim

Aufbau von Wissensstrukturen unter Anwendung der Operationen Eigenschaftenanalyse, Ordnen, Klassifizieren und Abstrahieren.
Bei historischen Begriffen handelt es sich oft um Alltagsbegriffe (z.B. Volk), die im Prozess des historischen Lernens durch Verzeitlichung erweitert werden, z.B. indem ihre spezifische historische Ausprägung erläutert wird. Diese Historisierung von Alltagsbegriffen scheint eine besondere Schwierigkeit darzustellen, ebenso wie die Tatsache, dass die Geschichte kein gut strukturiertes, hierarchisches Feld darstellt und es keine zwingende Sachlogik der Inhalte gibt. Daher fehlt ein stringenter Begriffsaufbau vom Konkreten zum Abstrakten, obwohl es durchaus unterschiedlich abstrakte historische Begriffe gibt (z.B. Individualbegriffe wie „Caesar“ oder Deutungsbegriffe wie „Absolutismus“). Auch erfolgt das Begriffslernen in Geschichte nur mittelbar, meist durch das Lesen und Bearbeiten von Texten und nicht anhand „realer Objekte“.
Über den Prozess des historischen Begriffslernens bei Schülerinnen und Schülern, seine Lernprogression und Niveaustufung ist bisher aus der konstruktivistischen →Lehr-Lern-Forschung wenig bekannt. Wenn davon ausgegangen wird, dass es sich beim Lernen um einen Konstruktionsprozess handelt, bei dem unter Einbeziehen des individuellen Vorwissens Bedeutungen ausgehandelt werden, dann erscheint einleuchtend, dass jüngere Lerner Schwierigkeiten haben, Begriffe mit historischen Vorstellungen zu füllen und auf unterschiedlich ausgeprägte historische Situationen zu beziehen. Jüngere Lerner wollen offenbar Begriffe in linearer Form erzählen und verbleiben dabei auf der Ebene der Ereignisse und der personalen Aktivitäten. Die Definition erlernter historischer Begriffe fällt bis in die Sekundarstufe II schwer, ebenso wie die Herausarbeitung des Begriffsverständnisses aus einer Quelle.
Aus Unterrichtsbeobachtungen ist bekannt, dass historische Begriffe sinnvollerweise induktiv aufgebaut werden, indem Begriffsbestandteile am historischen Beispiel erläutert, begrifflich verdichtet und/oder durch Strukturskizzen stabilisiert werden, um abschließend im historischen Begriff abstrahiert zu werden. Die Verankerung muss durch häufigeren Begriffsgebrauch, durch eine Justierung im semantischen Feld, durch →Transfer begrifflich-kategorialen Wissens erfolgen.
In Lehrplänen erscheinen die zu erlernenden historischen Begriffe in einer gesonderten Rubrik, bestimmt durch die Chronologie der Inhalte und nicht aufgrund eines systematischen Zugangs zum Begriffslernen.

Alavi, Bettina: Begriffsbildung im Geschichtsunterricht, in: Uffelmann, Uwe/Seidenfuß, Manfred (Hrsg.): Verstehen und Vermitteln, Idstein 2004. S. 39-61; Beilner, Helmut/Langer-Plän, Martina: Zum Problem historischer Begriffsbildung, in: Günter-Arndt, Hilke/Sauer, Michael (Hrsg): Geschichtsdidaktik empirisch. Untersuchungen zum historischen Denken, Berlin 2006, S. 215-250; Günther-Arndt, Hilke: Historisches Lernen und Wissenserwerb, in: dies. (Hrsg.): Geschichts-Didaktik, Berlin 2003. S. 23-47

Bettina Alavi (Heidelberg)

Bilder/Bildquelle

Ein Bild ist eine zweidimensionale Fläche, die durch Linien, Farbabstufungen oder graduelle Helligkeitsabstufungen konturiert ist. Bedeutung haftet diesen Konturen nicht an sich an, sondern sie entsteht durch die Wahrnehmung des Betrachters. Die Bedeutung muss decodiert werden. Im Unterschied zu schriftlichen Symbolen, die nur als Zeichen entschlüsselt werden müssen (Semiotik), spiegelt ein Bild zusätzlich Phänomene der natürlichen Umwelt wider (Ikonizität).
Was man im didaktisch-methodischen Bereich unter dem Terminus „Bild" versteht, ist umstritten. Sinnvoll erscheint eine Unterteilung in Abbildungen und Bildquellen. Abbildungen können verschiedener Art sein (Gemälde, Fotografien, Plakate, Comics, Diagramme, Grafiken u.a.). Zu einer Bildquelle wird eine Abbildung, wenn sie in Analogie zu einer Textquelle als Repräsentation vergangener Wirklichkeit interpretiert werden muss.
Das in der Geschichtsdidaktik verbreitete, dreistufige Interpretationsmodell des Kunsthistorikers Erwin Panofsky hat Hans-Jürgen Pandel erweitert. Danach verläuft die „interpretatorische Sinnbildung" von Bildquellen in vier Schritten: (1) Einer reinen Beschreibung der Elemente des Bildes („Erscheinungssinn") folgt (2) die Analyse durch die Deutung dieser Elemente („Bedeutungssinn"). (3) Die eigentliche Interpretation des Bildes ist die Entschlüsselung seines „Dokumentensinnes". (4) In einem vierten Schritt wird der spezifisch geschichtsdidaktische „Erzählsinn" des Bildes herausarbeitet. Es geht dabei um die Fragen nach dem Vorher und dem Nachher des auf dem Bild Dargestellten.
Pandels Modell ist hinsichtlich seiner praktischen Umsetzungsmöglichkeit umstritten. Aufgrund der Ikonizität des Bildes neigen Lernende zu spontanen Deutungen und sehen die Notwendigkeit einer Beschreibung von etwas vermeintlich unmittelbar Verständlichem nicht. Darüber hinaus sind die dargestellten Elemente nicht selbstreferentiell. Das „Historische" wird häufig nicht gesehen. Die Ergänzung von Pandels Modells durch einen vorgeschalteten Schritt zur Herstellung einer Bewusstheit für historische Dimensionen in alltäglichen Phänomenen („Wahrnehmungssinn") würde hier weiterführen. Möglichkeiten dazu bieten methodische Varianten, die in den letzten Jahren erarbeitet wurden (Sprechblasen ausfüllen, Bildaufträge formulieren, Standbilder bauen u.ä.).

Hans-Jürgen Pandel: Bildinterpretation. Die Bildquelle im Geschichtsunterricht. Bildinterpretation I, Schwalbach/Ts. 2008; Michael Sauer, Bilder im Geschichtsunterricht. Typen, Interpretationsmethoden, Unterrichtsverfahren, 2., überarbeitete u. aktualisierte Aufl., Seelze-Velber 2003

Markus Bernhardt (Freiburg)

Bildungsstandard

Unter „Standard" versteht man eine Norm, die als Richtgröße vereinbart wurde, um eine Qualität zu bestimmen. Im Bildungsbereich sind Bildungsstandards staatliche Vorgaben, die festlegen, wer was wie wann in den einzelnen Fächern können muss. Sie geben die von den Schülerinnen und Schülern erwartete Lernleistung an. Der Begriff Bildungsstandard wird in zwei Varianten gebraucht. Die eine versteht darunter ein bestimmtes Maß an Ereigniswissen *(content standards)*, die andere meint →Kompetenzen, also bestimmte Weisen, mit historischem Wissen umzugehen *(performance standards)*. Die PISA-Studie meint die *performance standards*, also Kompetenzen. Die aktuelle bildungspolitische Diskussion ist aber gespalten. Manche Bildungspolitiker meinen abfragbares Faktenwissen (bis hin zu Jahreszahlen), die Fachdidaktiker verstehen darunter fachspezifische Fähigkeiten, mit Wissen umzugehen.

Die Einführung von Bildungsstandards bedeutet ein Umsteuern der staatlichen Bildungspolitik. Die Politik vertraut nicht mehr den Vorgaben ihrer eigenen Lehrpläne, da diese nachweislich eine geringe Steuerungsfunktion haben. Abgesehen von Referendaren und Schulbuchautoren nehmen Lehrkräfte sie nicht besonders ernst. Eine Ausnahme bildet die gymnasiale Oberstufe unter den Bedingungen des Zentralabiturs. Die Bildungspolitik will deshalb Mindeststandards festlegen. Solche Bildungsstandards haben nur Sinn, wenn die Distanz zwischen dem gefordertem Mindestniveau und dem tatsächlichen Leistungsstand „vermessen" wird. Das geschieht durch zentrale Tests, Vergleichsuntersuchungen mit kompetenzbasierten Aufgaben oder standardisierte Inspektionen. Dabei soll nicht nur die Lern-, sondern auch die Lehrleistung überprüft werden.

Standards sollten bestimmten Gütekriterien genügen: Fachlichkeit (Grundprinzipien der jeweiligen Disziplin), Fokussierung (Konzentration auf einen Kernbereich), Kumulation (aufeinanderfolgende Teilleistungen), Verbindlichkeit (schulformübergreifende Mindestanforderungen), Differenzierung (Unterteilung in aufeinander aufbauende Stufen), Verständlichkeit (nachvollziehbar formuliert) und Realisierbarkeit (Anforderungen sollen mit realistischem Aufwand erreichbar sein). Diese Kriterien machen deutlich, dass das bisher von der →Kultusministerkonferenz (KMK) favorisierte fachübergreifende Lernen stillschweigend fallen gelassen wurde.

Da die geschichtsdidaktische Debatte über Standards noch am Anfang steht, sind die im unüberlegten Reformeifer von Kultusbürokratien und Bildungsverwaltungen nach dem „PISA-Schock" vorgelegten „Bildungsstandards" oft hochgradig unprofessionell gemacht. Die dabei entstandene pädagogisch-didaktische Trivialliteratur birgt die Gefahr, vorhandene kulturelle Differenzen durch mangelnde Gegenwarts- und Zukunftsbezüge noch zu verschärfen: Was gelehrt werden soll, wird nicht gebraucht.

Deutsches Pisakonsortium (Hrsg.): PISA 2000. Basiskompetenzen für Schülerinnen und Schüler im internationalen Vergleich, Opladen 2001; Crabtree, C.; Nash, G.B.: National Standards für World History, Los Angeles 1994; Criblez, Lucien u.a. (Hrsg.): Lehrpläne und Bildungsstandards, Bern 2006; Klieme, Eckhard u.a.: Zur Entwicklung nationaler Bildungsstandards, Frankfurt/M. 2003; Pandel, Hans-Jürgen: Geschichtsunterricht nach PISA, 2. Aufl. Schwalbach/Ts. 2007

Hans-Jürgen Pandel (Halle)

Bilingualer Geschichtsunterricht

Bilingualer Geschichtsunterricht ist *Fachunterricht* im Medium der Fremdsprache. Es gelten grundsätzlich die Lernziele, Themen und Inhalte der Lehrpläne für das Fach Geschichte.
Neben bilingualen „Zweigen", „Zügen" oder „Bildungsgängen", in denen Teile des Fachunterrichts kontinuierlich in der Fremdsprache erteilt werden, wird nach dem Konzept „Fremdsprache als Arbeitssprache" ein Fach während eines Schuljahres, in der Oberstufe oder im Rahmen von flexiblen Modulen oder fächerübergreifenden Projekten bilingual unterrichtet.
Bilingualer Geschichtsunterricht als Unterricht, der in zwei Sprachen erfolgt, fördert mit der Sprachkompetenz in der Fremdsprache zugleich die interkulturelle Kompetenz, indem er in besonderem Maße die Perspektive des Partnerlandes in den Unterricht einbringt und dazu befähigt, diese zweite, fremde Sichtweise einzunehmen. Die Schülerinnen und Schüler erhalten die Chance, die historisch-politische Kultur nicht nur ihrer Herkunftsgesellschaft, sondern auch die in der Geschichte und Kultur eines anderen Landes vorherrschenden Deutungen und Bewertungen kennenzulernen. Sie lernen kritisch mit Vorurteilen umzugehen und die Relativität nationaler Betrachtungsweisen zu erkennen.
Auch durch spezifische Lernkonfigurationen (z.B. grenzüberschreitende Projekte, Austauschprogramme, Exkursionen oder Lernen vor Ort) bereitet bilingualer Unterricht zugleich auf ein Berufsleben in einem sprachlich und kulturell vielfältigen Europa vor.
Die Quellenanalyse in der Fremdsprache stellt sicherlich eine besondere Schwierigkeit, aber auch eine Chance dar: Der bilinguale Geschichtsunterricht vermittelt einen erweiterten und dadurch oft auch fachsprachlich differenzierteren und präziseren Wortschatz. Über das Medium zweier historischer Fachsprachen können die politisch-gesellschaftlichen Konzepte und Systeme zugänglich gemacht werden, die sich in den je eigenen Begriffen ausdrücken. Die Fremdheit der Sprache und die andere Semantik vieler Begriffe verweisen auf eine andere →Geschichtskultur im Partnerland, an der die Schülerinnen und Schüler über das Medium der Sprache aktiv teilnehmen.

Bericht „Konzepte für den bilingualen Unterricht – Erfahrungsbericht und Vorschläge zur Weiterentwicklung, Bericht des Schulausschusses vom 10.4. 2006, hrsg. vom Sekretariat der Ständigen KMK in der Bundesrepublik Deutschland; Lamsfuß-Schenk, Stefanie: Bilingualer deutsch-französischer Geschichtsunterricht. Beobachtungen aus einer Fallstudie, in: GWU 53 (2002), S. 109-118; Christ, Herbert: Zweimal hinschauen – Geschichte bilingual lernen, in: Bredella, Lothar, u.a. (Hrsg.), Wie ist Fremdverstehen lehr- und lernbar? Tübingen 2000, S. 43-83; Blell, Gabriele/Füllberg-Stolberg, Katja: Den anderen ein Stück näher. Fremdverstehen in bilingualen Lehr- und Lernkontexten Geschichte-Englisch, in: Blell, Gabriele/ Kupetz, Rita (Hrsg.): Bilingualer Sachfachunterricht und Lehrerausbildung für den bilingualen Unterricht, Frankfurt am Main 2005, S. 15-50

Bärbel Kuhn (Duisburg/Essen)

C

Chronik

Eine Chronik ist die Aufzählung von „reinen" Tatsachen bzw. Tatsachenbehauptungen unterschiedlicher zeitlicher und räumlicher Spannweite in der Reihenfolge ihres zeitlichen Auftretens noch ohne deutende Zutaten (Erzählung) des Forschers, der diese Daten durch Anwendung der „historischen Methode" ermittelt hat. Der maßgebliche Vertreter der analytischen Geschichtsphilosophie Arthur C. Danto beschreibt die „ideale Chronik" als Aufzeichnung von Ereignissen in der Vergangenheit „as complete as can be imagined at the moment at which events occur".

Ähnlich verstanden sich auch die mittelalterlichen Chroniken als Sammlung und Darbietung der vorhandenen Nachrichten über die Abfolge der Zeiten. Eine solche chronologische *Überlieferung* von Ereignissen, Geburts- und Sterbedaten gibt jedoch noch keine Auskunft darüber, ob und wie die Sachverhalte miteinander zusammenhängen. Die Chronik selbst erklärt und interpretiert nichts, sie ist theorielos. Daher besitzt sie als Forschungsergebnis einen niederen, vorläufigen Status: Die in der Chronik aufgereihten Tatsachenbehauptungen bilden lediglich einen Vorrat an zeit- und erscheinungsdifferenten Punkten t1 und t3. Zwischen diese fügt der Historiker seine sinnhaft ordnende Erklärung bzw. Erzählung t2 (Johann Gustav Droysen: „Formung", Hayden White: „emplotment"), und zwar unter Anwendung der typischen formalen (sprachlogischen, rhetorischen, metaphorischen) Mittel (→Narrativität). Jede historische Erzählung fügt den eigentlichen Tatsachen ein Mehr hinzu, unterstellt dem Dargestellten Sinn und macht aus Darstellungsfragen Stilfragen. Doch ist heute mehr denn je umstritten, ob unsere Erkenntnis- und Sprachmittel überhaupt hinreichen, den analytischen Unterschied zwischen Geschehen (Chronik) und Geschichte (Erzählung) praktisch aufrechtzuerhalten.

Im didaktischen Zusammenhang ist die Stellung der Chronik ambivalent: Aus der Einsicht in die immer narrative Sinnbildung über Zeiterfahrung folgt, dass chronikalische Darbietungen im historischen Unterricht jedenfalls nur eine dienende, methodische Funktion besitzen. Bedauerlicherweise hängen viele Schülerinnen und Schüler, auch Teile der Öffentlichkeit der irrigen Überzeugung an, dass im „faktenorientierten" →Geschichtsunterricht das Erlernen und Memorieren möglichst eindeutiger Tatsachen angestrebt werden müsse.

Daniel, Ute: Kompendium Kulturgeschichte. Theorien, Praxis, Schlüsselwörter, Frankfurt/M. 2001; Danto, Arthur C.: Analytische Philosophie der Geschichte, Frankfurt/M. 1974

Michele Barricelli (Hannover)

Chronologischer Geschichtsunterricht

„Chronologischer Geschichtsunterricht" ist ein Lehrplanprinzip. Man versteht darunter die Darstellung historischer Ereignisse entlang der naturalen Chronologie. Dadurch wird der Eindruck erweckt, es gäbe eine stetige durch Ursache und Wirkung bedingte lineare Kontinuität, die von der Hominisation bis zur gegenwärtigen Globalisierung reicht. Die gegenwärtige Praxis des chronologischen Geschichtsunterrichts beruht auf der didaktischen Fiktion, dass die Ereignisse sich wie Perlen auf einer Schnur aufreihen ließen. Ereignisse und Prozesse vollziehen sich aber auch gleichzeitig und auch an unterschiedlichen Orten. Allein dadurch, dass gleichzeitige Prozesse im Buch nur nacheinander dargestellt werden können, wird die Illusion einer Linearität erzeugt. Im chronologischen Geschichtsunterricht wird die Gegenwart allein durch das Geschehene erklärt und durch eine chronologisch sortierte subjektive Auswahl von Fakten vermittelt. Der scheinbar stringent fortschreitende Prozess des zeitlichen Voranschreitens stellt ein Konstrukt bestimmter Kriterien und Perspektiven dar und ist an eine zweifelhafte „Bedeutsamkeit" des Geschehenen gebunden. Dadurch wird der chronologische Geschichtsunterricht anfällig für Ideologien. Je nach Art des gesellschaftlichen Systems wird ein einheitliches Geschichts- und Traditionsbewusstsein zur politischen Legitimation intendiert.

Das Interesse, das die Lernenden bei der ersten Begegnung mit dem Fach Geschichte gegenüber der Vergangenheit haben, geht im chronologischen Geschichtsunterricht rasch verloren. Dieses Prinzip verhindert, dass die Schülerinnen und Schüler den streng chronologisch geordneten Stoffkanon durchbrechen können, um eigene Fragestellungen und Themenwünsche einzubringen. Gegenwartsbezüge gehen in der Regel verloren, weil geschichtskulturelle Debatten und Gegenwartsereignisse mit Vergangenheitsbezügen sich eben nicht an die Chronologie des Lehrplans halten. Didaktisch fragwürdig wird der chronologische Geschichtsunterricht auch durch die Geschichte selbst. Die Chronologie wird durch neue Ereignisse (z.B. Zerfall des Ostblocks, weltweiter Terrorismus, ökonomische Globalisierung) immer länger. Ein Abschreiten der gesamten Chronologie ist im Unterricht nicht möglich.

Bei aller Kritik am chronologischen Geschichtsunterricht muss man aber daran festhalten, dass Chronologie das Grundprinzip der historischen Darstellung ist. Didaktisch undurchführbar ist ein Unterricht entlang der *absoluten* Chronologie; für einzelne historische Themen oder Epochen ist eine *relative* Chronologie aber unverzichtbar.

Bergmann, Klaus: Fragwürdigkeit des chronologischen Geschichtsunterrichts, in: Pandel, Hans-Jürgen/Schneider, Gerhard (Hrsg.): Wie weiter? Zur Zukunft des Geschichtsunterrichts, Schwalbach/Ts. 2001. S. 33-55; Borries, Bodo von: Inhalte oder Kategorien?, in: GWU 46 (1995), S. 421-435

Sascha Donat (Wilsdruff)

Comic

Der „Comic" ist ein eigenständiges Medium, bestehend aus bildlichen oder anderen Zeichen (Bild, Schrift, Symbol), die zu räumlichen Sequenzen angeordnet sind und die Informationen vermitteln und eine ästhetische Wirkung beim Betrachter erzeugen sollen.

Comics gibt es seit ca. 110 Jahren. Sie sind in Amerika, Europa und Asien aus Bildgeschichten verschiedenster Formen entstanden. Anfang des 20. Jahrhunderts waren Comics (engl. = lustig, komisch) vor allem lustige Strips für Kinder in Zeitungen, erst in den 30er Jahren entwickelte sich das Comic-Heft als neue Form und schuf damit auch neue Inhalte (z.B. Superhelden-, Western-, Abenteuer-, Dedektiv-Comics). Vor allem in den USA, Japan, Frankreich und Belgien entstand in den folgenden Jahren eine Comic-Kultur, die in den 50er und 60er Jahren weltweit auf mögliche schädliche Einflüsse auf Kinder und Jugendliche befragt worden ist. In Deutschland begann die Rehabilitation der Comics vom Schund- und Schmutz-Image erst in den 70er Jahren. Gerade der Autorencomic in der Form des Comic-Albums hat maßgeblich zu dessen Akzeptanz beigetragen. Seit ca. 10 Jahren sind Manga (japanische Comics) in Deutschland sehr populär; sie lösten einen neuen Comicboom aus und stellen heute den wirtschaftlich stärksten Marktanteil der deutschen Comic-Industrie. Der Comic ist heute kein ausschließliches Massenmedium für Kinder, vielmehr werden für jede Zielgruppe aus jeder Altersstufe Comics angeboten.

Wenn Comics im Geschichtsunterricht genutzt werden sollen, ist die Frage nach ihrer →Authentizität zu klären. Authentizitätstypen von Comics mit geschichtlichem Inhalt sind die Geschichtsparodie, die historisierende Abenteuer-Imagination, das Comic-Epochalepos, die realgeschichtliche Comic-Nacherzählung, die Comic-Autobiografie und der Comic-Journalismus. Darüber hinaus ist jeder Comic eine →Quelle, die die Wahrnehmungs- und Interpretationsmuster ihrer Zeit festhält, bis jetzt aber kaum als solche genutzt wird. Comics stimulieren das →Geschichtsbewusstsein besonders leicht durch die notwendige Induktions- und damit Imaginationsleistung des Lesers. Der hochgradig emotionalisierenden visuellen Sprache (Stereotype, Symbole, Farbeinsatz etc.) verdanken Comics ihr Motivations- und Überzeugungspotenzial. Es ist daher sinnvoll, im Geschichtsunterricht Lernangebote für die Analyse und Interpretation von Comics zu schaffen.

Grünewald, Dietrich: Comics, Tübingen 2000; Gundermann, Christine: Jenseits von Asterix. Comics im Geschichtsunterricht, Schwalbach/Ts. 2007; McCloud, Scott: Comics neu erfinden, Hamburg 2001

Christine Gundermann (Berlin)

Curriculum/Lehrplan

Die heute weitgehend bedeutungsgleich verwendeten Begriffe „Lehrplan" und „Curriculum" standen noch in den 1970er Jahren in einem deutlichen Spannungsverhältnis zueinander: Die Lehrpläne waren noch einem traditionellen Bildungsbegriff verpflichtet und begnügten sich häufig damit, Stoffe zu katalogisieren, ohne ihre Auswahl näher zu begründen. Deshalb galten sie als veraltet und sollten ersetzt werden – zunächst durch ein fächerübergreifendes Gesamtcurriculum und dann, als sich das Scheitern dieses großen Reformprojekts abzeichnete, durch moderne fachspezifische Curricula. „Bildungsreform als Revision des Curriculums" (Robinsohn) war als große Entrümpelungsaktion konzipiert, denn es sollten künftig nur noch solche Inhalte unterrichtet werden, die durch ihre Bedeutung im Gefüge der Wissenschaft, durch ihre Leistung für das Weltverstehen und die Orientierung innerhalb einer Kultur sowie durch ihre Funktion in der Lebenswelt der Schülerinnen und Schüler ausgewiesen waren. Curriculumarbeit erforderte deshalb ein „entschiedenes Mehr an Begründungen für alle didaktischen Entscheidungen" und „als unaufgebbares Minimum die Curriculumelemente →‚Lernziele', ‚Inhalte', ‚Unterrichtsorganisation' (...) und die Reflexion des Bedingungsfeldes" (Schörken). Da die meisten Lehrpläne diese Bedingungen mittlerweile erfüllen, haben sich die semantischen Unterschiede zwischen den Begriffen ‚Lehrplan' und ‚Curriculum' abgeschliffen.

Lehrpläne haben eine Doppelfunktion: In juristischer Hinsicht sind sie Verwaltungsvorschriften, in didaktischer Hinsicht Planungsinstrumente von Unterricht mit vergleichsweise großer Reichweite. Diese Doppelfunktion führt zu zwei Weiterungen: Zum einen spielen Lehrpläne in den Verfahren staatlicher Schulbuchzulassung eine zentrale Rolle, weil sie hier als Maßstab und Richtschnur dienen, und zum anderen sind sie eine, wenn nicht *die* entscheidende Vorgabe für die Unterrichtsplanung vor Ort in den Fachkonferenzen und in der Alltagsarbeit der Lehrerinnen und Lehrer.

Grundsätzlich lassen sich drei Bestandteile eines Lehrplans unterscheiden: erstens ein programmatischer Teil, der als Richtlinienteil neben den Leitzielen der Schule und/oder der Schulart Überlegungen zur Legitimation des Lehrplans enthält; zweitens ein fachlicher Teil, der als Lehrplankern die Lernziele und Inhalte verbindlich festlegt und darüber hinaus Fragen der Methodik und Evaluation behandelt; und drittens ein unterstützender Teil, der die praktische Umsetzung des Lehrplans durch Handreichungen verschiedenster Art (Planungsbeispiele, Prüfungsaufgaben usw.) erleichtern soll.

Es lassen sich drei Haupttypen von Lehrplänen unterscheiden: der Stoffkatalog, die Unterrichtspartitur und der Planungsrahmen. Der *Stoffkatalog* beschränkt sich im Wesentlichen auf die bloße Setzung und chronologische Aneinanderreihung von Inhalten. Sein Hauptmerkmal ist der Verzicht auf didaktische Reflexion, auf Lernziele und auf Hinweise zu den Lehrmethoden und Kontrollen. Dieser Lehrplantypus gilt mit Recht als veraltet. Die *Unterrichtspartitur* präsentiert sich dagegen als feinmaschiges Regelwerk, das Lernziele, Inhalte, Lehrmethoden und Kontrollen nebeneinander aufführt und eng aufeinander abstimmt. Dadurch wird die Unterrichtsvorbereitung bis in die Einzelstunde hinein verbindlich gesteuert, der Lehrer zum Erfüllungsgehilfen des Lehrplans. Lehrpläne dieses Typs mögen wissenschaftlich vertretbar sein, sind aber mit der Leitvorstellung einer eigenverantwortlichen Lehrtätigkeit an der Schule nicht zu vereinbaren. Der *Planungsrahmen* macht Ernst mit dem Zusammenspiel zentraler und lokaler Planungsprozesse, indem er sich auf wenige, ausführlich begründete Vorgaben größerer Reichweite beschränkt und damit ein Entscheidungsgefüge bereitstellt, das notwendig der konkreten Ausgestaltung bedarf, bevor es unterrichtspraktisch wirksam werden kann. Wer planerischen Handlungsspielraum und didaktische Entscheidungsfreiheit innerhalb eines verbindlich gesetzten Rahmens will, wird Lehrpläne dieses Zuschnitts bevorzugen.

Handro, Saskia/Schönemann, Bernd (Hrsg.): Geschichtsdidaktische Lehrplanforschung, Münster 2004; Jeismann, Karl-Ernst/Schönemann, Bernd: Geschichte amtlich. Lehrpläne und Richtlinien der Bundesländer. Analyse, Vergleich, Kritik, Frankfurt/M. 1989; Robinsohn, Saul B.: Bildungsreform als Revision des Curriculum, 5. Aufl. Neuwied/Berlin 1975; Schönemann, Bernd: Lehrpläne und Richtlinien, in: Günther-Arndt, Hilke (Hrsg.): Geschichts-Didaktik. Praxishandbuch für die Sekundarstufe I und II, 2. Aufl. Berlin 2005, S. 48-62; Pandel, Hans-Jürgen: Strategien geschichtsdidaktischer Richtlinienmodernisierung, in: Keuffer, Josef (Hrsg.): Modernisierung von Rahmenrichtlinien, Weinheim 1997, S. 15-37; Schörken, Rolf: Der lange Weg zum Geschichtscurriculum. Curriculumverfahren unter der Lupe, in: Geschichtsdidaktik 2 (1977), S. 254-270 u. 335-353

Bernd Schönemann (Münster)

D

Darstellung

Darstellung ist ein Alltagsbegriff. In der →Geschichtswissenschaft wird er als Synonym für die Gattungsbezeichnung Geschichtsschreibung gebraucht. In geschichtstheoretischen Erörterungen stehen bisweilen dafür auch die Begriffe der Präsentation und Repräsentation. Das Besondere der geschichtswissenschaftlichen Darstellung ist, dass sie der Struktur der Narratio folgt (→Narrativität). Historische Darstellungen sind narrative Konfigurationen.

Obwohl Darstellen die zentrale Operation in der Geschichtswissenschaft ist, wird sie im Geschichtsunterricht nicht als solche wahrgenommen. Weder „Darstellung" noch „Geschichtsschreibung" kommen im Geschichtsunterricht vor. Da Geschichtsschreibung trotz ihrer grammatischen Singularform nur im Plural vorkommt und deshalb viele unterschiedliche Perspektivierungen ein und desselben Ereigniszusammenhangs enthält, wird dieser Begriff wegen mangelnder pädagogische Eindeutigkeit im Geschichtsunterricht meist nicht benutzt. Auch in der gymnasialen Oberstufe wird Geschichtsschreibung fachunspezifisch mit „Fachliteratur" umschrieben. Bisweilen wird „Darstellung" auch als Synonym für „Schulbuchtext" im Sinne einer autorlosen, objektivistischen Darstellung von Geschichte gebraucht, die zeige „wie es wirklich gewesen ist". Eine Darstellung – gleich welcher Art und auf welchem Niveau – ist immer die Darstellung von jemandem, deshalb sollten Schulbuchtexte auch die Namen ihrer Autoren ausweisen.

Die Aufgabe der Darstellung kann nicht auf ästhetische oder rhetorische Formung reduziert werden. Für das, was in der Operation des Darstellens geschieht, gibt es zwei unterschiedliche Vorstellungen. Einmal wird Darstellung mit *Konstruktion* umschrieben, da es unstrittig ist, dass eine Darstellung durch Konstruktionsakte entsteht. Geschichtsschreibung ist keine Widerspiegelung von etwas, das in der Vergangenheit bereits vorhanden war. Erst im Prozess des Darstellens entsteht das, was wir „Geschichte" nennen. Insofern ist der Begriff der Konstruktion gerechtfertigt. Auf der andere Seite ist Darstellung aber kein willkürliches und beliebiges Herstellen je nach Subjektivität des Autors. Eine Darstellung verweist immer auf ein Dargestelltes. Deshalb beinhaltet sie für den Leser immer ein Wiedererkennungsmoment („so ist es gewesen", „so könnte es gewesen sein", „so kann man es auch sehen", „so habe ich mir das vorgestellt" etc.). Darstellen ist die Verschriftlichung der privaten und öffentlichen Gedächtnissphäre. In diesem Sinn ist der Begriff der Re-Konstruktion angebracht. Es kann nicht konstruiert werden, was nicht vorhanden ist; andererseits kann nur das rekonstruiert werden, wovon Spuren vorhanden sind. „In der Geschichtswissenschaft sind unsere Konstruktionen bestenfalls Re-Konstruktionen" (Ricœur 2002, 46).

Alle Operationen der Geschichtswissenschaft wie Archivrecherche (Geschichtsunterricht im →Archiv) Quellenkritik und -interpretation, das Entwerfen und Erörtern (→Erörterung) von Theorien, stehen im Dienst der Geschichtsschreibung, der Darstellung. Sie ist der End- und Höhepunkt allen geschichtswissenschaftlichen Bemühens. Die Einteilung von verschiedenen Formen der Darstellung ist bereits im 19. Jahrhundert von Droysen vorgenommen worden. Seine Systematik überzeugt noch heute. Allerdings entspricht seine Begrifflichkeit („pragmatische Darstellung" aber auch „didaktische Darstellung") nicht mehr unserem heutigen Sprachgebrauch. Eine moderne „Topik", wie Droysen das System der Darstellungsweisen nannte, liegt uns heute nicht vor.

Droysen, Johann Gustav: Historik, Neuauflage Stuttgart 1977; Hart Nibbrig, Christiaan L. (Hrsg.): Was heißt „Darstellen"?, Frankfurt/M. 1994; Ricœur, Paul: Geschichtsschreibung und Repräsentation der Vergangenheit, Münster 2002

Hans-Jürgen Pandel (Halle)

Darstellungsprinzipien

Geschichte ist nicht nur das, was einmal geschehen ist, sondern darüber hinaus das, was wir an Antworten auf unsere Fragen erhalten. Für die →Darstellung von Geschichte können sowohl inhaltlich als auch methodisch unterschiedliche Zugänge gewählt werden. Dabei gibt es zwei Momente, welche bei der Erstellung maßgeblich sind: Erzählung und Sinn. Der Sinn von Geschichte ergibt sich erst mittels einer retrospektiven Betrachtung des Geschehenen. Der narrative Charakter einer Geschichte ist stets von der subjektiven Sicht des Autors gekennzeichnet und lässt weitere gegenseitig konkurrierende Darstellungen zu. Eine triftige Geschichte organisiert das Geschehene mittels sprachlicher Normen und fügt sich dem Veto der kritisch geprüften Quellen. Um dieses Ziel zu erreichen, verfügen Geschichtswissenschaft und →Geschichtsdidaktik über fünf verschiedene Darstellungsprinzipien.

Die (Epochen-)Sequenz stellt einen Zeitabschnitt in seiner Komplexität von Politik, Wirtschaft, Kultur, Alltag etc. dar (→Dimensionen der Wahrnehmung). Das Problem dieses Prinzips ist, dass es die politischen, wirtschaftlichen, kulturellen Prozesse, die gleichzeitig ablaufen, nur analytisch getrennt hintereinander darstellen kann. Diesem Prinzip folgen unsere Schulbücher. Der *Längsschnitt* verfolgt dagegen nur eine (oder zwei) Dimensionen durch die Zeit hindurch. Bei ihm handelt es sich keineswegs um eine didaktische Erfindung, sondern um die Normalform geschichtswissenschaftlicher Monographien. Der *Querschnitt* durchbricht die chronologische Darstellung des Geschehenen (→Chronologischer Geschichtsunterricht). Zeitgleiche Ereignisse werden mittels dieses Prinzips synchron angeordnet, analysiert und dargestellt. Die verschiedenen Dimensionen historischer Wahrnehmung werden nicht bezüglich ihrer Veränderung untersucht, sondern dienen einer Zustandsbeschreibung, die aufgrund der zeitlichen Begrenzung eine Veränderung ausschließt. Das Ziel ist es, das Geflecht der Zusammenhänge aufzuzeigen und die Verknüpfungen zwischen einzelnen Dimensionen darzustellen. Obwohl der Querschnitt in der didaktischen Literatur immer wieder erwähnt wird, kommt er in der Praxis nicht vor. Die *Falldarstellung* konkretisiert große Ereigniskomplexe exemplarisch an einem Einzelfall von geringer Dauer („Die Reformation" vs. „Die Einführung der Reformation in Hamburg"). Dieses Prinzip verbürgt Konkretheit und Wirklichkeitsnähe. Streng betrachtet ist der →Vergleich kein eigenständiges Darstellungsprinzip. Er stellt mehrere (meist zwei) Längsschnitte, Querschnitte und Falldarstellungen (seltener Sequenzen) vergleichend gegenüber.

Erdmann, Elisabeth (Hrsg.): Thematische Längsschnitte für den Geschichtsunterricht in der gymnasialen Oberstufe, Neuried 2002; Pandel, Hans-Jürgen: Didaktische Darstellungsprinzipien. Ein alter Sachverhalt im neuen Licht, in: Bernhardt, Markus u.a. (Hrsg.): Bilder – Wahrnehmungen – Konstruktionen, Schwalbach/Ts. 2006, S. 152-168

Sascha Donat (Wilsdruff)

Dekonstruktion

Dekonstruktion ist kein geschichtsdidaktischer Begriff und hat auch keinen Bezug zur Geschichtsdidaktik. Wenn er hier doch aufgenommen wurde, so beruht das auf dem verwirrenden Gebrauch, der von ihm in der Geschichtsdidaktik seit einigen Jahren gemacht wird. Unter verschiedenen Schreibweisen („Dekonstruktion", „De-Konstruktion") gibt er sich als besondere Novität aus. Er trifft weder den ursprünglich gemeinten Sinn, noch führt er neue Sachverhalte in die Geschichtsdidaktik ein.

Dekonstruktion ist ein Begriff aus der poststrukturalistischen französischen Philosophie. Er wurde von dem französischen Philosophen Jacques Derrida (1930-2005) in die philosophische

Debatte eingebracht. Der Begriff bezeichnet ein besonderes Verfahren der Textbearbeitung. In diesem gilt der Autor nichts, und es teilt auch nicht die in der Hermeneutik gemachte Vorannahme, dass ein Text Bedeutungen habe. Das besondere Charakteristikum ist, dass Dekonstruktion die Sprache nicht als Repräsentant von Wirklichkeit ansieht. Dadurch wird die geschichtstheoretische und geschichtsdidaktische fundamentale Unterscheidung von vergangenem Handeln und Darstellung dieses Handelns verwischt. Dekonstruktion spielt sich nur auf der Textebene ab.

In der →Geschichtsdidaktik steht dieser Begriff für einen simplen, seit langem bekannten Sachverhalt. Eine fertige →Darstellung (d.h. Geschichtsschreibung, Publizistik oder Belletristik) wird auf die ihr zugrundeliegenden →Quellen untersucht. Dieses Verfahren ist in Geschichtswissenschaft und Geschichtsdidaktik unter dem Begriff der →Interpretation bekannt. Jede Rezension eines historiographischen Werkes nimmt eine solche Interpretation vor und fragt, welche Quellen der Autor auf welche Weise verwendet hat. Solchen Interpretationen sind im Unterricht enge Grenzen gesetzt. Schülerinnen und Schüler kennen die Quellenlage nicht, die den Darstellungen zugrunde liegt. Diese Art der →Interpretation ist trotz der Verwirrung, die der Dekonstruktionsbegriff zur Zeit stiftet, eine wichtige Aufgabe der Geschichtsdidaktik. Unterrichtsmethodisch überzeugende Konzepte liegen nicht vor. Machbar ist zur Zeit nur der Vergleich von Quellen und solchen Darstellungen, die diese Quellen nutzen (die Zwölf Artikel der Bauern vs. Textauszüge aus Blickle, Buszello etc.).

Der Begriff wird auch auf einzelne Quellen (z.B. →Chroniken) bezogen. In dieser Variante wird eine Quelle auf die ihr zugrunde liegenden älteren Quellen analysiert. Es wird gefragt, aus welchen Quellen hat der Quellenschreiber abgeschrieben („geschöpft"). Auch hier gilt – allerdings in noch größerem Maße –, dass Schülerinnen und Schüler den Quellenkorpus, aus dem eine spätere Quelle geschöpft hat, nicht kennen. Hier liegt das Verfahren der philologisch-kritischen Quellenkritik vor, das Barthold Georg Niebuhr (1776-1831) vor rund 200 Jahren in die Geschichtswissenschaft eingeführt hat. Am Beispiel von Livius' Römischer Geschichte zeigte er, welche älteren Quellen Livius benutzt hatte.

Die Kritik an der gegenwärtigen Begriffsverwendung schließt keine Absage an Quellenkritik und Interpretation ein. Die zentralen Operationen historischen Denkens, aus Quellen eine Geschichte zu machen und eine Darstellung auf die ihr zugrundeliegenden Quellen zu untersuchen, bleiben weiterhin gültig. Was fehlt, sind überzeugende unterrichtsmethodische Konzepte.

Culler, Jonathan D.: Dekonstruktion. Derrida und die poststrukturelle Literaturtheorie, Reinbek 1994: Daniel, Ute: Clio unter Kulturschock. Zu den aktuellen Debatten der Geschichtswissenschaft, in: GWU 48 (1997), S. 195-219 u. S. 259-278; Derrida, Jacques: Semiologie und Grammatologie. Gespräche mit Julia Kristeva, in: Engelmann, Peter (Hrsg.): Postmoderne und Dekonstruktion, Stuttgart 1990, S. 140-164

Hans-Jürgen Pandel (Halle)

Denkmal

Nach einer allgemeinen Definition wird als Denkmal oder Monument „ein in der Öffentlichkeit errichtetes und für die Dauer bestimmtes Werk verstanden, das an Personen oder Ereignisse erinnern und auch aus dieser Erinnerung einen Anspruch seiner Urheber, eine Lehre oder einen Appell an die Gesellschaft ableiten oder begründen soll" (Mittig/Plagemann, S. 6).

Seit ca. 20 Jahren finden sich in Geschichtslehrbüchern und Unterrichtsbeispielen immer wieder Vorschläge zur unterrichtlichen Nutzung von Nationaldenkmälern sowie von sog. Kunst- bzw. Kulturdenkmälern und Kriegerdenkmälern. Naturdenkmäler (z.B. Felsengruppen, Gerichtslinden) spielen im Geschichtsunterricht im allgemeinen keine Rolle. National- und Kulturdenkmäler waren im 19. und auch noch ganz überwiegend im 20. Jahrhundert hoheitliche Stiftungen. Mit diesen war die Absicht verbunden, „Herrschaft aus der Vergangenheit zu legitimieren (Legitimation), Herrschaft in der Gegenwart darzustellen (Repräsentation), Herrschaft dauerhaft in die Zukunft zu tradieren (Tradition)" (Scharf, S. 20). Schüler können in der Analyse dieser Denkmäler und ihrer Nutzung die Ideologie der Stifter entdecken, die hinter dem postulierten „öffentlichen Interesse" stand. Die politische Instrumentalisierung nationaler Symbole, Mythen und Rituale gehörte gleichsam zum Wesen der Nationaldenkmäler. Diese schaffen Solidarität, stiften Identität und die Vorstellung, einer Einheit anzugehören, die sich gegenüber anderen Nationen abgrenzt. In Feiern an solchen Denkmälern werden diese Gedanken immer wieder von neuem belebt. Kriegerdenkmäler als eine spezielle Denkmalsgattung (s. Schneider 1999) sind für ewige Dauer konzipierte Monumente. Sie erheben den Anspruch, an gefallene, vermisste und aufgrund von Kriegseinwirkungen verstorbene Soldaten, ferner an mittelbar im Zusammenhang mit den Kriegsereignissen und Kriegsfolgen ums Leben gekommene Zivilpersonen zu erinnern. Damit verbunden ist eine mehr oder weniger deutlich erkennbare, in Symbolen ausgedrückte Absicht der Denkmalsstifter oder Denkmalsurheber, dem Kriegstod einen Sinn zu unterlegen (Sinnstiftung, →Sinnbildung). Die nachfolgenden Generationen sollten auf diese Weise motiviert werden – früher, um es den Gefallenen gleichzutun, und heute, um Kriege zu vermeiden oder zu ächten. Die Kriegerdenkmäler umgibt eine Aura der Unantastbarkeit, in die sich Trauer, Stolz und Verehrung mischen. Der Kriegstod wird gegenüber dem Ziviltod überhöht, die Gefallenen als „Opfer" deklariert, ihre Tapferkeit als vorbildlich hingestellt.

Das Vorhandensein von oft mehreren Denkmälern an einem Ort machen diese zu einem leicht zugänglichen Lern- und Erkundungsgegenstand, vor allem im Rahmen von projektartigen Unterrichtsvorhaben (→Projektarbeit). Schüler können hierbei die Bedeutung des gewählten Denkmalstandorts, des Materials, aus dem das Denkmal geschaffen wurde, der Bildsprache des Denkmals, der Symbole und Inschriften, sowie die Entstehungsgeschichte, die Einweihungsfeierlichkeiten und die Nutzung des Denkmals erforschen. Der sehr erfolgreiche Geschichtswettbewerb des Bundespräsidenten im Jahr 1991 zum Thema „Denkmal: Erinnerung – Mahnung – Ärgernis" hat die Ergiebigkeit einer intensiven Beschäftigung mit diesem Medium nachdrücklich bewiesen.

Koselleck, Reinhart/Jeismann, Michael (Hrsg.): Der politische Totenkult. Kriegerdenkmäler in der Moderne, München 1994; Mittig, Hans-Ernst/Plagemann, Volker (Hrsg.): Denkmäler im 19. Jahrhundert. Deutung und Kritik, München 1972; Scharf, Helmut: Kleine Kunstgeschichte des deutschen Denkmals, Darmstadt 1984; Schneider, Gerhard: Kriegerdenkmäler als Geschichtsquellen, in: Pandel, Hans-Jürgen/Schneider, Gerhard (Hrsg.): Handbuch Medien im Geschichtsunterricht, 4. Aufl. Schwalbach/Ts. 2007, S. 525-578; Tacke, Charlotte: Denkmal im sozialen Raum. Nationale Symbole in Deutschland und Frankreich im 19. Jahrhundert, Göttingen 1995

Gerhard Schneider (Freiburg)

Didaktische Analyse

Unter didaktischer Analyse versteht man die Begründung für die Auswahl eines Stoffes als Unterrichtsthema. Eine solche Begründung ist in Anbetracht der Fülle des historischen Stoffes dringend geboten.

Geschichtliche Stoffe legitimieren sich zum einen als Unterrichtsthemen, wenn sie *exemplarische Bedeutung* besitzen. Die didaktische Analyse weist nach, welche auf andere historische Phänomene übertragbare Einsichten an dem Unterrichtsgegenstand gewonnen werden können. So können am Beispiel der Französischen Revolution Ursachen, Programmatik, Verläufe und Ergebnisse anderer bürgerlicher Revolutionen aufgezeigt werden. Ex-emplarische Bedeutung erhält ein Unterrichtsgegenstand auch dann, wenn fachspezifische Methoden daran verdeutlicht werden können.

Die Auswahl historischer Stoffe kann auch durch deren *Gegenwartsbedeutung* (→Gegenwartsbezug) für die Schülerinnen und Schüler gerechtfertigt werden. Klaus Bergmann sieht die Gegenwartsrelevanz historischer Themen im Ursachenzusammenhang zwischen Vergangenheit und Gegenwart sowie im Sinnzusammenhang. Die Lernenden müssen erfahren, wie gegenwärtige Strukturen, Prozesse, Probleme entstanden sind; sie sollten aber auch lernen, wie Menschen in der Vergangenheit mit zentralen Problemen des Lebens und des Zusammenlebens umgegangen sind, um den Blick für alternative Problemlösungen zu schärfen. Gegenwartsbedeutung bedeutet aber auch, auf die Bedürfnisse, Interessen, Geschichtsbilder, Fähigkeiten und Fertigkeiten der jeweils konkreten Lerngruppe einzugehen. Didaktische Analyse bedeutet dann, Fragen der Lernenden an Geschichte und Überlegungen zum Bildungswert der Stoffe in ein didaktisches Konzept zu bringen.

Ein drittes Kriterium für die Auswahl historischer Stoffe ist deren *Zukunftsbedeutung.* Geschichtsunterricht soll Kompetenzen für die Gestaltung der Zukunft durch Beschäftigung mit der Vergangenheit vermitteln. Klafki und auch (Geschichts-)Didaktiker verstehen unter Schlüsselfragen der Zukunft: Friedenssicherung, Menschenrechte, Geschlechterbeziehungen, Herrschaft und Demokratisierung, soziale Un-

gleichheit, Umgang mit Minderheiten, Migration, Globalisierung, Umwelterhaltung, Auswirkung der Technik.
Schließlich sollte die didaktische Analyse auch die allgegenwärtige →*Geschichtskultur* in den Blick nehmen und die Stoffauswahl danach begründen, inwieweit sie den Jugendlichen einen differenzierten Umgang damit ermöglicht.
Wenn künftig kompetenzorientierte Lehrpläne (→Curriculum/Lehrplan) Bildungsstandards für historisches Lernen festschreiben, gilt es, die Grundprinzipien des Faches Geschichte herauszuarbeiten, die der Persönlichkeitsentwicklung der Schülerinnen und Schüler förderlich sind und die die Jugendlichen und künftigen Erwachsenen zur Aneignung von kulturellen und wissenschaftlichen Traditionen sowie zur Teilnahme am gesellschaftlichen Leben befähigen. Die didaktische Analyse historischer Stoffe und Denkoperationen ist Grundlage der Beschreibung von Kompetenzen und Standards historischen Lernens.

Bergmann, Klaus: Geschichtsdidaktik. Beiträge zu einer Theorie historischen Lernens, Schwalbach/Ts. 1998; Conrad, Franziska/Ott, Elisabeth: Didaktische Analyse, in: Mayer, Ulrich/Pandel, Hans-Jürgen/Schneider, Gerhard: Handbuch Methoden im Geschichtsunterricht, 2. Aufl. Schwalbach/Ts. 2004, S. 561-576; Sauer, Michael: Kompetenzen für den Geschichtsunterricht – ein pragmatisches Modell als Basis für die Bildungsstandards des Verbandes der Geschichtslehrer, in: Informationen für den Geschichts- und Gemeinschaftskundelehrer, H. 72/2006, S. 7-20

Franziska Conrad (Wiesbaden)

Dimensionen der Wahrnehmung

Geschichte als Darstellung bezieht sich auf alle Bereiche menschlicher Tätigkeit. Menschen herrschen, wirtschaften, philosophieren, beten, pflanzen sich fort, entwerfen und konstruieren. Diese Tätigkeiten werden als Politik, Wirtschaft, Kultur etc. Gegenstand der Geschichtsschreibung. Sie sind miteinander verflochten und bilden im Zusammenwirken das, was wir Gesellschaft nennen. Gesellschaft ist dabei der Integrationsbegriff und selbst keine Dimension. Diese Verflochtenheit kann von späteren Betrachtern nicht als Ganzes wahrgenommen werden, sondern nur in Ausschnitten, die „Dimensionen der Wahrnehmung" genannt werden. Wissenschaftstheoretisch gesehen sind sie keine Elemente der Wirklichkeit, sondern Ergebnis der ordnenden Wahrnehmung des Betrachters, die seine Darstellung strukturieren.
Geschichtsschreibung, Schulgeschichtsbücher und mündlicher Geschichtsunterricht können nirgends „die" Geschichte, sondern nur bestimmte Dimensionen zum Gegenstand haben. Sie lassen sich, obwohl sie im komplexen historischen Prozess miteinander verflochten ablaufen, nur *nacheinander* darstellen. Zwar lassen sich chronologisch aufeinander folgende Ereignisse nacheinander darstellen, aber bei zeitgleichen Ereignissen und synchronen Prozessen gibt es ein darstellerisches Problem. Sie können, auch wenn sie der gleichen Dimension angehören, in Buch und Unterricht nur stunden- und kapitelweise nacheinander angeordnet werden.

Gegenwärtig werden in Lehrplänen und im Unterricht die Dimensionen Herrschaft, Wirtschaft, Kultur, Umwelt, Alltag und Geschlecht diskutiert. Da es in menschlichen Aktivitäten keine Werthierarchie gibt, nach der die wirtschaftlichen oder kulturellen Tätigkeiten einen niedrigeren Rang hätten als die politischen, sollte Geschichtsunterricht in Lehrplänen, Schulbüchern und konkretem Unterricht der Pluralität dieser Wahrnehmungsweisen gerecht werden. Diese Dimensionen sind prinzipiell in jeder Epoche auffindbar. Daraus folgt aber nicht, dass jede Dimension in jeder Epoche gleichrangig im Unterricht vertreten sein muss. Innerhalb des gesamten Unterrichts sollten sie aber in ausgewogener Weise berücksichtigt sein.

Da sich diese Dimensionen der Wahrnehmung in der Regel nur auf eine einzelne Gesellschaft beziehen, liegt →Weltgeschichte zu ihnen quer. In ihr muss selbst wieder dimensionalisiert werden (z.B. Herrschaft als Weltinnenpolitik, Weltwirtschaft). Ob die genannten Dimensionen vollständig sind oder anders dimensioniert werden sollen, ist nicht das wichtigste didaktische Problem. Solche Dimensionen historischer Wahrnehmung können aber nicht beliebig erweitert werden. Sie müssen zahlenmäßig eng begrenzt bleiben, sonst verlieren sie ihre analytische Kraft.

Pandel, Hans-Jürgen: Didaktische Darstellungsprinzipien, in: Bernhardt, Markus u.a. (Hrsg.): Bilder – Wahrnehmungen – Konstruktionen, Schwalbach/Ts. 2006, S. 152-168; Pandel, Hans-Jürgen: Geschichtsunterricht nach PISA, Schwalbach/Ts. 2005; Wehler, Hans-Ulrich, Deutsche Gesellschaftsgeschichte 1700-1815, München 1987, S. 6 ff.

Hans-Jürgen Pandel (Halle)

E

Einheitliche Prüfungsanforderungen

Einheitliche Prüfungsanforderungen in der Abiturprüfung (EPA) sind eine Rahmenvereinbarung der Bundesländer zu den Mindestanforderungen für Abiturprüfungen. Ihr Ziel ist die bundesweit einheitliche Qualitätssicherung des Abiturs (Allgemeine Hochschulreife).

Die Einheitlichen Prüfungsanforderungen in der Abiturprüfung Geschichte sind durch die Ständige Konferenz der Kultusminister 2005 beschlossen worden. Sie treffen verbindliche Aussagen

- zu fachlichen Inhalten und Qualifikationen, die die Prüflinge beherrschen sollen;
- zur fachspezifischen Ausprägung der Anforderungsbereiche;
- zu den Aufgabenarten und Aufgabenformen in schriftlichen wie mündlichen Prüfungen und
- zum Erstellen und Bewerten von Prüfungsaufgaben.

Die EPA beinhalten eine Reihe von Aufgabenbeispielen, die orientierenden Charakter haben und nicht verbindlich sind.

Durch das Beschreiben von fachlichen Standards und Grundkompetenzen für das Ende der schulischen Ausbildung übernehmen die EPA indirekt die Funktion von Bildungsstandards, die von allen Schülerinnen und Schülern unabhängig von der Teilnahme an der Abiturprüfung im Fach Geschichte erfüllt werden sollen.

Die derzeit gültigen EPA weisen im Vergleich zu ihren Vorgängern eine Reihe von Veränderungen auf, die auf eine neue Aufgabenkultur abzielen. An erster Stelle sind die Aufgabenarten zu nennen, die auf der fundamentalen Differenz zwischen →Quellen und →Darstellungen beruhen. Für jede Aufgabenart sind Kriterien formuliert worden, mit denen die Leistung des Prüflings bewertet werden kann.

Die Aufgabenart „Interpretieren von Quellen“ hat zum Ziel, Vergangenheit aus Quellen heraus zu rekonstruieren. Die Aufgabenart „Erörtern von Erklärungen historischer Sachverhalte aus Darstellungen“ stellt die Auseinandersetzung mit bereits vorhandenen Narrationen, d. h. sinngebenden Aussagen, in den Vordergrund. Die Aufgabenart „Darstellen historischer Sachverhalte in Form einer historischen Argumentation“ fordert die Prüflinge auf, auf der Grundlage von Quellenkenntnis und von Aussagen, die in Darstellungen enthalten sind, eine eigene Narration herzustellen. Durch die Verbindung zwischen den beiden vorgenannten Aufgabenarten ist das „Darstellen …“ gewissermaßen die „Königsdisziplin“ der Aufgabenarten.

Neu in den EPA ist auch eine Erweiterung der möglichen Materialgrundlage für Abiturprüfungen, die nun auch Bild- und Tondokumente einschließt.

Borries, Bodo von: Kerncurriculum Geschichte in der gymnasialen Oberstufe, in: Kerncurriculum Oberstufe II. Biologie, Chemie, Physik, Geschichte, Politik. Expertisen – im Auftrag der Ständigen

Konferenz der Kultusminister hrsg. von Tenorth, Heinz-Elmar, Weinheim und Basel 2004; Sekretariat der Ständigen Konferenz der Kultusminister der Länder in der Bundesrepublik Deutschland: Einheitliche Prüfungsanforderungen in der Abiturprüfung. Geschichte. München 2005; dass.: Vereinbarung über die Abiturprüfung der gymnasialen Oberstufe in der Sekundarstufe II (Vereinbarung der KMK vom 7.7.1972 i. d. F. vom 16.6.2000).

Siegfried Both (Halle)

Einstiege

Als Einstieg bezeichnet man zum einen jene Unterrichtsphase von kurzer Dauer, mit der eine Unterrichtstunde bzw. eine Unterrichtseinheit beginnt. Zum anderen ist damit ein Verfahren gemeint, das bei Schülerinnen und Schülern Interesse für einen Unterrichtsinhalt wecken soll. Im Gegensatz zur Vergangenheit, in der die Eingangsphase von Geschichtsstunden meist der Wiederholung des in der vorhergehenden Unterrichtsstunde Gelernten diente oder unter Verweis auf die vorausgehende Unterrichtsstunde eine Anknüpfung an den neuen Unterrichtsstoff erfolgte, unterscheidet man jetzt motivierende, das Interesse der Schüler weckende Einstiege, die Vorkenntnisse und Voreinstellungen der Schüler aktivierende oder den Unterrichtsgegenstand problematisierende Einstiege sowie animative, d.h. sinnlich-anschauliche Einstiege. Diese unterschiedlichen Einstiegsvarianten sind allerdings nicht trennscharf; meistens entscheiden sich die Unterrichtenden für einen Einstieg, der mehrere der genannten Elemente miteinander kombiniert. Am Ende der Einstiegsphase sollen sich die Schülerinnen und Schüler für den anstehenden Unterrichtsinhalt intellektuell oder emotional so angesprochen fühlen, dass sie möglichst aus eigenem Antrieb wissen wollen, wie sich ein historischer Konflikt entwickelte, welche Entscheidungen von den Protagonisten getroffen wurden, welchen Fortgang ein Vorgang nahm usw. Dabei sind für den Übergang von der Einstiegsphase zur Arbeitsphase besonders intensive Überlegungen anzustellen, um nicht Gefahr zu laufen, dass die mit einer gelungenen Einstiegsvariante erzielte Motivation der Schüler durch einen banalen Übergang in die Arbeitsphase (etwa nach der Art: „Wir wollen jetzt das von mir vorbereitete Arbeitsblatt bearbeiten") in sich zusammenfällt.

Für den Einstieg bieten sich unterschiedliche Varianten an: Kontroverse Quellen dokumentieren unterschiedliche Sichtweisen oder Entscheidungsmöglichkeiten, lassen auf bestehende oder sich anbahnende Interessenkonflikte schließen und sollen Schüler zu Behauptungen provozieren, an deren Verifizierung oder Falsifizierung sie im nachfolgenden Unterricht interessiert sind. Ein diachroner Vergleich soll mindestens zwei Bilder, Karten oder Texte aus unterschiedlichen Zeiten gegenüberstellen, die ein Vorher und Nachher deutlich machen; die erkannten Unterschiede sollen Schüler zu Fragen nach den Ursachen dieser Veränderungen veranlassen. Eine etwa durch eine Karikatur ausgelöste Provokation der Schüler kann einen Streit auslösen, der wiederum Anlass bietet, in der Arbeitsphase sich Aufschluss über die Ursachen für die Tatsache, dass man sich provoziert fühlt, zu verschaffen. Aktuelle Kontroversen in der Gesellschaft oder ein aktueller Fall bzw. ein aktuelles Tagesereignis können ebenfalls als Einstieg dienen. Von Schülern besonders der Sekundarstufe I sind Einstiege in spielerischer Form (etwa mit einem Rätsel oder Puzzle) beliebt; auch mit einer Phantasiereise kann auf dieser Schulstufe ein Einstieg gelingen. Besonders gute Erfolge werden mit Features erzielt: Hier wird den Schülern in schneller Abfolge und unterlegt mit für den anstehenden Unterrichtsinhalt zeittypischer Musik historisches Bildmaterial präsentiert. Den Schülern erschließt sich dadurch das Thema der Unterrichtsstunde wie von selbst; zugleich werden sie auf eine bestimmte Zeit eingestimmt. Bei größeren Unterrichtsvorhaben (mehrstündige Unterrichtseinheit; Kurs; Projekt) bietet sich auch eine Internetrecherche als Einstieg an. Gelingt der Einstieg und stellt sich bereits in der Anfangsphase der Unterrichtsstunde eine produktive, von Neugier und Interesse geprägte Arbeitsatmosphäre ein, ist ein erster, wichtiger Schritt für eine erfolgreiche Geschichtsstunde gemacht.

Schneider, Gerhard: Einstiege, in: Mayer, Ulrich/Pandel, Hans-Jürgen/Schneider, Gerhard (Hrsg.): Handbuch Methoden im Geschichtsunterricht, 2. Aufl. Schwalbach/Ts. 2007, S. 595-618; ders.: Gelungene Einstiege. Voraussetzungen für erfolgreiche Geschichtsstunden, 5. Aufl. Schwalbach/Ts. 2008

Gerhard Schneider
(Freiburg)

Empathie

Empathie (gr.-lat. empatheia: Einfühlen, Verstehen) bezeichnet die Bereitschaft und Fähigkeit eines Menschen, sich in einen anderen hineinzudenken und sich über dessen Handeln, seine Denkweisen und Gefühlshaltungen klar zu werden. Empathie steht dabei als soziale, menschliche Haltung der „Unfähigkeit zu trauern" (A. Mitscherlich) und dem Unvermögen, andere zu verstehen, gegenüber. Der Empathiebegriff ist im Wissenschaftsdiskurs umstritten, wobei entweder kognitive oder affektive Aspekte betont werden. Häufige bedeutungsgleiche und verwandte Verwendungsweisen sind Fähigkeit zu Mitgefühl, Einfühlungsvermögen und Perspektivenübernahme.
Empathie im Geschichtsunterricht kennzeichnet die erlernbare Fähigkeit des Perspektivenlernens (→Multiperspektivität) und des →Verstehens von Handlungsmotiven sowie der Gewinnung von Handlungsalternativen. Hierbei sollen das historische →Fremdverstehen verbessert und soziale Handlungsorientierungen (z.B. soziales Handeln, Demokratie- und Friedensfähigkeit) in der Lebenspraxis von Lernenden möglich werden. Historische Empathie ist eine wichtige Zugangsweise zu den Perspektiven von historischen Fremdgruppen („Gemeinschafts- und Kulturfremde") und deren Beziehungsgeschichte zu den Eigengruppen. Dabei ist die Verknüpfung des perspektivischen Erfahrungswissens der Beteiligten und des historischen Kontexts sicherzustellen. In der Praxis sind häufiger Perspektivenwechsel und Diskurs über die Perspektiven von Tätern, Opfern, Mitläufern und Zuschauern

– der historisch Beteiligten – sinnvoll. Als Interpretationskompetenz braucht Empathie →Multiperspektivität auf der Darstellungsebene und Kontroversität auf der Quellenebene. Die Grenzen des Fremdverstehens durch historische Empathie liegen in der Gefahr, den Fremden in den Kategorien des Eigenen wahrzunehmen und die Verstehensvoraussetzungen (z.B. Fremdbilder, Erwartungshaltungen, Unmöglichkeit des „vollständigen" Verstehens) zu unterschätzen. Empathie hat immer gegen historische Fremdheit anzukämpfen.
Historische Empathie ist als geschichtsdidaktisches Lernziel in Deutschland noch nicht ausreichend erforscht. Gleichwohl liefert die angloamerikanische Geschichtsdidaktik in Bezug auf Theoriebildung, Curricula, Lehrmaterialien und quantitative Forschung wichtige Befunde für den Diskurs in Deutschland.

Baring, Frank: Empathie, Multiperspektivität und Perspektivenübernahme, in: Handro, Saskia/Schönemann, Bernd (Hrsg.): Geschichtsdidaktische Lehrplanforschung, Münster 2004, S. 203-216; Davis, O.L: Historical Empathy and Perspective Taking in the Social Studies, Lanham 2001; Emme, M.: Der Versuch den Fremden zu verstehen, Frankfurt/M. 1996

Frank Baring (Wetzlar)

Empirische Geschichtsdidaktik

Empirische Geschichtsdidaktik untersucht Bedingungen, Verläufe und Ergebnisse historischer Lehr- und Lernprozesse auf der Basis von gesammelten und systematisch erhobenen Daten zu beobachtbaren und messbaren Phänomenen bei der Vermittlung und Rezeption von Geschichte. In Bezug auf den Geschichtsunterricht interessiert vor allem die Frage, ob unter den gegebenen Voraussetzungen die von der Gesellschaft erwünschten und von der Geschichtsdidaktik vorgeschlagenen Zielsetzungen erreicht werden und welche Wirkungen die angewandten Vermittlungsmethoden besitzen. Sie geht dabei von theoretischen Konzepten bzw. hypothetischen Annahmen aus und versucht diese durch Interpretation der empirischen, d.h. erfahrbaren Fakten zu verifizieren bzw. zu falsifizieren und für unterrichtliches Handeln bereitzustellen.
Seit Beginn erfahrungswissenschaftlicher Zugriffe auf Voraussetzungen und Durchführung historischer Unterweisung um die Wende zum 20. Jahrhundert werden mit zunehmender Verfeinerung der Forschungsmethoden vor allem folgende Bereiche untersucht: Beliebtheit von Geschichte im Spektrum der Schulfächer, Analyse von Schulbüchern, Denk-, Gedächtnis- und Willensakte sowie Interessensrichtungen und →Motivation für Geschichte, Entwicklung von →Geschichtsbewusstsein auf verschiedenen Altersstufen und im internationalen Vergleich, Zeitbewusstsein als wichtigste Basiskategorie von →Geschichtsbewusstsein, Identität und Geschichte sowie Lehr- und Lernprozesse mit verschiedenen Unterrichtsverfahren und Medien.
Die Datenerhebung erfolgt in verschiedenen Formen, unter anderem mit Beobachtungsprotokollen, Interviews,

Fragebögen mit offenen Antwortmöglichkeiten und Fragebögen mit Wahlantworten (multiple-choice) sowie Einschätzskalen zu vorgegebenen Statements (Items). Letztere werden vor allem in quantitativen, sog. harten Untersuchungen mit einer hohen Probandenzahl, die einer repräsentativen Stichprobe zu einer vorher definierten Grundgesamtheit (z.B. 10. Jahrgangsstufe der Gymnasialschüler in Bayern) entsprechen. Solche Untersuchungen liefern messbare Daten über Wissen, Fertigkeiten und Einstellungen, die sich in Form von Mittelwerten und stochastischen Abhängigkeiten, so genannten Korrelationen, ausdrücken lassen. Die Ergebnisse quantitativer Studien vermitteln generelle Trends und besitzen einen hohen Wert als Grundlagenforschung.

Ein zweiter methodologischer Grundtyp ist die qualitative Vorgehensweise. Entsprechende, sog. weiche Untersuchungen stützen sich überwiegend auf offene Erhebungsmethoden wie Unterrichtsbeobachtung, Interviews und Aufgabenstellungen, die freie Äußerungen provozieren. Sie werden mit eher zufälligen, nicht repräsentativen und kleineren Probandengruppen (meist Schulklassen) durchgeführt und lassen sich deshalb auch mit weniger organisatorischem und finanziellem Aufwand realisieren. Die verschriftlichten Ergebnisse lassen sich nach Kategorien strukturieren, die induktiv aus den erhobenen Daten und/oder deduktiv aus vorgängigen Theorien gewonnen wurden. Die Auswertung erfolgt nach bestimmten Verfahren wie z.B. der qualitativen Inhaltsanalyse oder der typologischen Analyse. Dabei werden konkrete, gleichwohl exemplarische Einzelakte von Schülern und Schülergruppen sichtbar.

Beide Verfahrensweisen sind nötig und ergänzen sich wechselseitig. Allerdings besteht immer noch ein großes Defizit in empirischer geschichtsdidaktischer Forschung.

Angvik, Magne/Borries, Bodo von (Eds.): Youth and History. A Comparative European Survey on Historical Consciousness and Political Attitudes among Adolescents. Hamburg 1997; Beilner, Helmut: Empirische Erkundungen zum Geschichtsbewusstsein am Ende der Grundschulzeit, in: Schreiber, Waltraud (Hrsg.): Erste Begegnungen mit Geschichte. Grundlagen historischen Lernens. Bd. 1, 2. Aufl. Neuried 2004, S. 153-187; Borries, Bodo von: Das Geschichtsbewußtsein Jugendlicher, Weinheim-München 1995; Gautschi, Peter/ Moser, Daniel V./Reusser, Kurt/Wiher, Pit (Hrsg.): Geschichtsunterricht heute. Eine empirische Analyse ausgewählter Aspekte, Bern 2007; Gautschi, Peter: Guter Geschichtsunterricht. Grundlagen, Erkenntnisse, Hinweise, Schwalbach/Ts. i.E. (2009); Günther-Arndt, Hilke/Sauer, Michael (Hrsg.): Geschichtsdidaktik empirisch, Berlin 2006

Helmut Beilner (Regensburg)

Entdeckendes Lernen

In Abhängigkeit vom Gegenstand, der Lerngruppe, den institutionellen und organisatorischen Voraussetzungen u. v. m. kann der Erwerb von Kenntnissen, Erkenntnissen und Fähigkeiten im Unterricht entweder auf eine eher darbietende oder auf eine eher entdeckende Art gestaltet werden. Der entscheidende Unterschied liegt darin, welcher Grad von Selbstständigkeit den Schülern eingeräumt wird bzw. werden kann: ob Lernen durch den Nachvollzug und die Aneignung der Erläuterungen des Lehrers oder durch das Finden von Antworten geschieht, denen eigene Fragen der Schüler zu einem Gegenstand zu Grunde liegen. Weil diese Fragen aus dem Wissens- und Verständnishorizont der Schüler erwachsen und nicht vom Lehrer gemäß seiner Vorstellung, was an dem Gegenstand interessant und wichtig ist, vorgegeben werden, können die Schüler auch das erarbeitete Wissen zu sich in Beziehung setzen, sodass die Gefahr des Erwerbs eines nur „trägen Wissens" verringert wird. Zwischen den beiden Polen des darbietenden und des entdeckenden Lernens liegt eine Vielzahl von Mischformen und Abstufungen, durch die die Schüler nach und nach an die Fähigkeiten herangeführt werden können, die für das entdeckende Lernen und das dazugehörige selbstständige Arbeiten notwendig sind. Auch wenn die Schüler im Zuge des entdeckenden Lernens eine generelle Problemlösekompetenz erwerben, so bedeutet dies nicht, dass damit andere Lern- bzw. Lehrverfahren überflüssig sind.

Entdeckendes Lernen geht eher induktiv-empirisch vor, indem – ausgehend von Materialien, die Neugier und kognitive Konflikte auslösen können – die Schüler

- Fragen nach Sachstrukturen und Zusammenhängen entwickeln,
- Hypothesen formulieren,
- adäquate methodische und heuristische Überlegungen anstellen,
- den Arbeitsprozess planen und strukturieren,
- ihr Vorgehen und ihre Ergebnisse reflektieren und beurteilen.

Entdeckendes Lernen lässt sich insbesondere im Zuge von Projekten realisieren. Ebenso sind viele Arbeiten, die im Kontext des Wettbewerbs um den Preis des Bundespräsidenten entstehen, gute Beispiele für das Unterrichtsprinzip. Aber auch im Rahmen des alltäglichen Unterrichts finden sich genügend Gelegenheiten, Schüler entdeckend lernen zu lassen, zumal dann, wenn historisches Lernen in Kooperation mit anderen Fächern organisiert wird und wenn den Schülern der Zugang zu einem Thema über eine Vielzahl konkreter und anschaulicher Quellen und Darstellungen ermöglicht wird.

Henke-Bockschatz, Gerhard: Forschend-entdeckendes-Lernen, in: Mayer, Ulrich u.a. (Hrsg.) Handbuch Methoden im Geschichtsunterricht, 2. Aufl. Schwalbach/Ts. 2007

Gerhard Henke-Bockschatz
(Frankfurt/M.)

Entwicklungspsychologie

Entwicklungspsychologie ist die Subdisziplin der Psychologie, die sich mit der Beschreibung, Erklärung, und Prognose der Ontogenese – also der nachhaltigen Veränderungen und Stabilitäten des menschlichen Verhaltens und Erlebens über den Lebenslauf – beschäftigt und dadurch zur Planung und →Evaluation von Entwicklungsinterventionen beiträgt. Die Entwicklungspsychologie als Erfahrungswissenschaft nahm ihren Anfang in der Mitte des 19. Jahrhunderts und etablierte sich zunächst als empirische Kinderpsychologie. Damit ging ein begrenzter Blick auf die menschliche Entwicklung einher, die als qualitative, sequenziell geordnete, auf einen positiven Endzustand hin orientierte und universell gültige Veränderung verstanden wurde. Erst in der zweiten Hälfte des 20. Jahrhunderts etablierte sich die Entwicklungspsychologie der Lebensspanne, die Entwicklung als einen Prozess beschreibt, der über den ganzen Lebenslauf hinweg stattfindet. Hierbei wird deutlich, dass Entwicklung in jedem Alter gleichzeitig Entwicklungsgewinne und -verluste umfasst, historischen Wandlungsprozessen unterliegt und interindividuell unterschiedlich verlaufen kann. Zur Erklärung von Entwicklung treten Reifungstheorien zunehmend in den Hintergrund. Vielmehr werden die genetische Anlage, die Umwelt sowie das sich entwickelnde Subjekt als interagierende Entwicklungsfaktoren identifiziert. Es wird die Entwicklung einzelner Funktionen wie z.B. der Intelligenz, des Gedächtnisses oder des moralischen Bewusstseins über den Lebenslauf erklärt. Die Entwicklungskonsequenzen kritischer Lebensereignisse wie z.B. von Missbrauch, Arbeitslosigkeit oder schwerer Krankheit werden untersucht. Entwicklungsstörungen wie z.B. Verhaltensauffälligkeiten werden erforscht, und mögliche Förderprogramme werden beschrieben und überprüft. Von besonderem Interesse für Lehrende in der Schule ist die Betrachtung des Zusammenspiels von Entwicklung und schulischem Kontext. Hier wird die Entwicklung schulischer Leistungen und leistungsrelevanter Merkmale der Schülerpersönlichkeit wie z.B. der Prüfungsangst beschrieben und aus psychologischer Perspektive erklärt. Umgekehrt wird der Einfluss schulischer Erfahrungen auf Kindheit und Jugendalter beleuchtet.

Dalbert, Claudia/Stöber, J.: Forschung zur Schülerpersönlichkeit, in: Helsper, Werner/Böhme, Jeanette (Hrsg.): Handbuch der Schulforschung, Wiesbaden 2004, S. 881-902; Oerter, Rolf/Montada, Leo (Hrsg.): Entwicklungspsychologie, Weinheim 2002

Claudia Dalbert (Halle)

Erarbeitung

Mit Erarbeitung bezeichnet man die Phase des Geschichtsunterrichts, in der historisches Lernen stattfinden soll. Diese Phase befindet sich idealtypisch in der Mitte des Unterrichtsverlaufs (→Einstieg und Problematisierung – Erarbeitung – Ergebnissicherung). Strittig ist, wie historisches Lernen gewährleistet werden kann. Die ältere Formalstufentheorie behauptet, man könne einen komplexen Unterrichtsgegenstand in kleine, logisch aufeinander bezogene Einheiten untergliedern, die nach einem gewissen universell gültigen Ablaufschema (Instruktivismus) gelernt werden können. Die jüngere konstruktivistische Lerntheorie nimmt hingegen an, dass historisches Wissen nicht eine Abbildung dessen sei, was von außen gegeben werde. Es sei vielmehr eine persönliche Konstruktion, mit der das Individuum bestimmten Aspekten des Gegenstands je eigene Bedeutungen zuweise.

Die konstruktivistische Ansicht ist einsichtig, läuft aber konträr zu den Bedin-

gungen des Schulunterrichts. Dessen Organisationsform (Fachunterricht, 45-Minuten-Stunde, verordnetes →Curriculum/Lehrplan) entspricht eher der Formalstufentheorie, obwohl diese bei der Erzeugung von nutzbarem Wissen unterlegen ist. Guter Unterricht versucht daher Instruktion und Konstruktion miteinander zu verknüpfen. Dafür sprechen Ergebnisse empirischer Untersuchungen.
Diese allgemeinen Erwägungen müssen mit den spezifischen Bedingungen von historischem Lernen in Einklang gebracht werden. Historisches Lernen entsteht, wenn sich das Bewusstsein eines Individuums intentional der Vergangenheit zuwendet und aus dieser Erfahrung der Vergangenheit in Anlehnung an wissenschaftliche Verfahrensweisen (historisches Denken) eine sinnhafte „Geschichte“ bildet. Historisches Denken ist demnach der Kern der Erarbeitungsphase. Die Qualität dieses Denkens spiegelt sich in dem aus ihm hervorgehenden Produkt (Wortbeitrag, Erzählung, schriftlicher Text, Spiel, Bild). Die Lehrkraft hat durch überlegte Instruktionen und Lernarrangements dafür zu sorgen, dass sich das historische Denken des Individuums optimal entfalten kann. Günstig für diese Entfaltung ist zum einen eine Lernumgebung, die vielfältige Informationsmöglichkeiten zur Verfügung stellt. Zum anderen sollte den Schülern so oft wie möglich Gelegenheit gegeben werden, Handlungspläne durchzuarbeiten, zu argumentieren oder narrative Repräsentationen in andere Formate zu übertragen.

Aebli, Hans: Zwölf Grundformen des Lehrens, Stuttgart 1983; Bernhardt, Markus: Erarbeitung, in: Mayer, Ulrich/Pandel, Hans-Jürgen/Schneider, Gerhard (Hrsg.): Handbuch Methoden im Geschichtsunterricht, 2. Aufl. Schwalbach/Ts. 2007, S. 619-633

Markus Bernhardt (Freiburg)

Ereignis

Als Ereignisse werden in der Regel Begebenheiten bezeichnet, die eine Veränderung bestehender Verhältnisse mit sich bringen. Konstitutiv für den Begriff des Ereignisses sind drei Komponenten: die Verortung in einer chronologischen Abfolge, die daraus resultierende Individualisierung sowie die Differenz gegenüber einem Hintergrund. Die „naturale Chronologie“ stellt den Rahmen dar, innerhalb dessen sich eine Summe von Begebenheiten zu einem Ereignis zusammenfügt. Als Kriterien der zeitlichen Gliederung sind „Vorher“ und „Nachher“ daher für ein Ereignis konstitutiv, seine Konsistenz bleibt der Zeitfolge verhaftet. In der begrifflichen Unterscheidung von Ereignissen sind nicht nur die zeitliche, sondern auch die räumliche Begrenztheit und damit die Überschaubarkeit von Ereignissen zu beachten; nicht als „Ereignisse“ einzustufen sind daher z.B. statistische Größen. Aufgrund der Verortung in Zeit und Raum müssen Ereignisse trotz eventuell großer Ähnlichkeit individualisiert werden, da sie niemals vollständig identisch sind. Selbst wenn sie vom Ablauf her identisch wären, wären sie unterschieden durch Zeit und Raum. Darüber hinaus hebt sich ein Ereignis von einem Hintergrund des Gleichförmigen ab

und stellt somit eine „Differenz“ und damit eine Herausforderung für die Kommunikation dar.
Nach dem Ansatz der →„Annales“-Schule sind Ereignisse auf der Ebene der „kurzen Dauer“ („temps court“) angesiedelt. Während Strukturen beschrieben werden, werden Ereignisse erzählt. Freilich erfasst die historische Forschung Ereignisse nie unmittelbar und vollständig, sondern immer nur unvollständig und indirekt, über Dokumente und Zeugnisse, d.h. über Spuren.
Die Diskussion über den Begriff des Ereignisses wurde vor allem im Kontext der Diskussion über die →Narrativität der Geschichte und die Literarität der Geschichtsschreibung geführt. Die geschichtsdidaktische Diskussion thematisierte in der Auseinandersetzung zwischen Struktur- und Ereignisgeschichte den Begriff des Ereignisses kaum als eigenständiges Problem. Insbesondere seit die methodologischen Prinzipien der „Annales“-Schule auch für didaktische Überlegungen im Hinblick auf Ziele, Inhalte und Arbeitsmethoden im Geschichtsunterricht ausschlaggebend wurden, verlor die Ereignisgeschichte hier deutlich an Bedeutung; sie dient in erster Linie zur Gewinnung chronologischer Übersichten.

Koselleck, Reinhart/Stempel, Wolf-Dieter (Hrsg.): Geschichte – Ereignis und Erzählung, München 1973; Lorenz, Chris: Konstruktion der Vergangenheit, Köln 1997; Ricœur, Paul: Zeit und Erzählung, Bd. I, München 1988; Veyne, Paul: Geschichtsschreibung. Und was sie nicht ist, Frankfurt/M. 1990, S. 13-20

Christine Pflüger
(Freiburg)

Erfahrung/ Erfahrungsunterricht

Als wesentliche Determinante menschlichen Handelns und Denkens konstituieren sich Erfahrungen in verschiedene Formen und Inhalten. Viele Erfahrungen bleiben unreflektiert-naiv, indem singuläres persönliches Erleben einfach verallgemeinert wird. Andere Erfahrungen sind kommunikativ offen und Gegenstand weiterführenden Lernens oder aber traumatisch indiziert und damit nicht direkt zugänglich.
Erfahrungen als lebensgeschichtliche Prägungen bestimmter Gruppen, Gesellschaftsschichten und Generationen (Erfahrungen des Schützengrabens, Lebens- und Erfahrungswelt von Frauen oder Männern, Wesenszüge der 68er usw.) gewinnen zunehmend das Interesse der Geschichtswissenschaft. Eine epochen- und kulturübergreifende „Erfahrungsforschung“ kann es jedoch nicht geben, weil Erfahrungen unausweichlich Einzelkomponenten übergreifender Kategorien und Forschungsfelder bleiben (Genderforschung, Geschichtsbewusstsein, Identität u.a.m.) und nur dort ihre heuristische Kraft entwickeln. Ebenso wenig wie →„Verdrängung“ ist „Erfahrung“ ein Grundbegriff der geschichtswissenschaftlichen bzw. geschichtsdidaktischen Fachsprache, soweit diese bisher lexikalisch erfasst wurde.
Geschichtsdidaktisch sind Erfahrungen auf zwei Ebenen zu reflektieren: erstens auf der Objektebene des Unterrichts als mögliche Themen oder thematische Akzentuierungen (z.B. lebensweltliche Erfahrungen von

Beginen im Mittelalter); zweitens auf der Subjektebene des Unterrichts als Element der Unterrichtsmethode und -gestaltung, die der Veranschaulichung und Versinnlichung bedarf, wenn ein lebendiges Verständnis erreicht werden soll. Soll der Geschichtsunterricht die Gedanken, Emotionen und Fantasien der Schülerinnen und Schüler wirklich erreichen, muss er ihre Erfahrungs- und Lebenswelt in der einen oder anderen Weise einbeziehen – etwa durch Rekurs auf das jugendliche Erleben, durch Vergleiche des Historischen mit dem Vergangenen, durch exemplarisches Konkretisieren abstrakter Sachverhalte, durch Teilhabe an Forschungsprozessen, Vergegenwärtigen des Historischen im →Rollenspiel u.a.m.

Eine offenkundige Gefahr des „Erfahrungsunterrichts“ liegt in der unzulässigen Übertragung gegenwärtiger Erfahrungen auf die Vergangenheit, die ihre eigenen Strukturen hat. Die intellektuelle Aufklärung bleibt daher ein unerlässliches komplementäres Element des erfahrungsorientierten Unterrichts.

Bos, Marguérite/Vincenz, Bettina/Wirz, Tanja (Hrsg.): Erfahrung – alles nur Diskurs? Zur Verwendung des Erfahrungsbegriffs in der Geschlechtergeschichte, Zürich 2004; Koselleck, Reinhart: Vergangene Zukunft. Zur Semantik geschichtlicher Zeiten, 3. Aufl. Frankfurt/M. 1995; Schulz-Hageleit, Peter: Geschichtsbewusstsein und Zukunftssorge. Unbewusstheiten im geschichtswissenschaftlichen und geschichtsdidaktischen Diskurs, Herbolzheim 2004

Peter Schulz-Hageleit
(Berlin)

Erinnern

Erinnern (gr. *mnemosyne*, lat. *memoria*) ist eine menschliche Grundoperation, durch die subjektiv Relevantes von Irrelevantem getrennt wird. Sie ist auf komplexe Weise mit Prozessen des Vergessens und Verdrängens verschränkt und vollzieht sich innerhalb eines Geflechts von persönlicher →Erfahrung, →Geschichtswissenschaft und →Geschichtskultur.

Seit den 1980er Jahren erlebt der Erinnerungsbegriff u.a. im Kontext des Holocaust-Diskurses einen derartigen Boom, dass er zu einem neuen interdisziplinären Forschungsparadigma im Bereich der Kultur- und Naturwissenschaften geworden ist. Dieser Prozess hat jedoch auch konzeptionelle Probleme aufgeworfen. Während der Begriff selbst seit der Antike geläufig ist, gibt es vor allem seit den in den 1920er Jahren einsetzenden Untersuchungen des französischen Soziologen Maurice Halbwachs eine Diskussion darüber, ob Erinnern als individueller oder als kollektiver Vorgang zu verstehen ist. Prinzipiell ist zu sagen, dass Erinnerungen sich zwar individuell ausprägen, aber durch soziale Kontexte (Familie, Religion, Nation etc.) wesentlich beeinflusst werden. In der Geschichtsdidaktik geht es besonders um den mehr oder weniger bewussten Prozess historischen Erinnerns. Dieses überschreitet Jörn Rüsen zufolge den lebenszeitlich begrenzten Bereich autobiographischer Erinnerung, ist prä-narrative Grundlage aller Aktivitäten des →Geschichtsbewusstseins und wird u.a. initiiert durch geschichtskulturelle Institutionen und Medien. Erinnerung ist also einerseits „Rohstoff“ von

Geschichtswissenschaft und →Geschichtskultur, wird aber andererseits durch deren Ergebnisse und Medien gespeist. Durch spezifisch historisches Erinnern im Sinne historischen Erzählens wird Vergangenheit mit dem Ziel der Sinn- und Identitätsbildung als Geschichte vergegenwärtigt, und zwar so, dass „Gegenwart verständlich wird und Zukunft entworfen und erwartet werden kann" (Rüsen, 58, 185).

Demantowsky, Marko: Geschichtskultur und Erinnerungskultur – zwei Konzeptionen des einen Gegenstandes; in: GPD 33 (2005), S. 11-20; Erll, Astrid: Kollektives Gedächtnis und Erinnerungskulturen. Eine Einführung. Stuttgart/Weimar 2005; Rüsen, Jörn: Zerbrechende Zeit. Über den Sinn der Geschichte. Köln u.a. 2001

Holger Thünemann (Münster)

Erinnerungsorte

Der Begriff der Erinnerungsorte (franz. „Lieux de mémoire") geht auf den französischen Historiker Pierre Nora zurück. Er bezeichnet nicht nur lokalisierbare Orte, sondern auch reale und mythische Gestalten, Ereignisse, Gebäude, Denkmäler, Begriffe, Lieder, Feste, Bücher, Kunstwerke und Praktiken im Symbolsystem einer Kultur. Erinnerungsorte sind Bilder und emotional aufgeladene Vorstellungen, die Menschen mit ihrer Vergangenheit und der Vergangenheit ihres Landes verbinden. Diese kollektiven Vergangenheitsbilder sind jedem Teilhaber einer Gruppe, vom Verein bis zur Nation, bekannt und können jederzeit aktualisiert werden, um jedermann seiner Identität und Gruppenzugehörigkeit zu versichern.

Kennzeichen der Konzeption Erinnerungsorte ist eine Anordnung von Gedächtnisinhalten, die keiner chronologischen Abfolge gehorcht. Deshalb bestimmt Nora Erinnerungsorte von der Raum-Struktur des Gedächtnisses her als „kollektive Gedächtnislandschaften". Durch das kollektive Bedürfnis nach Sinnstiftung sowie durch Traditionen und milieuspezifische Wahrnehmungsweisen werden vergangene Ereignisse in Erinnerungen verwandelt. Dies gilt für Gruppen aller Art und äußert sich z.B. in Gedenkfeiern, Denkmälern, Mythen und Ritualen.

Im französischen Projekt „Lieux de mémoire" inventarisierten Nora und seine Kollegen die nationale kollektive Wahrnehmung, die Bausteine des französischen Geschichts- und Nationalbewusstseins (14. Juli, die Befreiung 1944, de Gaulle, Jeanne d'Arc, Prousts „Recherche", Versailles, die Trikolore, die Schule der →Annales usw.) zu einem differenzierten System.

Das deutsche Forschungsvorhaben, deutsche Erinnerungsorte auszumachen, wurde konzeptionell durch Etienne François und Hagen Schulze ausgearbeitet. Die Frage nach Inhalten und Eigentümlichkeiten der deutschen Erinnerungskultur stellt sich hier in anderer Weise als für Frankreich. Auschwitz als „nationale Katastrophe" (Assmann) und über vierzig Jahre getrennter Erinnerung von DDR und BRD müssen einbezogen und in ihrer historischen Bedeutung neu bewertet werden.

Die Erforschung von Erinnerungsorten als hochgradig symbolisch und emotional aufgeladenen Kristallisationspunkten des kollektiven Gedächtnisses greift somit zentrale Anliegen der Geschichtsdidaktik auf. Erinnerungsorte wirken bei der Ausbildung von →Geschichtsbewusstsein und seiner Manifestationen in der →Geschichtskultur mit. Im Unterricht müssen Erinnerungsorte sowohl auf ihre „mythischen Potenziale" als auch auf ihre „chauvinistischen Gehalte" (Assmann) hin überprüft werden.

Carcenac-Lecomte, Constanze u.a. (Hrsg.), Steinbruch. Deutsche Erinnerungsorte. Annäherung an eine deutsche Gedächtnisgeschichte, Frankfurt/M., Berlin, Bern u.a. 2000; François, Étienne/Schulze, Hagen (Hrsg.), Deutsche Erinnerungsorte. 3 Bde., Frankfurt/M., Zürich, Wien 2001; Nora, Pierre (Dir.): Les Lieux de mémoire, 7 Bde., Paris 1984-1993; ders.: Zwischen Geschichte und Gedächtnis, Berlin 1990; Wagenbach, Klaus (Hrsg.), Deutsche Orte, Berlin 1991

Christine Pflüger (Freiburg)

Erkundung

Das griechische Verb *historein*, von dem das Wort *Historie* abgeleitet ist, bezeichnet die Tätigkeit des Erkundens. Erkundung ist eine im ursprünglichen und historischem Sinne historische Tätigkeit. Herodot beginnt sein Werk mit den Worten „Herodot aus Halikarnass gibt hier eine Darlegung seiner Erkundungen". Er schrieb auf, was er auf seinen erkundenden Reisen erfahren hatte. Es ist eine ursprüngliche Form der historischen Erfahrungsgewinnung. Es ist allerdings kein einfacher Reisebericht, der darlegt, was der Reisende in seiner eigenen Gegenwart, aber an fremdem Ort erfahren hat, sondern er erkundet in der Gegenwart die Vergangenheit. Der Erkundung liegt somit nicht das Modell des Augenzeugen, sondern das des Spurensuchens und Zeugenbefragens zugrunde. Erkunden meint, in die Welt hinausgehen und Kunde sammeln von dem was einmal war. Diese Kunde wird dann niedergeschrieben, auf Griechisch wird dies mit *Apodeixis* (Darlegung) bezeichnet. Das Primäre ist das Erkunden, das Aufschreiben ist das Sekundäre.

Die aktive historische Erkundung ist gegen andere Formen der Erfahrungsgewinnung abzugrenzen (z.B. Exkursion, →Handlungsorientierung). In der *Sozialkunde* handelt es sich bei einer Erkundung um eine Realitätsbegegnung, um kurzzeitige Teilnahme am außerschulischen Handlungs- und Entscheidungsprozess. Hier erkunden Schülerinnen und Schüler das Handeln und Verhalten unterschiedlicher Akteure in sozialen Institutionen der Gegenwart (z.B. Gericht, Parlament, Betrieb). Die *Exkursion* ist dagegen ein Sammelbegriff für alle möglichen Unterrichtsvorhaben außerhalb der Schule. Oft handelt sich bei der Exkursion um eine bloße Besichtigung und die Vermittlung sinnlicher Anschauung oder ästhetischer Eindrücke. Die Aktivität der Schülerinnen und Schüler hält sich in engen Grenzen, da in der Regel ein professioneller Führer alles erklärt. *Handlungsorientierung* ist ein pädagogischer Allerweltsbegriff, der auch die historische Erkundung einschließen kann.

Im Geschichtsunterricht geht es um Rekonstruktion von Geschichte anhand von Überresten der Vergangenheit. Erkundung meint hier den Vollzug von Erkenntnisgewinnung aus Spuren unvergangener Vergangenheit (originale Orte, Gebäudereste, Bodendenkmäler). Die typischen Tätigkeiten sind hier Ausmessen, Abschreiten, Kartieren, Skizzieren, Entziffern, Errechnen, Grundrisse erlaufen, Rekonstruktionszeichnungen herstellen, verwitterte Inschriften sichtbar machen, Spuren in Lagepläne übertragen. Auf diese Weise lässt sich die Wüstung eines verschwundenen Dorfes oder die Anlage des Grenzsystems der DDR erkunden. Bei der historischen Erkundung handelt es sich im konkreten Sinne um Spurensuche. Im Sinne Herodots gehörten zur Erkundung auch Zeugenbefragungen.

Dittmer, Lothar/Siegfried, Detlef (Hrsg.): Spurensucher. Ein Praxisbuch für die historische Projektarbeit, Weinheim 1987; Mayer, Ulrich: Historisches Denken und Geschichtsmethodik, in: Schönemann, Bernd u.a. (Hrsg.): Geschichtsbewußtsein und Methoden historischen Lernens, Weinheim 1998, S. 95-107

Hans-Jürgen Pandel (Halle)

Erlebnis

Der Begriff Erlebnis ist im Deutschen relativ jung; er ist erst in den 70er Jahren des 19. Jahrhundert nachweisbar. Wenn das alltägliche Leben nicht einfach als gewöhnlicher Verlauf vorbeigeht, sondern durch ein *besonderes Ereignis* gekennzeichnet wird, spricht man von einem Erlebnis. Es ist ein emotional aufgeladenes Vorkommnis, an das man sich noch später, manchmal noch nach Jahren erinnert. Bei Wilhelm Dilthey ist das Erlebnis die kleinste Einheit in einem Lebenslauf. In dem Begriff Erlebnis kommt eine Unmittelbarkeit zum Ausdruck. Erlebnisse kann man nur selbst haben, man kann sie nicht vermittelt bekommen. Ob etwas einem Menschen zum Erlebnis geworden ist, kann dieser nur selbst sagen, da nur er allein Zugang zu seiner eigenen Psyche hat.

Erlebnisse (ästhetische, emotionale und Werterlebnisse) konstituieren Erfahrung und diese ist wiederum Voraussetzung für die Entwicklung von →Geschichtsbewusstsein. Die unterschiedlichen Erlebnisformen (Bildungserlebnis, Handlungserlebnis, ästhetisches Erlebnis) konstituieren unterschiedliche Erfahrungen, die alle an der Ausbildung von Geschichtsbewusstsein beteiligt sind. Andererseits ermöglicht Geschichtsbewusstsein wieder, bestimmte Erfahrungen zu machen.

In der gegenwärtigen Kulturindustrie wird für Erlebnis der Begriff „Event" benutzt. Er bezeichnet die medienwirksame Aufbereitung des geschichtskulturellen Umgangs mit Geschichte zu Erlebnissen. Die Schlachten von Grunwald, Waterloo, Jena und Auerstedt werden nachgespielt, in Kostümen, an denen die Teilnehmer jahrelang arbeiteten (→Living History). In Ausstellungen tritt in letzter Zeit die Auseinandersetzung mit den authentischen Gegenständen (→Authentizität) hinter spektakulären Inszenierungen zurück. Solche „Events" beziehen den ganzen Menschen ein (seinen Körper, seinen Geruchs- und Geschmackssinn etc.)

und nicht nur seinen Spürsinn, den Hobbyhistoriker benötigen, wenn sie nach Quellen des eigenen Dorfes, Stadtteils, der eigenen Familie suchen und historische Gegenstände sammeln.
Geschichte ist im Gegensatz zum Erlebnis etwas durchweg Vermitteltes. Man kann sie nicht erleben, sondern nur einzelne gegenwärtige Ereignisse. Wenn man schon Geschichte nicht erleben kann, so kann doch die Vermittlungssituation, in der man etwas aus der Geschichte erfährt, zum Erlebnis werden. In diesem Sinne ist es möglich, Unterrichtsstunden für Schülerinnen und Schüler zum Erlebnis zu machen.

Gadamer, Hans-Georg, Geschichte und Wahrheit, Tübingen 1975, S. 56 ff.; Sauerland, Karol: Diltheys Erlebnisbegriff, Berlin 1972; Scheiblhuber, Aloys Clemens: Das Erlebnis in seiner Bedeutung für den Geschichtsunterricht, in: Vergangenheit und Gegenwart, 1 (1911), S. 54-58

Hans-Jürgen Pandel (Halle)

Erörterung

Erörterung ist neben Erzählen (→Narrativität) und Intepretieren (→Interpretation) eine der drei Grundformen, mit historischem Wissen umzugehen. Eine Erzählung ist die Darstellung eines Verlaufs, eine Interpretation die Entnahme von Sinn und die Erörterung die Prüfung der Angemessenheit von Aussagen. Die Erörterung ist im Gegensatz zur Erzählung eine zeitlose (systematische) Darstellungsweise. Sie argumentiert, stellt aber keine Veränderung in der Zeit dar. Sie ist ein Verfahren, um alle Aspekte und Implikationen einer Theorie, einer These eines Problems auszuloten, um die Geltungsansprüche (Angemessenheit, Stichhaltigkeit, Praktikabilität etc.) von Thesen, Aussagen, Wertungen festzustellen und zu prüfen (z.B. die These: „Der Mauerbau war die zweite Gründung der DDR"). Didaktisch fruchtbare Ausgangspunkte liefern geschichtswissenschaftliche und geschichtstheoretische Kontroversen.
Man kann Erörterung als dialektisches Verfahren im ursprünglichen Sinne des Wortes beschreiben. Sie besteht aus Rede und Gegenrede, bzw. These und Antithese. In der Erörterung kommt es allerdings nicht darauf an, simple Listen von Pro-und-Kontra-Aussagen einander gegenüberzustellen, sondern darauf, diese Argumente zu begründen und sie ihrerseits wieder zu erörtern. Zu jedem gefundenen Pro- und Kontra-Argument gibt es wieder positive bzw. negative Argumente, die sie widerlegen bzw. bestätigen. Ein Ende dieser – in einer Baumstruktur mit jeweils zwei Ästen darstellbaren – Erörterungsprozesse ist erst dann erreicht, wenn dem bzw. den Erörternden die Argumente ausgehen. Erst dann gilt eine These als erörtert.
Eine solche Erörterung kann eine einzelne Person für sich vornehmen, indem sie Argumente für und gegen (bzw. sowohl als auch) eine These zusammenträgt, sie gegeneinander abwägt und dann zu einer eigenen Antwort kommt (z.B. als Hausaufgabe oder Klausuraufgabe). Jede gute Rezension ist bis zu einem bestimmten Grade eine Erörterung. Eine Erörterung kann aber auch in der Form einer Diskussion mit anderen betrieben werden. Es kommt

allerdings dabei nicht darauf an, eine Zuhörerschaft rhetorisch zu überzeugen, sondern die Angemessenheit herauszufinden. Es gelten nicht die beeindruckenden rhetorischen Mittel, sondern allein die Kraft des besseren Arguments.

Trotz einiger grundlegender Gemeinsamkeiten ist die hier gemeinte Erörterung nicht identisch mit dem „erörternden Schreiben" des Deutschunterrichts (textgebundenes, freies und literarisches Erörtern). Es geht nicht um Meinungsstreit, Kommunikationssituationen oder literarische Wertungen. Bezugspunkt ist und bleibt die Frage, ob sich die Aussagen mit den empirischen Triftigkeiten vereinbaren lassen oder Methodenvorschläge mit den Rationalitätsstandards von Wissenschaft übereinstimmen.

Kocka, Jürgen: Angemessenheitskriterien historischer Aussagen, in: Koselleck, Reinhart, u.a. (Hrsg.): Objektivität und Parteilichkeit, München 1977, S. 469-457; Sekretariat der Ständigen Konferenz der Kultusminister (Hrsg.): Einheitliche Prüfungsanforderungen Geschichte, Neuwied 2005

Hans-Jürgen Pandel (Halle)

Euro(pa)zentrik

Eurozentrik (auch: -zentrismus) ist ein recht uneinheitlich gebrauchter wissenschafts- und gesellschaftskritischer Begriff, der im letzten Drittel des 20. Jahrhunderts im Kontext von Anti-Rassismus und Post-Kolonialismus relevant wurde. Das Teilwort „Euro(pa)-" meint primär die *kulturelle* Dimension des *West*europa-Begriffs, teils auch die „westliche Moderne" insgesamt. Mit dem Kompositum (analog z.B. Afro- oder Sinozentrismus) bezeichnet man implizite oder manifeste Behauptungen einer universellen Zentral- und Führungsposition der europäisch(-„westlich-")en Kultur in der Universalgeschichte. Es handelt sich um ein europäisches, inzwischen durchaus global präsentes Denkmuster, das Kolonialisierung, Imperialismus und kapitalistische Ausbeutung von außereuropäischen Weltregionen legitimierte, indem es die militärische und ökonomische Überlegenheit Europas als zivilisatorisch-kulturelle ausgab. Dieses Superioritätspostulat wird bis heute teils rassistisch („natürliche" Überlegenheit), teils geopolitisch, teils historisch-genetisch (überragende geschichtliche Hervorbringungen seit der Antike) begründet.

Als typische Formen „euro(pa) zentrischen" Denkens gelten z.B.: Standortgebundene geopolitische Konzepte, die implizit globale Deutungshoheit beanspruchen (z.B. „der Westen", „Ferner Osten"); eine unhinterfragte oder unzulässige Verallgemeinerung europäisch(-„westlich-")er Perspektiven, Wertmaßstäbe, Geschichtserfahrungen und -konzepte (z.B. Modelle des „Fortschritts"); ein verengter Wahrnehmungshorizont, der übergreifende oder globale Kontexte ignoriert, non-europäisch(-„westlich-")e Gesellschaften und deren Perspektiven ausblendet, abwertet oder mit essentialistischen Stereotypen als diametral „fremde" konstruiert (vgl. Said). Die unkritische Idealisierung non-europäisch(-„westlich-")er Kulturen kann als „negative Euro(pa)zentrik" gelten.

Einwände gegen kritische „Euro(pa)

zentrik"-Diskurse zielen zum einen gegen vermeintliche oder tatsächliche Tendenzen, die tatsächliche Bedeutung neuzeitlicher europäisch (-„westliche-")r Geschichte und Kultur ungerechtfertigt zu destruieren (z.B. Landes, Judt), zum anderen aber gegen einen Kulturalismus, der konkrete Machtkonstellationen verschleiert (z.B. Dirlik).
Historiographische Bemühungen um eine „Provinzialisierung Europas" (vgl. Chakrabarty) wollen die europäisch (-„westlich-")e Region als *eine* Weltregion *unter anderen* betrachten, um so vielleicht Zugänge zu einer Geschichte Europas und der Welt „jenseits des Eurozentrismus" (vgl. Conrad/Randeria) zu erschließen.

Chakrabarty, Dipesh: Provincializing Europe, Princeton u.a. 2000; Conrad, Sebastian/Randeria, Shalini (Hrsg.): Jenseits des Eurozentrismus, Frankfurt/M. 2002; Said, Edward W.: Orientalismus, Frankfurt/M. 1981

Susanne Popp (Augsburg)

Evaluation

Evaluation beschreibt zunächst nichts anderes als die Beurteilung der Werthaltigkeit einer Praxis (Programm, Projekt, Produkt, Prozess, Organisation u.Ä.). Der Begriff stammt vom lateinischen Wort „valor" (Wert) und der Vorsilbe „e/ex" (aus) ab und bedeutet sinngemäß „einen Wert aus etwas ziehen". Evaluation kann als ein systematischer Prozess gefasst werden, bei dem auf der Basis festgesetzter Zielstellungen und Bewertungsmaßstäbe mit wissenschaftlichen Forschungsmethoden Daten, die im Zusammenhang mit dem Untersuchungsgegenstand stehen, gesammelt, analysiert und bewertet werden.
Es haben sich zwei Formen von Evaluation herausgebildet:

- Man spricht von einer formativen Evaluation, wenn die Ergebnisse zur Optimierung des Evaluationsgegenstandes direkt beitragen (im Sinne von Qualitätssicherung).
- Eine summative Evaluation liegt vor, wenn der Untersuchungsgegenstand zusammenfassend beurteilt wird (im Sinne von Qualitätskontrolle).

Evaluationsergebnisse müssen von Außenstehenden nachvollzogen und kritisiert werden können. Gleiches gilt für Zwecke, angewandte Methoden, Datenbasis und abgeleitete Schlussfolgerungen. Evaluationen sind deshalb genau zu dokumentieren.
Von der Fremdevaluation durch externes Personal wird die Selbstevaluation unterschieden, die von Personen aus dem Kreis der für den Evaluationsgegenstand Verantwortlichen durchgeführt wird. Selbstevaluationen sind oft mit Rollen- und Interessenkonstellationen verbunden, die das Evaluationsergebnis verfälschen können.
Die Deutsche Gesellschaft für Evaluation hat Gruppen von Standards (→Bildungsstandard) entwickelt, die in Evaluationsvorhaben angewandt werden sollen und die gleichzeitig Anforderungen an eine wissenschaftliche Evaluation verdeutlichen:

- Evaluationen richten sich an gesetzten Evaluationszwecken sowie am Informationsbedarf der Nutzer aus (Nützlichkeit).
- Sie müssen realistisch, gut durch-

dacht, diplomatisch und kostenbewusst geplant und ausgewertet werden (Durchführbarkeit).
- Es ist respektvoll und fair mit den betroffenen Personen umzugehen (Fairness).
- Eine Evaluation bringt nachvollziehbare Informationen und Ergebnisse zum jeweiligen Gegenstand und den Fragestellungen hervor (Nachvollzug).

Becker, Gerold u.a. (Hrsg.): Qualität entwickeln: evaluieren, Velber 2001; Deutsche Gesellschaft für Evaluation: Standards für Evaluation, Köln 2002; Meyer, Wolfgang: Was ist Evaluation? Saarbrücken 2002; Stockmann, Reinhard (Hrsg.): Evaluationsforschung. Grundlagen und ausgewählte Forschungsfelder, Opladen 2004

Siegfried Both (Halle)

F

Fachübergreifender Unterricht

Als fachübergreifender Unterricht wird ein Konzept bezeichnet, das zur Bearbeitung einer unterrichtlichen Fragestellung bzw. eines Themas die Gegenstände und Methoden von wenigstens zwei Schulfächern integriert. Es ist besonders geeignet, die Fähigkeiten der Lernenden zur Problemlösung zu erweitern, wobei vernetzendes Denken, Denken in Zusammenhängen und die Fähigkeit zum Perspektivenwechsel systematisch gefördert werden.

In der gemeinsamen Schnittmenge der Begründungen unterschiedlicher Autoren für fachübergreifenden Unterricht liegen fünf Aspekte: 1. Lebensweltbezug, d.h. das Anknüpfen an die Lebenswirklichkeit und das Vorwissen der Lernenden, das sich nicht zwangsläufig in die schulfachlichen Gliederungen einfügt; 2. projektförmiges Lernen und damit eine bewusste Aufhebung der Fachgrenzen; 3. Bearbeitung von Schlüsselproblemen, die notwendigerweise die Bereitstellung unterschiedlicher Fachbeiträge erfordert; 4. Förderung überfachlicher Kompetenzen durch offene Problemstellungen und geringe Vorgaben im Hinblick auf Kommunikation, Arbeitsteilung und Kooperation; 5. →Wissenschaftspropädeutik durch die Klärung von Fragestellungen und Methoden sowie der Grenzen und Reichweiten eines Faches. Die Bearbeitung eines Problems

mittels unterschiedlicher Fachbeiträge befördert zudem die Fähigkeit des Perspektivenwechsels.
Mit dieser Befähigung ist ein wesentliches Qualitätsmerkmal historischer Lernprozesse angesprochen. Insofern stimmen das Konzept des fachübergreifenden Unterrichts und wichtige Ziele des Geschichtsunterrichts überein. Daraus erklärt sich auch, dass das gesellschaftswissenschaftliche Aufgabenfeld bisher in der Unterrichtswirklichkeit am häufigsten in fächerübergreifende Unterrichtsvorhaben involviert ist. Dabei reicht die thematische Palette von der Vor- und Frühgeschichte bis zur Gegenwart.

Arand, Tobias/Borries, Bodo von/Körber, Andreas u.a. (Hrsg.): Geschichtsunterricht im Dialog. Fächerübergreifende Zusammenarbeit, Münster 2006; Stübig, Frauke/Ludwig, Peter H./Bosse, Dorit u.a.: Bestandsaufnahme zur Praxis fächerübergreifenden Unterrichts in der gymnasialen Oberstufe im Bundesland Hessen, Kassel 2006

Frauke Stübig
(Kassel)

Fakten

Fakten (von lat. factum, das Getane oder Geschehene) sind unumgängliche Tatbestände, die tatsächlich und nachweisbar vorhanden oder geschehen sind. Sie sind quellenmäßig abgesicherte Grundlage und Voraussetzung jeder historischen Arbeit. Nun ist aber nicht jedes →Ereignis der Vergangenheit zugleich ein „historisches Faktum": So gilt von den zahllosen Überquerungen des Flusses Rubico lediglich die des Julius Caesar (49 v. Chr.) als relevant. Ein beliebiges historisches Ereignis wird nur dann zum „historischen Faktum", wenn Historiker es für aussagekräftig halten, es also für ihre (zeitgebundene) Erkenntnis- bzw. Aussageabsicht nutzbar machen wollen.
Historische Fakten sind uns in den Quellen überliefert, sie sind folglich grundsätzlich lückenhaft und haben einen kaum mehr nachvollziehbaren Auswahlprozess über sich ergehen lassen müssen. So besitzen wir von vielen Gruppen (z.B. illiteraten oder sozial deklassierten) kaum eigene Aussagen, und die uns bekannten Fakten über das klassische Griechenland stammen weit überwiegend aus der athenischen Perspektive. Für jüngere Epochen müssen die bedeutsamen Fakten erst aus einer Fülle von Informationen herausgefunden und die übrigen als irrelevant ausgeschieden werden. Für sich genommen sagen Fakten deshalb noch recht wenig aus, sie sprechen nicht „für sich", und das Anhäufen möglichst vieler von ihnen bringt noch keinen Erkenntnisgewinn.
Dennoch dominierte im 19. Jahrhundert die Auffassung, dass historische Arbeit wesentlich in der Sammlung von Fakten bestehe (Ranke: erkennen, „wie es eigentlich gewesen"). Erst wenn man alle Fakten beisammen hat, kann der Bearbeitungsprozess einsetzen. Gleichzeitig delegierte man aber die eigentliche Erhebung der Fakten zunehmend an die historischen Hilfswissenschaften (Chronologie, Urkundenlehre, Archäologie usw.) und übernahm deren Erträge als „gesichert". Geschichte bestand folglich in „der Summe festgestellter Tatsachen" (Carr). Der damit verbundenen Gefahr einer

Verabsolutierung von Fakten wurde im 20. Jahrhundert mit der gegenläufigen Tendenz begegnet: Geschichte wurde als ein Konstrukt erkannt, das bei gleicher Faktenbasis infolge der Zeit- und Standortgebundenheit der Historiker immer wieder unterschiedlich ausfällt. Der Prozess der Rekonstruktion bestimmt →Auswahl und →Interpretation der Fakten, die man – so vor allem in totalitären Systemen – in fast beliebiger Weise organisieren kann.
Richtig ist, dass es zwischen Fakten und Interpretation eine Wechselwirkung gibt: Erst die Interpretation macht aus einem überlieferten Ereignis ein „historisches Faktum", und erst die umfassende Faktenkenntnis erlaubt gesicherte, tragfähige Aussagen. Historiker „verfügen" nicht nach Gutdünken über die Fakten, sie sind aber auch nicht deren Sklaven.
Auch im Geschichtsunterricht wurde das Faktenwissen lange verabsolutiert: Einerseits glaubte man, bei ausreichender Faktenkenntnis werde sich das Verständnis schon von alleine einstellen, andererseits sind erlernte Fakten besonders gut abprüfbar. Fakten sind selbstverständlich erforderlich, sie sind aber niemals Selbstzweck. Ein geordnetes Orientierungswissen ist notwendig, aber Ziel des modernen Geschichtsunterrichts kann nicht die (bisweilen sinnentleerte) Anhäufung von Faktenwissen sein, sondern die Fähigkeit zum Umgang mit ihnen.

Carr, Edward Hallett: Was ist Geschichte? 6. Aufl. Stuttgart u.a. 1981

Waldemar Grosch
(Weingarten)

Fiktion

Eine Fiktion ist eine unwahre Aussage, Erfindung oder Erdichtung. Fiktion ist ein relationaler Begriff, d.h. er steht immer in einem Verhältnis zu den Begriffen der Realität, der Wahrheit, des Wahrscheinlichen und der →Imagination. Die Grenzziehung zwischen Fiktion und Realität unterliegt ständigen Modifikationen. Da die Opposition von Fiktion und Wirklichkeit implizit die Gewissheit darüber voraussetzt, was Fiktion und was Wirklichkeit ist, entwickelte Iser stattdessen zu heuristischen Zwecken die Triade des Realen, Fiktiven und Imaginären. Die Unterscheidung von Fiktion und Wahrheit dagegen erfolgt auf einer höheren Stufe der Reflexion. Der Verstehenszusammenhang, in dem eine Fiktion zur Geltung kommt, wird hier als in sich geschlossen gesehen und nicht im Sinne von Irreführung verstanden.
Aus konstruktivistischer Perspektive besteht die Alternative real/irreal als solche nicht. Da es statt Fakten nur mental hergestellte Sachverhalte gibt, löst sich das Fiktive aus der Beziehung zum Realen und gerät in eine Beziehung zum Möglichen. Durch die Konstituierung verschiedener Versionen von Welt stellt die Fiktion die Fakten her; die so erzeugte Faktizität ist ein „fact from fiction" (Goodman). Nach Stierle sind Fiktionen sprachliche Setzungen von Sachlagen, die durch die Verweisung auf eine Referenz reine Vorstellungen erzeugen. Indem sie einen Vorstellungszusammenhang organisieren, können diese z.B. auf eine imaginäre Welt als Spielraum von Konstellationen verweisen.

Für die →Geschichtswissenschaft spielt die Frage nach Fiktion in der Debatte um den Wahrheitsanspruch historischer Forschungsergebnisse und ihrer Darstellung in Texten eine Rolle. Im Kontext der Konstituierung von Geschichte als wissenschaftlicher Disziplin im 19. Jahrhundert wurde Wahrheit mit Tatsachen gleichgesetzt und Fiktion als das Gegenteil von Wahrheit sowie als Hindernis für das Verständnis von Realität betrachtet. Ausschlaggebend für die Darstellung von Geschichte ist nicht nur die Frage nach den Fakten, sondern auch die Frage, wie diese zu beschreiben sind. In der Auseinandersetzung mit einer Geschichtsschreibung, die den Anspruch auf Darstellung des „Realen" erhebt, verwiesen im 20. Jahrhundert einige Theoretiker darauf, dass sich auch die Geschichtsschreibung literarischer Strategien bedient, da auch für sie die Normen der Kohärenz und der Korrespondenz gelten. White bezeichnet sie als eine Form der Fiktionsbildung, nämlich als „Fiktion der Darstellung des Faktischen". Da im Geschichtsunterricht wissenschaftlich gewonnene Aussagen vermittelt werden sollen, wird auch in der Geschichtsdidaktik das Verhältnis von Wissenschaftlichkeit und Fiktion diskutiert.

Evans, Richard: Fakten und Fiktionen, Frankfurt/M. 1991; Henrich, Dieter/ Iser, Wolfgang (Hrsg.): Funktionen des Fiktiven, München 1983; Iser, Wolfgang: Das Fiktive und das Imaginäre, Frankfurt/M. 1991; White, Hayden: Auch Klio dichtet, Stuttgart 1986; Zimmermann, Holger: Geschichte(n) erzählen, Frankfurt/M. 2004

Christine Pflüger (Freiburg)

Film

Das Medium Film, das mit Einzelbildern eine Bewegung vortäuscht, ist gut 100 Jahre alt. 1895 wurden erstmals von den Brüdern Lumière Filme vorgeführt. Wichtige Veränderungen kamen mit dem Ton (1928) und der Farbe (nach 1945) hinzu. Seit 1952 ist in der Bundesrepublik der Film nicht mehr an das „Filmtheater" gebunden, sondern über den Fernseher überall verfügbar. Filme sind für Geschichtswissenschaft und Geschichtsunterricht nur brauchbar, wenn man Filmgattungen unterscheidet, die sich am Quellenbegriff orientieren. Die pädagogische Klassifikation nach Sinnesmodalitäten („audiovisuelles Medium") ist geschichtsdidaktisch belanglos. Prinzipiell ist jeder Film eine Quelle für die Zeit, in der er entstand, unabhängig davon, in welcher Epoche die Filmhandlung spielt.
Die grundlegenden Kriterien für die Unterscheidung historisch relevanter Filmgattungen sind *Zeit- und Authentizitätsbezug*. Aufgrund von Entstehungszeit und Faktualitätsgraden erhalten wir mehrere Gattungen, die unterschiedlich interpretiert werden müssen. Grundeinheit ist das *Filmdokument* (private Filmsequenzen, Zufallsaufnahmen wie z.B. der Amateurfilm von der Ermordung Kennedys). Als Filmdokument sollte man ungeschnittene und unkommentierte Bildsequenzen ansehen. Zum Filmdokument gehören aber auch die komplexen Dokumentationen („Wochenschauen"), die in der Vergangenheit entstanden sind. Der *Dokumentarfilm* ist dagegen eine Montage aus Filmdokumenten und heutigem Kommentar. Der Begriff

„Dokument" im Gattungstitel täuscht Objektivität und Authentizität vor. Es handelt sich bei dieser Gattung meist um sehr subjektive Perspektivierungen. Der *Historische Spielfilm* ist in der Vergangenheit entstanden und zeigt eine Handlung dieser (vergangenen) Gegenwart, ohne einen Rückgriff auf Geschichte zu nehmen. Obwohl Handlung und Personen fiktiv sind, spiegelt er die Probleme seiner Entstehungszeit und ist insofern für uns heute eine Quelle. So zeigt „Moderne Zeiten" (1936) das Aufkommen von Rationalisierung und Fließbandfertigung und „Grün ist die Heide" (1951) die Integration von Flüchtlingen in der Bundesrepublik. Den Begriff *Historienfilm* (→Historienfilm/Historischer Historienfilm) sollte man jenen Filmen vorbehalten, die in unserer Gegenwart entstanden sind und Ereignisse der Vergangenheit zeigen (z.B. „Rosenstraße", 2003). Sie sind heutige Interpretationen der Vergangenheit und somit Teile der gegenwärtigen →Geschichtskultur. Diese Filme nehmen logisch den gleichen Status ein wie die schriftlichen Darstellungen der Historiker, ohne aber deren Rationalitätsstandards zu entsprechen.

Die Filmanalyse ist eine besonderer Art der Quelleninterpretation. Die jeweilige Gattung ist dabei die leitende Hinsicht. Neben der Produktanalyse (Sequenz, Einstellung, Blickwinkel, Bewegungsablauf, Bild-Text-Interferenz etc.) ist die Perspektivierung des historischen Geschehens herauszuarbeiten (Figurenkonstellation, Faktualität und Fiktionalität, Parteinahme etc.). Dabei ist es unabdingbar, die jeweiligen zeitgenössischen Rezensionen in die Analyse einzubeziehen.

Borries, Bodo von: Was ist dokumentarisch am Dokumentarfilm?, in: GWU 52 (2001) S. 220-227; Schneider, Gerhard: Filme, in: Pandel, Hans-Jürgen/Schneider, Gerhard (Hrsg.), Handbuch Medien im Geschichtsunterricht, 4. Aufl. Schwalbach/Ts. 2007, S. 365-386; Marsiske, Hans-Arthur (Hrsg.): Zeitmaschine Kino. Darstellung von Geschichte im Film, Marburg 1992; Meyers, Peter: Film im Geschichtsunterricht, Frankfurt/M. 1998

Hans-Jürgen Pandel (Halle)

Fortschritt

Unter Fortschritt ist eine durch menschliche Aktivität herbeigeführte Weiterentwicklung zum Besseren zu verstehen. Menschen streben danach, ihre gegenwärtige Situation entweder beizubehalten oder zu verbessern. Die nächste Stufe, die sie erreichen wollen, muss deshalb höherwertig sein als die vorangegangene. Der traditionelle Fortschrittsbegriff war positiv besetzt und deckte sich mit der Fortschrittsvorstellung des 19. Jahrhunderts. Im 20. Jahrhundert wurde deutlich, dass sich der Fortschritt nicht kontinuierlich weiterentwickelt, sondern dass der Begriff auch Rückschläge und unbeabsichtigte Nebenfolgen beinhaltet. Dazu zählen Kriege, Waffenentwicklungen (z.B. die Atombombe), Umweltkatastrophen usw., die den negativen Fortschrittsbegriff prägten.

Heute muss vor allem im Geschichtsunterricht auf beide Seiten hingewiesen werden, soll der Schüler dazu befähigt werden, Beziehungen zwischen Vergangenheit, Gegenwart und Zukunft herzustellen. Er muss ein Wandelbewusstsein entwickeln. Der Begriff „Fortschritt" findet besonders bei der Thematisierung des industriellen Zeitalters im Geschichtsunterricht Anwendung und wird hier positiv besetzt. Fortschrittsverlierer werden meist nicht erwähnt. Im Unterricht muss auch darauf aufmerksam gemacht werden, dass mit der Verwendung des Fortschrittsbegriffs die Menschen zum Ende des 18. Jahrhunderts versuchten, die Vielzahl an Veränderungen zu fassen. All das geschah in sehr kurzen Zeitabständen, sodass eine geistige Verarbeitung kaum möglich war. Wenn im Unterricht bei der Behandlung des 20. Jahrhunderts die Folgen dieser fortschreitenden Entwicklung thematisiert werden, revidieren die Schülerinnen und Schüler den positiven Fortschrittsbegriff. Nun werden neue Aspekte beachtet, die in die Begriffsklärung einfließen. Gegen Ende des 20. Jahrhunderts kam ein negativer Fortschrittsbegriff in die Diskussion, der sich vor allem an der drohenden atomaren und ökologischen Katastrophe orientierte. Den Schülerinnen und Schülern sollte dieser Wandel in der Begrifflichkeit vor Augen geführt, weil er für die Bildung von Geschichtsbewusstsein fundamental ist.

Piepmeier, Rainer: Fortschritt, in: Bergmann, Klaus u.a. (Hrsg.): Handbuch der Geschichtsdidaktik, Seelze-Velber 1997, S. 150-153; Weymar, Ernst: „Fortschritt" als Orientierungsproblem in Geschichtswissenschaft und Geschichtsdidaktik, in: Jeismann, Karl-Ernst (Hrsg.): Geschichte als Legitimation? Internationale Schulbuchrevision unter den Ansprüchen von Politik, Geschichtswissenschaft und Geschichtsbedürfnis, Braunschweig 1984, S. 63-98

Nicky Born (Halle)

Fragen

Fragen sind Pflastersteine auf dem Weg zu einer neuen Kenntnis oder Erkenntnis. In der Geschichtswissenschaft sind meist *Sach- oder Problemfragen* Ausgangspunkt eines Forschungsprozesses, in dem die Fragen zwar die Richtung bestimmen, dessen Ergebnis sich aber erst im Laufe der Zeit herauskristallisiert. Diese Vorgehensweise der Historiker und Historikerinnen dient im Geschichtsunterricht als Vorbild für historisches Lernen (→Methodik) und wird mittels zweier Konzepte praktiziert, in denen die Funktion der Fragen dadurch bestimmt wird, in welchem Verhältnis sie zum Ausgangspunkt und zum Ziel des Lernprozesses stehen.
Im ersten Konzept, dem ergebnisorientierten Unterricht, wird der historische Forschungsprozess gleichsam noch einmal schülergemäß nachvollzogen. Seit Jahrzehnten ist in der →Geschichtsdidaktik das Prinzip des fragend-forschenden Lernens (→Entdeckendes Lernen) üblich, nach dem eine didaktisch gezielte Unterrichtsvorbereitung das Material und den Unterrichtsverlauf so anordnet, dass die Klasse auf das Problem stoßen muss, das als Ausgangspunkt für den intendierten Lernprozess benötigt wird. Hier haben *Lehrerfragen* in verschiedenen Formen und unterschiedlichen Phasen des Unterrichts ihren Ort. Erstens strukturieren und steuern Lehrerfragen in Form des fragend-

entwickelnden Unterrichtsgesprächs den Lernprozess, damit Abweichungen vom vorgesehenen Denk- und Lernweg minimiert werden. Zweitens dienen Arbeitsfragen zur Erschließung der im Unterricht behandelten Texte. Drittens werden über generelle Fragenkataloge zur Bearbeitung der Quellen die methodischen Fähigkeiten der Schüler und Schülerinnen geschult.

Im zweiten Konzept sind *Schülerfragen* konstitutives Element des Unterrichts (→Schülerorientierung). Von einem festen Ausgangsort (Lebenswelt, →Einstieg) aus können die Schüler und Schülerinnen mit ihren Fragen eigenen Interessen und Wissensbedürfnissen folgen. Die Informationen werden den Fragen entsprechend ausgewählt und bereitgestellt. Die Schülerfragen fungieren somit als Forschungs- oder Leitfragen, zugleich auch als Arbeitsfragen. Es wird kein feststehendes inhaltliches Ergebnis angestrebt, die Schüler und Schülerinnen lernen vielmehr, sich mit ihren Fragen der Geschichte anzunähern, Antworten auf ihre Fragen zu finden und sich ein eigenes, überprüfbares Bild von der Geschichte zu machen. Ein Unterricht, in dem Schülerfragen dominieren, ist als Beitrag zum selbst gesteuerten Lernen zu verstehen, bei dem die Schüler und Schülerinnen die wesentlichen Entscheidungen im Lernprozess (Anlass, Art und Weise, Inhalt, Ziel) gravierend und folgenreich beeinflussen können.

Beide Frage-Konzepte schließen einander nicht aus. Sie können sich gegenseitig ergänzen, können miteinander verbunden oder abwechselnd im Unterricht angewendet werden. Jedes Konzept sollte sich seinerseits stets der Frage stellen, ob und inwiefern es dem historischen Lernen dient.

Dehne, Brigitte: Schülerfragen als konstitutives Element des Geschichtsunterrichts, in: GWU 51 (2000), S. 661-681; Schmid, Heinz Dieter: Fragen an die Geschichte. Bde. 1-4, inkl. Lehrerbegleitbände 1-4. Frankfurt/M. 1975-1984; ders.: Entwurf einer Didaktik der Mittelstufe, in: GWU 21 (1970)

Brigitte Dehne (Berlin)

Fremdverstehen/ Alterität

Den erfahrungsbindenden Umgang mit „Alterität" (zu lat. „alter" = der andere von zweien), d.h. dem Andersartigen, Nicht-Identischen, Entgegengesetzten, erforschen u.a. Soziologie, Ethnologie, Literaturwissenschaft und Fremdsprachendidaktiken. Die Geschichtsdidaktik hat es einerseits mit der diachronen Differenz des Forschers bzw. der Schülerin zu den historischen Gegenständen zu tun, andererseits mit den gelebten Fremdheitserfahrungen historischer Akteure. Die Befassung mit zeitlicher Alterität dient dabei zuerst dem Selbstverstehen und der kulturellen Selbstvergewisserung. Zugleich geht es jedoch darum, das Fremdartige als eigenständig und gleichwertig anzuerkennen. Bodo von Borries und Bettina Alavi halten Fremdverstehen dehalb für einen komplizierten dialektischen Prozess, der die Bereitschaft zur Reflexion und Revision von Selbst- und Weltbildern, die Bewusstmachung von Projektionsmechanismen sowie die Thematisierung unterschiedlicher kultureller Blickrichtungen erfordert. Elisabeth Erdmann formuliert vorsichtiger das Ziel, „Verständnis zu wecken für das Fremde", das als etwas Unbekanntes, Unerkennbares oder Unheimliches auftreten könne. Beide Konzepte verbinden genuin geschichtsdidaktische Kategorien wie →Multiperspektivität und Kontroversität mit den Erfordernissen des →interkulturellen Lernens in einer von Heterogenität geprägten Gesellschaft. Mithilfe geeigneter thematischer Felder (Kulturkontakte, Migration, Empfindung von Fremdheit in der Vergangenheit, Sündenbock-Funktion, Angst vor dem, aber auch Reiz des Dunklen) werden somit die Kategorien des „wir" und des „anderen" radikal dekonstruiert und historisiert. Am Ende steht die Einsicht, dass Fremdheit stets aus einer Interpretationsleistung (also Zuweisung) resultiert – kein Mensch, Ding, Ereignis, keine Kultur ist wesenhaft fremd, sondern wird dies erst in den Augen eines erkennenden Betrachters mit entsprechendem Informationsdefizit.

Was Schülerinnen und Schüler im Geschichtsunterricht als „fremd" empfinden, wird allerdings von individuellen Denkmustern und Vorprägungen bestimmt. Insgesamt vermittelt sich der Geschichtsunterricht nämlich gar nicht immer konsequent genug als Raum der Erfahrung von Alterität. Es wurde oft beobachtet, dass junge Lernende die tiefgreifende Andersartigkeit vergangener Gesellschaften kaum wahrnehmen, sondern diese unter Anwendung heutiger Wertmaßstäbe „verstehen" und beurteilen. Problematisch gestaltet sich daher der obligatorische Erwerb einer noch vornehmlich kognitiven Empathie-Kompetenz, die ggf. die Lerner zur affektiven Leistung des Mitgefühls befähigen soll. Schließlich bleibt auch offen, ob wir in Zeiten hybrider, schnell wechselnder Identitätskonstruktionen überhaupt noch einen tragfähigen Begriff des „Eigenen" besitzen bzw. benötigen.

Alavi, Bettina/Henke-Bockschatz, Gerhard (Hrsg.): Migration und Fremdverstehen. Geschichtsunterricht und Geschichtskultur in der multiethnischen Gesellschaft, Idstein 2004; Alavi, Bettina/von Borries, Bodo: Geschichte, in: Reich, Hans H., u.a. (Hrsg.): Fachdidaktik interkulturell. Ein Handbuch, Opladen 2000, S. 55-91; Erdmann, Elisabeth (Hrsg.): Verständnis wecken für das Fremde, Schwalbach/Ts. 1999

Michele Barricelli (Hannover)

G

Gedächtnis

Der alltagsweltliche Begriff Gedächtnis ist in den letzten Jahren zu einem Forschungsfeld von Psychologen, Neurologen, Sozial- und Kulturwissenschaftlern geworden. In der Gedächtnisforschung besteht eine solche Konzeptionsvielfalt, „dass eine integrale Theorie darüber, was das Gedächtnis ‚ist', sich kaum mehr verfassen lässt" (Pethes/Ruchatz, S. 5).
Ein Grund dafür ist, dass von Gedächtnis oft metaphorisch die Rede ist. Für die →Geschichtsdidaktik ist der Begriff weniger im Sinne neuronaler Gehirnfunktionen relevant, sondern in der von Maurice Halbwachs in den 1920er Jahren eingeführten und von Aleida und Jan Assmann präzisierten Terminologie des kollektiven Gedächtnisses. Einerseits ist individuelle Gedächtnisbildung kollektiv beeinflusst, weil sie von sozialen Kontexten (Familie, Religion, Nation etc.) gerahmt wird. Andererseits bemühen sich soziale Gruppen zur Identitätsbildung um einen gegenwartsbedingten und zukunftsrelevanten Kanon verbindlicher Erinnerungen. Gedächtnis ist also auch als Kollektivbegriff für mündliche oder kulturell geformte Erinnerungsbestände definierbar. In diesem Sinn hat J. Assmann zwischen „kommunikativem" und „kulturellem" Gedächtnis differenziert – eine Unterscheidung, die nur theoretisch möglich ist, weil beide Formen an sich ineinander übergehen. Im ersten Fall vollzieht sich Erinnerung als alltägliche Kommunikation, im zweiten ist sie bezogen auf traditionelle Gebrauchsbestände von Texten, Bildern und Riten. Anders als das kulturelle ist das kommunikative Gedächtnis gebunden an die Erinnerung von Zeitzeugen und hat daher einen wandernden Zeithorizont. Auf diese Weise lässt sich auch die Kategorie der →Geschichtskultur, die im Vergleich zum Gedächtnisparadigma u.a. forschungspraktische Vorteile aufweist, weiter entfalten: Geschichtskulturen umfassen nämlich neben kulturellen bzw. materialisierten Bestandteilen auch kommunikative Elemente. A. Assmann hat die Begriffe Funktions- und Speichergedächtnis eingeführt. Ob sich die →Geschichtswissenschaft dem letzten Gedächtnistyp zuordnen lässt bzw. inwieweit Gedächtnis und Geschichtswissenschaft einen Gegensatz bilden, hängt u.a. davon ab, in welchem Grad historische Wissenschaft politische Identitäts- und Traditionsbildungsprozesse kritisch reflektiert.

Assmann, Aleida: Gedächtnis, Erinnerung, in: Bergmann, Klaus u.a. (Hrsg.): Handbuch der Geschichtsdidaktik. 5. Aufl. Seelze-Velber 1997, S. 33-37; Pethes, Nicolas/Ruchatz, Jens (Hrsg.): Gedächtnis und Erinnerung. Ein interdisziplinäres Lexikon. Reinbek 2001; Welzer, Harald: Gedächtnis und Erinnerung, in: Jäger, Friedrich/Rüsen, Jörn (Hrsg.): Handbuch der Kulturwissenschaften, Bd. 3, Stuttgart/Weimar 2004, S. 155-174

Holger Thünemann
(Münster)

Gedenktage/ Gedenkjahre

„Gedenktage und Gedenkjahre sind Formen einer öffentlichen Erinnerung an Ereignisse, Personen oder datierbare Sachverhalte, denen eine gesellschaftliche, nationale, übernationale oder gar universalhistorische Bedeutung zugemessen wird" (Bergmann, S. 11).
In schulischem Zusammenhang wird ihnen erstmals von Ferdinand Stiehl in seinem Buch „Der vaterländische Geschichtsunterricht in unseren Elementarschulen" (1842) große Bedeutung zugemessen, dann auch in zwei der von ihm veranlassten Stiehlschen Regulative von 1854. Im „Regulativ für den Unterricht in den evangelischen Schullehrer-Seminarien" Preußens von 1854 – einer schulpolitischen Antwort der Regierung auf vorgebliche Unbotmäßigkeit der Elementarschullehrer in der Revolution von 1848 – heißt es bezüglich des Geschichtsunterrichts, dass in diesem „die vaterländischen Gedenk- und Erinnerungstage besonders hervorzuheben" seien (Schneider/v. Bremen I, S. 376). Im Regulativ „betr. Einrichtung und Unterricht der evangelischen einklassigen Volksschule" wird gefordert, dass „an vaterländischen Gedenktagen eine oder mehrere für den Leseunterricht bestimmte Stunden zu Erzählungen seitens des Lehrers und zum Hersagen und Singen patriotischer Lieder seitens der Kinder, also zu einem zugleich das Gemüth und den Willen der Schüler erfassenden Unterricht verwendet werden" (Schneider/v. Bremen III, S. 291). Von diesem Zeitpunkt an blieben „vaterländische Gedenktage" Gegenstand des Geschichtsunterrichts bis zum Ende der NS-Zeit. Zeitweise wurde die Erinnerung an große Persönlichkeiten und große (kriegerische) Ereignisse auch in Form patriotischer Schulfeste begangen (s. den Festekatalog bei Schneider, S. 171 ff. und Bergmann, S. 12). Diese Praxis sollte zur Ausbildung obrigkeitstreuer Gesinnung beitragen und die jungen Untertanen mit einem einheitlichen →Geschichtsbewusstsein ausstatten, das sie fest an Herrscherhaus und Kirche band (Herrschaftswahrung und -sicherung).
Heute werden die oft stark kommerzialisierten Gedenktage bzw. Gedenkjahre von der →Geschichtsdidaktik als Erscheinungsformen der →Geschichtskultur verstanden.
Im Geschichtsunterricht sollen sie Schülerinnen und Schüler in die Lage versetzen zu erkennen, welch unterschiedlichen politischen Absichten und Motive mit der Ausrufung und Durchführung von Gedenktagen und Gedenkjahren in die Öffentlichkeit getragen werden: „Identitätsbildung und -festigung, Loyalitätssicherung, nationale oder andere kollektive Konsensstiftung – mit der jeweiligen Kehrseite der Herstellung und Bewahrung von Feindbildern" (Bergmann, S. 16).

Bergmann, Klaus: Gedenktage, Gedenkjahre und historische Vernunft, in: Geschichte lernen 9 (1996), S. 11-20; Schneider, Gerhard: „Patriotische Schulfeste" und Schulunterricht im Kaiserreich, vorwiegend in Preußen (1871-1914), in: Pandel, Hans-Jürgen (Hrsg.): Verstehen und Verständigen, Pfaffenweiler 1991, S. 165-195; Schneider, K./Bremen, E. von (Bearb.): Das

Volksschulwesen im Preußischen Staate, Bde. I und III, Berlin 1886/1887

Gerhard Schneider (Freiburg)

Gedenkstätten

Es gibt vier Kategorien von Gedenkstätten:

– Denkmale, die durch ihre architektonische und künstlerische Gestaltung an verstorbene Personen oder an Ereignisse erinnern (→Denkmal).

– In der DDR sind an Orten von NS-Verbrechen Nationale Mahn- und Gedenkstätten sowie antifaschistische Traditionskabinette entstanden. Diese hatten die Aufgabe, den Antifaschismus als ideologische Grundlage der neuen Staatsform zu rechtfertigen. Historisch wurde der Widerstandskampf der KPD besonders hervorgehoben. Pädagogisch stand eher die Vermittlung von Einstellungen als die reflexive Auseinandersetzung mit historischen Fakten im Zentrum.

– Nach Jahrzehnten der Verdrängung wurden in Westdeutschland ab der Mitte der siebziger Jahre Gedenkstätten für die Opfer des NS-Regimes an den historischen Orten der Verfolgung eingerichtet. Dort soll aller Gruppen gedacht werden, die in der NS-Zeit diskriminiert, verfolgt und ermordet worden waren. Neben vielen hundert Denkmalen sind etwa 100 Gedenkstätten entstanden, in denen kontinuierlich gearbeitet wird. Die einzelne Gedenkstätte bezieht sich nur auf den Verfolgungsort, an dem sie sich befindet. Als Netzwerk bilden diese 100 Gedenkstätten gemeinsam alle Verbrechenskomplexe aus der NS-Zeit ab. Ihr Bildungsansatz ist in zweifacher Weise gesellschaftskritisch: Aus der Bearbeitung historischen Unrechts ergeben sich Aspekte für den heutigen Umgang mit Andersdenkenden und Andersseienden. Die Beschreibung der Täter evoziert Fragen zur Verantwortung für individuelles und staatliches Handeln heute.

– Nach der Wiedervereinigung sind in den neuen Bundesländern Gedenkstätten für die Opfer der sowjetischen Besatzungsmacht und der SED-Diktatur hinzugekommen.

In den letzten Jahrzehnten haben die Gedenkstätten umfangreiches Material zusammengetragen, mit dem sie die Geschehnisse differenziert darstellen. Die Reduktion auf den historischen Ort hilft, sich den historischen Spuren zu nähern und sie fächerübergreifend zu interpretieren. Als Lernorte haben die Gedenkstätten unterschiedliche Bildungsangebote, die auf die Bedürfnisse der unterschiedlichen Besuchergruppen zugeschnitten sind und das Ziel verfolgen, möglichst in Form des fragend-forschenden Lernens die Geschichte des Ortes nahezubringen und daraus Schlüsse für heute zu ziehen. Neben dem historischen Lernen steht das Gedenken an die Opfer im Mittelpunkt.

www.gedenkstaetten-uebersicht.de; Ehmann, Annegret/Kaiser, Wolf/Lutz, Thomas/ Rathenow, Hanns-Fred/vom Stein, Cornelia/Weber, Norbert (Hrsg.): Praxis der Gedenkstättenpädagogik. Erfahrungen und Perspektiven, Opladen 1995; Puvogel, Ulrike (Red.), Bundeszentrale für politische Bildung (Hrsg.): Gedenkstätten für die Opfer des Nationalsozialismus – eine Dokumentation,

Band 1, Bonn 1995, Band 2, Bonn 1999; Reichel, Peter: Politik mit der Erinnerung: Gedächtnisorte im Streit um die nationalsozialistische Vergangenheit; München 1995; Rürup, Reinhard (Hrsg.): Netzwerk der Erinnerung : 10 Jahre Gedenkstättenreferat der Stiftung Topographie des Terrors, Berlin 2003

Thomas Lutz
(Berlin)

Gegenwartsbezug

Unter Gegenwartsbezug von Geschichte versteht man die nicht hintergehbare Gebundenheit des historischen Denkens an Gegenwart und Zukunft, welches in erster Linie immer ein Nachdenken über Vergangenheit ist, das sich in der Gegenwart vollzieht und welches dabei von Zukunftserwartungen und dem individuellen oder kollektiven Orientierungsbedürfnis beeinflusst wird. Aus geschichtsdidaktischer Perspektive kommt dieser Grundbedingung eine besondere Bedeutung zu. Die vorrangige Aufgabe des Geschichtsunterrichts und der geschichtsdidaktischen Analyse (→Didaktische Analyse) ist es daher, den Schülerinnen und Schülern transparent zu machen, was das schulische Nachdenken über Vergangenes mit ihrer spezifischen Gegenwart und zukünftigen Lebenswelt zu tun hat. Im Gegensatz zur empirischen Forschung muss es im Geschichtsunterricht somit um die bewusste Konstruktion dieses Gegenwartsbezuges gehen; das bedeutet die Konkretisierung des grundsätzlichen Gegenwartsbezugs jeglichen historischen Denkens an einem bestimmten Fall.

Der Gegenwartsbezug wird besonders deutlich an der massenhaft sich ausbreitenden →Geschichtskultur (→Denkmäler, →Comics, Werbung, →Gedenktage, Geschichtspolitik etc.), in der Geschichtlichkeit von Begriffen, Sachverhalten und materiellen Relikten (z.B. „Nie wieder Auschwitz", Antisemitismus, Berliner Reichstag etc.). Er artikuliert sich in der geschichtsdidaktischen Analyse der →Unterrichtsplanung („Was sollen die Schülerinnen und Schüler lernen?"), in den verschiedenen Phasen des Unterrichts (z.B. Brainstorming als Einstieg) und manifestiert sich in der Urteilsbildung der Schülerinnen und Schüler in ihrer Rolle als „Mitlebende".

Der →chronologische und besonders der nicht-chronologische Geschichtsunterricht bieten eine Chance für die bewusste Herstellung des Gegenwartsbezuges im Unterricht. Ausgehend von den Schlüsselproblemen unserer Zeit (z.B. Arbeit, →Migration, Extremismus, Krieg und Frieden, Ökologie etc.) lassen sich von den Schülerinnen und Schülern Ursachen- und Sinnzusammenhänge erarbeiten, die den Gegenwartsbezug implizit enthalten und fächerübergreifendes und projektorientiertes Lernen initiieren können (→Projektarbeit). Mit der bewussten Konstruktion des Gegenwartsbezugs im Geschichtsunterricht soll den Schülerinnen und Schülern die Chance gegeben werden, im Sinne der Förderung eines reflektierten →Geschichtsbewusstseins, Geschichte nicht als reinen „Stoff" zu konsumieren, sondern sich Geschichte als Vorstellung, als Fähigkeit zur historischen Sinnbildung, zu erarbeiten. Sie sollen dadurch zur Einsicht zu gelangen, dass sich Orientierung in der und durch die Geschichte immer unter dem Einfluss von Gegenwart und Zukunft vollzieht (→Transfer).

Bergmann, Klaus: Der Gegenwartsbezug im Geschichtsunterricht. Schwalbach/Ts. 2002; ders.: Gegenwarts- und Zukunftsbezug, in: Mayer, Ulrich/Pandel, Hans-Jürgen/Schneider, Gerhard (Hrsg.): Handbuch Methoden im Geschichtsunterrich, 2. Aufl. Schwalbach/Ts. 2007, S. 91-112

Christian Heuer (Freiburg)

Gender

Gender (engl.) wird als Bezeichnung für das sozial und kulturell geprägte Geschlecht sowie als Kategorie sozialer und historischer Analyse verstanden. Gender als sozial und kulturell geprägtes Geschlecht wird in verschiedenen gesellschaftlichen Zusammenhängen mit unterschiedlichen Mitteln und Folgewirkungen hergestellt. Die Konstruktion von Gender erfolgt bei alltäglichen Interaktionen durch Geschlechtsdarstellung, -wahrnehmung und -zuschreibung. Dabei übernimmt das wahrnehmende und einordnende Gegenüber den Hauptanteil der Konstruktion. Geschlecht ist jedoch nicht nur etwas, was einem Individuum zugewiesen wird, sondern auch etwas, woran es selbst lebhaften Anteil hat (gender doing).

Die Arbeit mit Gender als einer analytischen Kategorie setzt voraus, dass die Ordnung aller historischen Gesellschaften stets grundlegend durch Geschlecht strukturiert wird. Untersucht werden die unterschiedlichen Auffassungen und Ausprägungen von Männlichkeiten und Weiblichkeiten in der Geschichte, das jeweilige soziale Verhältnis der Geschlechter und die Bedeutung der Geschlechterdifferenzen mit allen daran angeknüpften Berechtigungen, Zuschreibungen und Machtverhältnissen. Bei der Analyse von Bereichen, in denen Geschlecht als Regulator fungiert, werden auch scheinbar geschlechtsneutrale, abstrakte Bereiche angesprochen, die über die unmittelbare Beschäftigung mit Individuen hinausreichen, wie

- Symbole, Bilder, Vorstellungen, Ideologien (religiöse und politische Symbole, Rassismus);
- normative Konzepte, die in Doktrinen der Religion, Bildung, Wissenschaft, des Rechts und der Politik ihren Ausdruck finden, in denen unmissverständlich die Bedeutung des Mannes und der Frau, des Männlichen und des Weiblichen, festgestellt wird (z.B. beim Wahlrecht in den bürgerlichen Revolutionen, bei der Sozialgesetzgebung im 19. Jahrhundert);
- Begrifflichkeiten (z.B. Freiheit), wissenschaftliche Arbeitsweisen und Methoden (z.B. die Praxis der Verallgemeinerungen, empirische Forschungen).

Neben der Vermittlung geschichtswissenschaftlicher Analysen, inhaltlich z.B. in Form der Geschlechtergeschichte, befasst sich die →Geschichtsdidaktik mit der Wirkungsmacht von Gender-Traditionen als gegenwärtigen vorfindbaren anthropogenen und soziokulturellen Voraussetzungen für verschiedenartige Lehr-Lern-Prozesse (Schule, Museum, Medien). Ziel geschichtsdidaktischer Bemühungen ist die Entwicklung eines Genderbewusstseins als Dimension des Geschichtsbewusstseins und als Beitrag zur Entwicklung einer geschichtskulturellen →Kompetenz. Danach werden Geschlechterverhältnisse als historisch bedingt und geformt verstanden, indem Gender als wesentliches Strukturprinzip gesellschaftlicher Prozesse wie auch die Wechselbeziehung zwischen Geschlechterverhältnissen und gesellschaftlichen Faktoren wie Politik, Wirtschaft, Religion und Recht wahrgenommen und beschrieben werden kann (z.B. Wechselbeziehung zwischen Gender und Arbeitsstrukturen).

Dehne, Brigitte: Gender im Geschichtsunterricht. Das Ende des Zyklopen?, Schwalbach/Ts. 2006; dies.: Gender und Geschichtsdidaktik, in: Zeitschrift für Geschichtsdidaktik, Jahresband 2004, S. 9-33; Opitz, Claudia: Um-Ordnungen der Geschlechter. Einführung in die Geschlechtergeschichte, Tübingen 2005; Scott, Joan W.: Gender: Eine nützliche Kategorie der historischen Analyse, in: Kaiser, Nancy: SelbstBewusst. Frauen in den USA, Leipzig 1994

Brigitte Dehne (Berlin)

Georg-Eckert-Institut

Das Georg-Eckert-Institut für internationale Schulbuchforschung (GEI) existiert in seiner heutigen Form seit 1975. Sein Gründer, der Braunschweiger Historiker und spätere Vorsitzende der Deutschen UNESCO-Kommission Georg Eckert, setzte sich nach 1945 für internationale Verständigung durch Schulbucharbeit ein und organisierte zu diesem Zweck Schulbuchgespräche vor allem mit Deutschlands Nachbarn und früheren Kriegsgegnern. Die „Deutsch-französische Vereinbarung über strittige Fragen europäischer Geschichte" von 1951, die bis heute kontrovers diskutierten „Empfehlungen für Schulbücher der Geschichte und Geographie in der Bundesrepublik Deutschland und in der Volksrepublik Polen" aus dem Jahre 1976 und die „Deutsch-israelischen Schulbuchempfehlungen" von 1985 sind herausragende Beispiele für diese „klassische" bilaterale Arbeit des GEI. Sie soll zum Abbau von Feindbildern und Vorurteilen beitragen und ist inzwischen weltweit ein Modell für Gesellschaften, die sich mit einer konfliktiven Vergangenheit auseinandersetzen müssen. In einer globalisierten Welt mit zunehmenden Interdependenzen hat sich jedoch der Aufgabenbereich des Instituts erweitert und ist komplexer geworden. Hier will das GEI zu einem tieferen Verständnis für internationale Zusammenhänge und weltweit bedeutende Themen über nationale Sichtweisen hinaus beitragen. Nach dem Ende des Ost-West-Konflikts sind neue, überwiegend kulturell und ethnisch definierte Konflikte aufgebrochen. Die Arbeit des Instituts – z.B. in Südosteuropa – zielt darauf ab, Einsichten in die Möglichkeiten gewaltfreier Konfliktlösungen zu vermitteln. Im GEI wird internationale Forschung zu Unterrichtsmedien als Grundlagen-, vor allem aber als angewandte Forschung entwickelt. Dabei suchen seine Mitarbeiter die Zusammenarbeit mit Fachwissenschaftlern und -didaktikern sowie mit Vertretern aus der pädagogischen Praxis und

Bildungspolitikern. Die Forschungsresultate werden auf nationalen und internationalen Tagungen und Workshops vorgestellt und durch die Publikationen des Hauses einem breiteren Publikum zugänglich gemacht. Das GEI berät Schulbuchautoren, Verlage und Lehrer auf nationaler und internationaler Ebene. Im Rahmen seines Stipendienprogramms können sich Wissenschaftler, Schulbuchautoren und Pädagogen aus dem In- und Ausland einen Überblick über den Stand der Schulbuchforschung verschaffen. Die in ihrer Art einzigartige Bibliothek des Instituts bietet für die Stipendiaten und andere Besucher eine Fülle von Materialien. Sie enthält Schulbücher der Fächer Geschichte, Geographie, Sozialkunde und Deutsch als Fremdsprache aus mehr als 150 europäischen und außereuropäischen Ländern. Die Sondersammlung historischer deutscher Schulbücher enthält ca. 23 000 Bände, die seit dem 18. Jahrhundert bis zum Ende des Zweiten Weltkrieges erschienen sind. Eine Fundgrube für die historische Bildungsforschung ist auch die Fibelsammlung. Im wissenschaftlichen Bereich finden die Benutzer Sekundärliteratur zu fachwissenschaftlichen und pädagogisch-didaktischen Themen sowie einschlägige Fachzeitschriften.

Becher, Ursula/Riemenschneider, Rainer (Hrsg.), Internationale Verständigung. 25 Jahre Georg-Eckert-Institut für internationale Schulbuchforschung in Braunschweig, Hannover 2000; Pingel, Falk: UNESCO Guidebook on Textbook Research and Textbook Revision, Hannover 1999

Verena Radkau (Braunschweig)

Geschichte

Der deutsche Begriff Geschichte stammt von dem althochdeutschen Wort für Geschehen („scehan“) ab. Da die Wissenschaft sich bis ins 18. Jahrhundert der lateinischen Sprache bediente, war Historia/Historie gebräuchlich. Dabei handelt es sich ursprünglich um eine Übernahme aus dem Griechischen. Bei Herodot bezeichnete das Verb „historein“ den Vorgang des Nachforschens und noch nicht die *Darlegung* der im Nachforschungsprozess gefundenen Ergebnisse. Bis zur Mitte des 18. Jahrhunderts gab es die Begriffe Geschichte und Historie nur im Plural (Geschich*ten,* Histori*en).* Erst ab dieser Zeit hat sich der Begriff Geschichte als *Kollektivsingular* eingebürgert. Seitdem spricht man von „der“ Geschichte als Gesamtheit des vergangenen Geschehens. Mit dem Rückgang des Lateinischen als Wissenschaftssprache verschwand auch der Begriff Historie aus dem allgemeinen Sprachgebrauch zugunsten von „Geschichte“.

Das Wort Geschichte hat eine doppelte Bedeutung. Es meint das *Geschehene* ebenso wie die *Darstellung* dieses Geschehens. Es hat eine „objektive“ und eine „subjektive Seite“ (Hegel). In objektiver Hinsicht ist Geschichte ein quasi dinglicher Prozess, der unabhängig von dem menschlichen Erkenntnisvermögen zu existieren scheint. Die Annahme einer solchen Realität ist zwar eine denknotwendige Voraussetzung für jeglichen Forschungsprozess, sie gibt es aber nur in sprachlicher Gestalt. Diese Tatsache findet ihren Ausdruck in den unterschiedlichen (materialistischen, idealistischen, konstruktivistischen) Theorien, die dem historischen Prozess eine bestimmte Gestalt unterlegen. Aus der (unzutreffenden) Annahme eines erkenntnisunabhängigen Prozesses wurde gefolgert, dass dieser Prozess, „Geschichte" genannt, möglichst genau, ohne Verfälschungen und subjektive Zutaten dargestellt werden könne. Es gelte, diesen *abzuschildern/widerzuspiegeln.* Diesen naiven Realismus vertritt in der wissenschaftlichen Debatte heute niemand mehr ernsthaft. Auch seine reflektierte Variante ist nicht mehr haltbar. Deren Vertreter sind sich zwar der Perspektivik und Standortgebundenheit jeder Geschichtsschreibung bewusst, fordern aber trotz dieser Einsicht, „der" Geschichte möglichst nahe zu kommen.

In subjektiver Hinsicht ist Geschichte *Erzählung.* Als Darstellung wird ihr heute mehr Aufmerksamkeit entgegen gebracht als früher. Die stärkere Betonung von Geschichte als *Text* beruht auf der Einsicht, dass die Arbeit des Historikers nicht in der Quellenforschung, der Feststellung der Ereignisse aufgeht, sondern dass das Schreiben von Geschichte ein *erkenntnisproduzierender* und *sinnbildender Akt* und nicht bloß eine literarische und ästhetische Formung ist. Geschichte ist in diesem Sinne ein sprachliches Gebilde, eine sprachliche Konstruktion auf der Basis von Spuren in Quellen. Diese Wende zum Text („linguistic turn") zeigt sich besonders auf jenen Forschungsgebieten, die im wesentlichen „ausgeforscht" sind: Die Quellen sind bekannt, Strittiges in ihnen ist geklärt, alle Tatsachen liegen auf dem Tisch. Dennoch werden über den gleichen Tatsachenbestand immer wieder neue Bücher geschrieben, die nicht von neuen aufgefundenen Fakten und bisher unbekannten Ereignissen handeln, sondern neue Deutungen vornehmen.

Bisweilen wird Geschichte unter Missachtung ihres doppelten semantischen Gehalts auch mit Vergangenheit gleichgesetzt. Von Formulierungen wie „Reise in die Vergangenheit" bis „Rekonstruktion der Vergangenheit" reichen die Formulierungen. Vergangenheit ist aber nur eine inhaltsleere Zeitdimension und besitzt keine eigene Realität. Sie kann man weder erforschen noch rekonstruieren und schon gar nicht irgendwelche „Partikel" in ihr finden. Das einzige, was uns vorliegt, sind sprachliche und bildliche Hinweise auf vergangene Ereignisse in Quellen, und die befinden sich nicht in der Vergangenheit, sondern sind in den Archiven der Gegenwart aufbewahrt.

Conrad, Christoph/Kessel, Martina (Hrsg.): Geschichte schreiben in der Postmoderne, Stuttgart 1994; Goertz, Hans-Jürgen: Unsichere Geschichte, Stuttgart 2001; White, Hayden: Auch Klio dichtet, Stuttgart 1986

Hans-Jürgen Pandel (Halle)

Geschichtsbewusstsein

Geschichtsbewusstsein ist ein psychischer Verarbeitungsmodus historischen Wissens, der zwar über dieses Wissen gebildet wird, ihm gegenüber aber eine relative Autonomie besitzt. Mangelndes Wissen verhindert nicht Geschichtsbewusstsein – im Gegenteil –, und opulente Kenntnisse verbürgen es noch nicht. Geschichtsbewusstsein ist folglich kein Speichermedium zur Akkumulation von historischem Wissen, sondern ein Sinnbildungsmodus (→Sinnbildung), der Kontingenzen (→Kontingenz) abarbeitet und damit der Orientierung in der Temporalität von Vergangenheit, Gegenwart und Zukunft dient. Wenn Geschichtsbewusstsein vom Wissen abhängig wäre, müsste es durch Vergessen wieder verschwinden. Die lebensgeschichtliche Genese von Geschichtsbewusstsein ist in den Prozess des Spracherwerbs eingebunden. Es wird mit Sprache erlernt und insofern bildet ein dreijähriges Kind bereits erste Strukturen der Geschichtlichkeit aus (z.B. Temporal- und Wirklichkeitsbewusstsein). Problematisch in geschichtsdidaktischer Hinsicht ist der Wortbestandteil „Bewusstsein" im Begriff. Ein Individuum besitzt auch dann Geschichtsbewusstsein (wie elaboriert oder rudimentär auch immer), wenn es sich dessen nicht bewusst ist und darüber keine Angaben machen kann. Da nur Menschen denken, gibt es auch kein sich selbst reflektierendes Geschichtsbewusstsein.

Bis ins 20. Jahrhundert hinein (teilweise bis heute) wurde Geschichtsbewusstsein nicht als analytischer, sondern als ein normativer Begriff gebraucht, der inhaltlich vorschreibt, was und wie Schülerinnen und Schüler über Geschichte denken sollen. Er war im 19. und 20. Jahrhundert vor allem auf Kollektive (Nation, Volk, Rasse, „deutsches Volksschicksal" [Heinrich Roth]) bezogen. Geschichtsbewusstsein galt als Kollektivbewusstsein, das vom Einzelnen ein bestimmtes Denken, Fühlen und Handeln erwartete. Die Schule hatte für die „Prägung des Geschichtsbewusstseins" (Theodor Schieder) zu sorgen. Den heute gebräuchlichen – und geschichtsdidaktisch sinnvollen – Begriff des individuellen Geschichtsbewusstseins hätte das 19. Jahrhundert als widersprüchlich empfunden. Geschichtsunterricht hat heute die Aufgabe, Schülerinnen und Schülern zu helfen, ihr eigenes Geschichtsbewusstsein zu entwickeln und zu gesellschaftlichen Zumutungen Distanz zu halten.

Unterrichtspraktische (aber auch empirische) Probleme liegen in der hochdimensionierten, überkomplexen Struktur des Geschichtsbewusstseins, das sich nicht nur auf alle Lebensbereiche, sondern auch noch auf die verschiedenen Zeitdimensionen bezieht. Man kann es nicht direkt und als Ganzes zum Unterrichtsthema machen, sondern nur seine einzelne Dimensionen untersuchen, und auch dann bleiben noch die Brechungen durch die jeweils anderen unberücksichtigt. Geschichtsbewusstsein ist sowohl Voraussetzung wie Ziel von Unterricht. Er nimmt Geschichtsbewusstsein als Ziel, muss aber auch das stets vorhandene Geschichtsbewusstsein der Schülerinnen und Schüler als Voraussetzung für die eigene Intentionalität ernst nehmen.

Borries, Bodo von: Jugend und Geschichte, Opladen 1999; Pandel, Hans-Jürgen: Geschichtsunterricht nach PISA, 2. Aufl. Schwalbach/Ts. 2007; Rüsen, Jörn (Hrsg.): Geschichtsbewußtsein, Köln 2001

Hans-Jürgen Pandel
(Halle)

Geschichtsbild

Unter einem Geschichtsbild versteht man das stabilisierte Gefüge der historischen Vorstellungen einer Person oder einer Gruppe. Ein Geschichtsbild ist inhaltlich konkret und narrativ abrufbar. Es bildet sich durch Übernahme und Modifikation von sowie Auseinandersetzung mit anderen relevanten Geschichtsbildern heraus. Die wirtschaftlichen, politischen, religiösen und ethnischen Umwelten stellen wesentliche Faktoren dar. Geschichtsbilder dienen der Orientierung in der Zeit und der Stabilisierung von Identität. Sie sind durch individuelle und soziale Erfahrung sowie durch Bildung oder Propaganda sowohl revisionsfähig als auch instrumentalisierbar. Während das →Geschichtsbewusstsein sich in den komplexen mentalen Operationen der Vergangenheitsdeutung, Gegenwartserfahrung und Zukunftserwartung manifestiert, zeigt sich das Geschichtsbild als ein mehr oder minder fixer Bestand vermeintlich sicheren historischen Wissens.

Es lassen sich je nach Dominanz bestimmter Umweltfaktoren Haupttypen von Geschichtsbildern unterscheiden: So wird von einem christlichen, rassistischen oder auch marxistisch-leninistischen Geschichtsbild gesprochen. Auch das narrative Strukturprinzip erlaubt Differenzierungen wie die eines teleologischen, zyklischen, apokalyptischen oder fortschrittsgläubigen Geschichtsbilds.

Auch das Konzept des Geschichtsbilds hatte seine Konjunkturen. Nach 1945 entwickelte man den politischen Wunsch nach einem historisch fundierten Leitbild, zugedacht insbesondere der historischen Bildung der Nachwachsenden. Als ein Element des Kalten Krieges versah man es mit konträren Attributen: national, neu, abendländisch, sozialistisch oder europäisch.

Parallel zu diesem normativen Gebrauch gewann das Konzept – korrespondierend mit entwicklungspsychologischen Vorstellungen – auch eine geschichtsmethodische Bedeutung: In den beiden Anfangsklassen des Geschichtsunterrichts sollte im Sinne einer verbesserten „Anschaulichkeit" der thematische Zuschnitt in relativ wenigen und aufeinander folgenden „ganzheitlichen" Geschichtsbildern erfolgen. Diese auf Personalisierung und Lehrererzählung setzende Geschichtsmethodik dominierte in den 50er und frühen 60er Jahren.

In der Bundesrepublik setzte sich um 1970 ein kritisch-analytischer Umgang mit dem Konzept durch. Dieser Wandel darf als ein wesentlicher gelten. Er markiert die Neubegründung einer modernen geschichtsdidaktischen Wissenschaftsdisziplin. Die gesellschaftliche Pluralität von Geschichtsbildern wird nicht mehr als abzustellender Missstand interpretiert, sondern als aufschlussreiche Normalität. Für eine moderne →Geschichtsdidaktik sind Geschichtsbilder keine schlicht umzusetzenden Vorgaben mehr, sondern Gegenstände wissenschaftsförmiger Analyse, des systematischen Vergleichs und – im Falle ihrer Unvernunft oder Inhumanität – auch Gegenstände demokratisch engagierter Kritik.

Erdmann, Karl-Dietrich: Die Frage nach dem Geschichtsbild, in: GWU 28 (1977), S. 157-159; Rohlfes, Joachim: Umrisse einer Didaktik der Geschichte,

Göttingen 1974, S. 101-103; Stamm-Kuhlmann, Thomas, u.a. (Hrsg.): Geschichtsbilder, Stuttgart 2003

Marko Demantowsky (Bochum)

Geschichtsdidaktik

Geschichtsdidaktik versteht sich heute als Wissenschaft vom „Geschichtsbewusstsein in der Gesellschaft" (Jeismann). Damit überwindet sie ihre noch bis in die 1970er Jahre hinein reichende Beschränkung auf den Status einer reinen Schul- oder Unterrichtsfachdidaktik, deren Aufgabe nur allzu oft darin bestanden hatte, einen überlieferten oder verordneten Kanon bewährter oder ideologisch erwünschter Inhalte mit möglichst großem methodischen Geschick in die Köpfe der Schülerinnen und Schüler zu transportieren. Geschichtsdidaktik ist zwar auch, aber nicht ausschließlich Unterrichtsfachdidaktik: Sie hat ihren Bezugsrahmen auf die Gesamtgesellschaft ausgeweitet.

Es lassen sich drei Hauptarbeitsfelder der Geschichtsdidaktik unterscheiden: Empirie, Theorie und Pragmatik. Auf dem Felde der Empirie arbeitet die Geschichtsdidaktik als Erfahrungswissenschaft ohne konkrete Vermittlungsabsicht; denn sie untersucht das →Geschichtsbewusstsein gegenwärtiger oder vergangener Gesellschaften auch dann, wenn sie es nicht direkt beeinflussen will oder es überhaupt nicht mehr beeinflussen kann. Auf dem Felde der Theorie fungiert die Geschichtsdidaktik als Reflexionsinstanz. Hier geht es vor allem darum, den Gegenstand der Geschichtsdidaktik zu klären, ihr Begriffs- und Kategoriengefüge zu entwickeln, ihre Arbeitsfelder abzustecken und ihren spezifischen Ort im Gefüge der Wissenschaften zu bestimmen. Auf dem Felde der Pragmatik schließlich wird die Geschichtsdidaktik als Handlungswissenschaft aktiv. Erst hier gibt sie ihre empirische und theoretische Distanz auf und beabsichtigt, Geschichtsbewusstsein durch gezielte Intervention zu bilden und zu entwickeln – in Schulen, aber auch in der außerschulischen Jugend- und Erwachsenenbildung, in Museen und Archiven, in Presse, Rundfunk und Fernsehen, kurzum: im gesamtgesellschaftlichen Rahmen. Infolgedessen ist die Didaktik des Unterrichtsfaches Geschichte „nur" noch ein Teilgebiet der geschichtsdidaktischen Pragmatik, allerdings das mit Abstand wichtigste; denn der schulische Geschichtsunterricht ermöglicht aufgrund seiner staatlichen Gewährleistung, seiner Professionalität, seiner zeitlichen Dauer wie seiner thematischen Breite immer noch Lernprozesse, die in dieser Qualität und Stetigkeit nirgendwo anders möglich sind. Deshalb bleibt die Unterrichtsfachdidaktik Geschichte das Standbein der geschichtsdidaktischen Pragmatik.

Was die Verortung der Geschichtsdidaktik im System der Wissenschaften betrifft, so hat sich das Konzept Geschichtsdidaktik als Teildisziplin der →Geschichtswissenschaft durchgesetzt. Diesem Konzept zufolge bilden die Didaktik der Geschichte, die historische Forschung und die Theorie der Geschichte eigenständige und zugleich aufeinander bezogene Teile eines größeren Ganzen – der Geschichtswissenschaft. Gerade eine in die Geschichtswissenschaft integrierte

Geschichtsdidaktik ist allerdings gut beraten, wenn sie die Verbindung zu ihren Bezugswissenschaften, darunter vor allem die Pädagogik, die Psychologie und die systematischen Sozialwissenschaften, aufrecht erhält und pflegt. Ohne deren Erkenntnisse wäre sie nicht in der Lage, historische Lernprozesse alters- und adressatengerecht zu gestalten und die politisch-sozialen Rahmenbedingungen zu berücksichtigen, unter denen sie stattfinden.

Bergmann, Klaus: Geschichtsdidaktik, Schwalbach/Ts. 1998; Kosthorst, Erich (Hrsg.): Geschichtswissenschaft. Didaktik – Forschung – Theorie, Göttingen 1977; Schönemann, Bernd: Geschichtsdidaktik, Geschichtskultur, Geschichtswissenschaft, in: Günther-Arndt, Hilke (Hrsg.): Geschichts-Didaktik. Praxishandbuch für die Sekundarstufen I und II, 3. Aufl. Berlin 2008, S. 11-22; Weymar, Ernst: Dimensionen der Geschichtswissenschaft. Geschichtsforschung – Theorie der Geschichtswissenschaft – Didaktik der Geschichte, in: GWU 33 (1982), S. 1-11, 65-78 u. 129-153

Bernd Schönemann (Münster)

Geschichtsdidaktische Forschung

Geschichtsdidaktische Forschung untersucht die für inner- wie außerschulische Vermittlungsprozesse relevanten Vorannahmen/Theorien, Medien, Prozesse und Wirkungen, die sich auf das Lernen von Geschichte beziehen. Diese Forschungen sollen helfen, die historischen Bildungsprozesse in ihren theoretischen Grundlagen zu reflektieren, in ihren Vorbedingungen normativ weiterzuentwickeln und in ihren pragmatischen Realisationsbedingungen zu optimieren. Theorie- und Modellbildung bilden Ausgangs-und Zielpunkt jeder geschichtsdidaktischen Forschung, da sie die Einbindung in die systematischen Grundlagen des Faches sicherstellt.

Gegenstände geschichtsdidaktischer Forschung sind die im Kontext von *Geschichtsvermittlung* generell und von historischem Unterricht im Speziellen relevanten Medien (Schulbuch und zahlreiche Mediengattungen), die *Vermittlungsprozesse* selbst (Lehr-Lernforschung oder Unterrichtsforschung), ihre Resultate (Wirkungsforschung), *gesellschaftliche Einflussfaktoren* (z.B. Geschichtskulturforschung) und die von schulischen und außerschulischen Einflussfaktoren abhängige und *unabhängige Entwicklung historischen Denkens* (Geschichtsbewusstseinsforschung). Die *diachrone Tiefenperspektive* (Geschichte der Geschichtsdidaktik und des Geschichtsunterrichts) kann sich auf alle Teilbereiche beziehen, als Folie dienen oder selbst den Untersuchungsfokus darstellen.

Fragestellung und Ausgangspunkt geschichtsdidaktischer Forschung verändern sich durch die Makroprozesse der gesellschaftlichen Veränderung (Medialisierung, soziale Heterogenität, Globalisierung etc.) genauso wie durch die auf diese Herausforderungen reagierenden *bildungspolitischen Diskussionen* und *schulpolitischen Maßnahmen* (z.B. Curriculumdebatten der 1970er Jahre; aktuell Forderungen nach Bildungsstandards als Folge von PISA). Ein zentrales Problem bildet hierbei die

Schere zwischen dem politisch Gewollten und dem tatsächlich im komplexen Bedingungsgefüge historischen Lernens durch empirische Verfahren Nachweisbaren. Geschichtsdidaktische Forschung hat erstens hauptsächlich *beschreibende Bedeutung* und bildet so z.B. eine Voraussetzung einer differenzierten Diagnostik und der Abstimmung des Wünschenswerten auf das tatsächlich Vermittelbare und zweitens eine *erklärende Bedeutung* etwa bei der Verifizierung oder Falsifizierung von Theorien über historisches Lernen.

Gerade im Hinblick auf die *prognostische* (Vorhersage zukünftiger Entwicklungen) oder *technologische* (Unterrichtsrezepte) Bedeutung ist aufgrund des komplexen Bezugsfeldes geschichtsdidaktischer Forschung, aus dem oft nur ein Gegenstand isoliert betrachtet werden kann, größte Zurückhaltung geboten. *Interventionsforschung* im eigentlichen Sinne ist für fachdidaktische Fragestellungen methodisch kaum realisierbar, auch wenn ihre Ergebnisse natürlich mittelbar zur Optimierung von Lernprozessen dienen sollen.

Der interdisziplinäre Charakter geschichtsdidaktischer Forschung mit seiner Vielzahl an Bezugswissenschaften (sowohl in den Geschichts- als auch in den Erziehungs- und Gesellschaftswissenschaften) bedingt eine Methodenvielfalt, die der jeweiligen Fragestellung nachgeordnet bleibt. So kommen hermeneutische Verfahren (etwa in Medienanalysen) genauso zum Einsatz wie sozialwissenschaftliche qualitative und quantitative Methoden, wobei in letzter Zeit in den Fachdidaktiken eine verstärkte Hinwendung zu qualitativen Methoden zu beobachten ist.

Beilner, Helmut: Empirische Forschung in der Geschichtsdidaktik, in: Geschichte in Wissenschaft und Unterricht 54 (2003), S. 284-302; Mayring, Philip: Qualitative Inhaltsanalyse. Grundlagen und Techniken, 10. Aufl. Weinheim 2008; Weymar, Ernst: Dimensionen der Geschichtswissenschaft. Geschichtsforschung – Theorie der Geschichtswissenschaft – Didaktik der Geschichte, in: Geschichte in Wissenschaft und Unterricht 33 (1982), S. 1-11, 65-78, 129-153

Vadim Oswalt (Gießen)

Geschichtserzählung

Die Geschichtserzählung ist eine in sich geschlossene, literarisch komponierte, fiktionale Erzählung, die von der Lehrkraft im Unterricht vorgetragen wird. Dabei kann es sich um selbstentworfene Geschichten oder um vorgefertigte Erzählungen handeln. Ziel jeder Geschichtserzählung ist, das vergangene Geschehen zu veranschaulichen und konkret werden zu lassen.

Da Erzählen die ursprünglichste Form der mündlichen Überlieferung ist, war die Geschichtserzählung bis in die 1960er Jahre ganz selbstverständlich zentraler Bestandteil des Geschichtsunterrichts. In den 1970er Jahren nahm die Kritik an dieser Vermittlungsform aber so stark zu, dass sie fast vollständig aus dem Unterricht verbannt wurde.

Die Kritik an der alten Form der Geschichtserzählung war berechtigt, denn diese Erzählungen personalisierten oft unzulässig, suggerierten Eindeutigkeit, vermittelten ein harmonisierendes Geschichtsbild oder waren eher auf Unterhaltung als auf Bildung ausgerichtet. Diese Kritik gilt jedoch nicht für das Erzählen von Geschichte generell, sondern nur für bestimmte Formen des Erzählens. Inzwischen wird betont, wie wichtig das Erzählen von Geschichte ist, denn gerade das fiktionale Erzählen kann zur Entwicklung von Vorstellungen (Imaginationsfähigkeit, →Imagination) beitragen. Es weckt Emotionen und Affekte, die wiederum Voraussetzung für eine intensive Beschäftigung mit Geschichte sind.

Für die neue Geschichtserzählung gelten aber verständlicherweise andere Kriterien: Triftigkeit und Plausibilität müssen trotz aller fiktiven Ausgestaltung gewährleistet sein, d.h. der historische Rahmen, der Ort, die Zeit, die Figurentypen sowie Handlungs-, Denk- und Sprechweise müssen historisch denkbar sein. Die Darstellungsweise sollte multiperspektivische Blicke eröffnen; als Figuren sollten Alltagsmenschen in den Mittelpunkt gestellt werden, die stellvertretend für bestimmte historische Gruppen stehen können (Personifizierung, →Personalisierung) und die dem Leser sowohl eine Identifikation ermöglichen als auch irritierende Momente zeigen, die zu kritischer Distanz einladen. Um diesen Kriterien gerecht zu werden, müssen die alten Gestaltungskonzepte, wie sie zu Beginn des 20. Jahrhunderts für die alte Geschichtserzählung galten, verändert werden in folgende Regeln: Personifiziere soziale Gruppen, dramatisiere Entscheidungssituationen, motiviere das menschliche Handeln, lokalisiere, kostümiere und detailliere den Einzelfall und kontrastiere verschiedene Positionen.

Parigger, Harald: Geschichte erzählt, 2. Aufl. Berlin 1996 (Textsammlung); Rohlfes, Joachim: Geschichtserzählung, in: GWU 48 (1997), S. 736-743

Monika Rox-Helmer (Gießen)

Geschichtskultur

Geschichtskultur bezeichnet die Art und Weise, wie eine Gesellschaft mit Vergangenheit und Geschichte umgeht. In ihr wird das →Geschichtsbewusstsein der in dieser Gesellschaft Lebenden praktisch und äußert sich in den verschiedensten kulturellen Manifestationen (neben Geschichtsschreibung vor allem Bildende Kunst, Belletristik, →Historienfilme, Gedenkreden, Geschichtspolitik, →Living history etc.). Geschichtskultur erzeugt neue Perspektiven auf Vergangenheit und macht neue Sinnbildungsangebote (→Sinnbildung). In ihr geht es nur zum Teil um die von der →Geschichtswissenschaft erforschten und dargestellten historischen Sachverhalte. Diese werden vielmehr „eigenwillig" präsentiert. Es geht um die imaginative, ästhetische, inszenierte, kontrafaktische, simulative, rhetorische, diskursive Verarbeitung von Geschichte. Aber auch Lügen und Legenden (→Mythos) gehören zur Geschichtskultur. Neben die wissenschaftlichen Rationalität tritt gleichberechtigt die Sinnlichkeit historischer Erfahrung.

→Geschichtsdidaktik und Geschichtsunterricht fühlten sich bisher kaum für diese nicht-wissenschaftsförmigen Geschichtsverarbeitungen zuständig, obwohl Schülerinnen und Schüler nach ihrer Schulzeit noch mindestens 60 Jahre ihrer Lebenszeit von stets neuen geschichtskulturellen Aktivitäten und Produkten umgeben sind. Deren

Eigenart ist, dass sie ihre Modernität dadurch zum Ausdruck bringen, dass sie sich nicht in den traditionellen Formen und Stilen bewegen. Da Geschichtskultur stets neue kulturelle Formen hervorbringt und sich auf neue Thematiken bezieht, kann sie nicht in Lehrplänen vorweggenommen werden. Unterricht über gegenwärtige Geschichtskultur erfolgt deshalb vor allem situativ.

Aufgabe des Geschichtsunterrichts ist es, Schülerinnen und Schüler in die sie umgebende Geschichtskultur einzuführen. Unterricht über Geschichtskultur trägt der Tatsache Rechnung, dass in der Lebenswelt der Schüler nicht wissenschaftlich geprüfte und lizenzierte Aussagen über Geschichte vorhanden sind. Um sich in dieser Gemengelage von Wissenschaft und Fiktionalität, von Wahrheit und Lüge zurechtzufinden, ist der Erwerb einer geschichtskulturellen →Kompetenz notwenig. Kein Geschichtsunterricht kann mit seinem an der Wissenschaft orientierten Wissen die Basis liefern um alle geschichtskulturellen Manifestationen der Zukunft zu entschlüsseln. Erst in der Geschichtskultur ihrer Gegenwart offenbart sich das →Geschichtsbewusstsein der Schülerinnen und Schüler. Nur hier und nicht schon im Unterricht zeigt sich ihr Geschichtsbewusstsein.

Geschichtskultur hat es nicht zu allen Zeiten gegeben. Da der Begriff den Kollektivsingular „Geschichte" voraussetzt, der bekanntlich erst gegen Ende des 18. Jahrhunderts aufkam, ist Geschichtskultur ein Phänomen der Moderne. Eine „historische Geschichtskultur" (19. und 20. Jahrhundert) ist didaktisch gesehen unerheblich. Ihr Inhalt besteht meist aus kulturgeschichtlichen Quisquilien, die curricular für heutige Schüler irrelevant sind („Wann hat welcher bayerische Ludwig welche Bilder malen lassen?"). Die Übertragung des Begriffs Geschichtskultur auf Vergangenheit ist zudem methodologisch unsauber. Die geschichtskulturellen Objektivationen der Vergangenheit („Kinderbücher der DDR") haben längst als Quellen (Texte, Bilder etc.) in den Geschichtsunterricht Eingang gefunden haben. Geschichtstheoretisch gesehen sind die Hervorbringungen der gegenwärtigen Geschichtskultur sinnbildende Darstellungen, die der „historischen Geschichtskultur" dagegen Quellen.

Fröhlich, Klaus u. a. (Hrsg.): Geschichtskultur; Pfaffenweiler 1992; Pandel, Hans-Jürgen: Geschichtsunterricht nach PISA, 2. Aufl. Schwalbach/Ts. 2007; Reeken, Dietmar von: Geschichtskultur im Geschichtsunterricht, in: GWU 55 (2004), S. 233-241 Reichel, Peter; Erfundene Erinnerung. Weltkrieg und Judenmord in Film und Theater, München 2004

Hans-Jürgen Pandel (Halle)

Geschichtslehrerverband

Der „Verband der Geschichtslehrer Deutschlands e.V.", einziger Fachverband für die ca. 70000 Geschichtslehrer und Geschichtslehrerinnen aller Schularten und Schulstufen, wurde 1913 in Marburg gegründet und 1949 in München wiederbegründet. Der Verband zählt gegenwärtig (Februar 2008) 3400 Mitglieder, die sich auf

16 Landesverbände verteilen. Diese agieren auf Grund unseres föderalen Bildungssystems weitgehend selbstständig, der Bundesverband schreibt sich dabei eine koordinierende, initiierende und impulsgebende Funktion zu. Die gemeinsam formulierte Grundlage zu Inhalt und Form des Geschichtsunterrichts in der Bundesrepublik Deutschland, die es zu erhalten bzw. durchzusetzen gilt, ist in der Mainzer Erklärung vom 22. Mai 2005 festgeschrieben. Ziel ist neben der kontinuierlichen Belegungspflicht ganz besonders die Sicherung von Wissenschaftlichkeit in der Ausbildung der Lehrer. Zu den Aktivitäten des Verbandes gehören neben den klassischen Aufgaben der Interessen- und Fachvertretung die Herausgabe der Zeitschrift „Geschichte für heute. Zeitschrift für historisch-politische Bildung" (Wochenschau Verlag), die Mitveranstaltung des Deutschen Historikertages, die Pflege von internationalen Kontakten und die Organisation von Fortbildungen. Der Verband hat einen Sitz im Ausschuss des Verbandes der Historiker und Historikerinnen Deutschlands und arbeitet auch hier aktiv mit.

Über die genannten Aufgaben hinaus ist der Verband bestrebt, aktuelle Problembereiche der historisch-politischen Bildung gestaltend aufzugreifen und damit auch inhaltlich an einer Modernisierung des Faches mitzuwirken. Dazu sind seit dem Jahre 2002 in jeweiliger Zusammenarbeit mit wissenschaftlichen Einrichtungen und finanziert von Stiftungen folgende Arbeitskreise gebildet worden: AK „Bildungsstandards Geschichte"/ AK „Deutsch-jüdische Geschichte – integriert betrachtet"/AK „Welt- und globalgeschichtliche Perspektiven im Geschichtsunterricht"/AK „Geschichte in medialer Vermittlung"/AK „Begegnung der Kulturen". Abgeschlossen ist die Arbeit des AK „Deutsch-deutsche Geschichte nach dem Zweiten Weltkrieg" I und II.

Zur näheren Information über den Verband und seine Arbeit vgl. die Homepage unter www.geschichtslehrerverband.de.

Leidinger, Paul (Hrsg.): Geschichtsunterricht und Geschichtsdidaktik vom Kaiserreich bis zur Gegenwart. Festschrift des Verbandes der Geschichtslehrer Deutschlands zum 75jährigen Bestehen, Stuttgart 1988

Peter Lautzas (Mainz)

Geschichtsunterricht

Geschichtsunterricht wird heute an allen staatlichen und privaten Schulen meist ab der 5. Klasse ein- oder zweistündig erteilt. In Richtlinien, die von Kommissionen im Auftrag der Kultusministerien erarbeitet werden, sind Unterrichtsinhalte, Methoden und Ziele des Geschichtsunterrichts festgelegt. Sie sollen garantieren, dass Schülern wissenschaftlich begründete historische Kenntnisse und Einsichten vermittelt werden, um sie lebenslang zu eigenständigem, kritisch reflektiertem historischen Denken zu befähigen. Der Geschichtsunterricht trägt auf diese Weise zur Ausbildung, Stabilisierung und ggf. Veränderung des →Geschichtsbewusstseins der Schüler bei. Seit etwa drei Jahrzehnten werden im Geschichtsunterricht auch Erscheinungsformen und der

„Gebrauch“ von Geschichte in der Alltagswelt thematisiert, für die sich der Begriff →Geschichtskultur eingebürgert hat. Damit sollen Schüler Fähigkeiten entwickeln, die sie in ihrem Erwachsenleben abrufen können und die sie in die Lage versetzen, am Diskurs über Geschichte in der Öffentlichkeit kritisch-argumentativ teilzunehmen.
Die Wurzeln des organisierten Geschichtslernens liegen in den spätmittelalterlichen Lateinschulen (biblischer Geschichtsunterricht), dann aber vor allem im Zeitalter der Reformation. Der heutige Geschichtsunterricht geht auf das 18. und frühe 19. Jahrhundert zurück, als Geschichte in Gymnasien zunächst im Anschluss an die Lektüre klassischer Autoren erteilt wurde. Im Geschichtsunterricht an Volksschulen (in Preußen seit 1872 selbständiges Fach) steht die „vaterländische Geschichte“ im Zentrum. Im späten 19. Jahrhundert wird der Geschichtsunterricht als gesinnungsstiftendes Fach zunehmend staatlicherseits vereinnahmt. Auch im 20. Jahrhundert hat der Geschichtsunterricht neben anderen Fächern oft eine nicht unproblematische Legitimationsfunktion. Er steht deshalb bis in die Gegenwart mehr als die meisten anderen Unterrichtsfächer im Blickfeld der Öffentlichkeit (s. etwa die Diskussion um einen angemessenen Anteil der DDR-Geschichte im derzeitigen Geschichtsunterricht). Dominierte im älteren Geschichtsunterricht in allen Schulformen nahezu ausschließlich die Behandlung der Unterrichtsinhalte entsprechend der chronologischen Abfolge der Geschehnisse, so wurde dieses Prinzip der Stoffanordnung in den letzten Jahrzehnten durchbrochen. In der Sekundarstufe II ist das chronologische Prinzip weitgehend aufgegeben worden. Inwieweit sich Versuche, Geschichte im Rahmen eines Integrationsfaches (in den Hauptschulen Baden-Württembergs: Welt-Zeit-Gesellschaft [WZG]) zu lehren, auf Dauer durchsetzen werden, lässt sich noch nicht absehen.

Bergmann, Klaus/Schneider, Gerhard (Hrsg.): Gesellschaft-Staat-Geschichtsunterricht. Beiträge zu einer Geschichte der Geschichtsdidaktik und des Geschichtsunterrichts von 1500-1980, Düsseldorf 1982; Schneider, Gerhard: Geschichtsunterricht als Institution, in: Bergmann, Klaus u.a. (Hrsg.): Handbuch der Geschichtsdidaktik, 5. Aufl. Seelze-Velber 1997, S.495ff.

Gerhard Schneider (Freiburg)

Geschichtswettbewerbe

An deutschen Schulen konkurrieren zahlreiche Schülerwettbewerbe miteinander. Nach einer Vereinbarung der Kultusministerkonferenz vom 14.9.1984 erhalten annähernd 20 bundesweit ausgeschriebene Wettbewerbe eine gesamtstaatliche Förderung (s. die Zusammenstellung der Wettbewerbe unter http://www.km.bayern.de/schule/wettbewerbe/bundesweit/index), darunter als einziger Geschichtswettbewerb der „Schülerwettbewerb deutsche Geschichte um den Preis des Bundespräsidenten“ (seit 2002: „Geschichtswettbewerb des Bundespräsidenten“), der seit 1973 von der Körber-Stiftung Hamburg ausgerichtet und finanziert wird. Neben den Bundeswettbewerben gibt es noch mehrere

Landeswettbewerbe (s. die Liste unter http://www.nibis.de/nli/mk/wettbew.htm), darunter auch solche mit historischer Thematik. In der DDR hatte das Ministerium für Volksbildung schon 1952 die Bildung außerschulischer Arbeitsgemeinschaften angeordnet, in denen in der Folgezeit Schülergruppen der 5. bis 8. Klassen unter verschiedenen Bezeichnungen („Junge Historiker", „Junge Archäologen", „Jugend-Urania" etc.) einmal wöchentlich unter der (oft auch ideologischen) Anleitung eines Fachlehrers zusammentrafen. Dieser stellte ihnen die „Forschungsaufträge", die sich in erster Linie auf die Geschichte der lokalen Arbeiterbewegung bezogen. Insgesamt sollen an DDR-Schulen etwa 100 000 Arbeitsgemeinschaften bestanden haben, zu denen noch die in mehr als 170 Pionierhäusern angesiedelten „Klubs der Jungen Historiker" hinzugezählt werden müssen (Szalai, S. 29). Ihre Ergebnisse präsentierten sie der Öffentlichkeit auf sog. „Geschichtsolympiaden" und auf der „Messe der Meister von morgen". Auch im Ausland gibt es Schülerwettbewerbe zur Geschichte (s. http://www.eustory.de).

Der Begriff „Wettbewerb" ist insofern etwas irreführend, als es bei Geschichtswettbewerben ja keine Kontrahenten zu „besiegen" gilt. Der „Gegner" ist vielmehr der unter Beachtung des vorgegebenen Rahmenthemas selbst gewählte Gegenstand, den die Teilnehmer möglichst gut erarbeiten und präsentieren möchten. Auch mit dem in der Vergangenheit praktizierten „Certieren", also dem Wettbewerb als Unterrichtsmittel („Ämulation"), der dem Schüler seinen Platz im Klassenzimmer anwies und ihn in dem Maße, wie er andere Schüler an Kenntnissen übertraf, aufrücken ließ, haben Schülerwettbewerbe nichts zu tun.

Die von Schülern eingereichten Beiträge können unter Anleitung von Lehrern in der Klasse/im Kurs (etwa als Projekt oder Jahres- bzw. Facharbeit) entstehen, meist werden sie aber von Schülern unabhängig von Schule und Geschichtsunterricht erarbeitet und stellen eine freiwillig erbrachte Leistung dar. Wo sie allerdings im Geschichtsunterricht teilweise oder ganz angefertigt werden, bereichern sie diesen in vielfältiger Hinsicht: sie vertiefen und erweitern die Lerninhalte durch regionale bzw. lokale Aspekte. Mit der Methode des forschenden Lernens und mit Hilfe von →Zeitzeugenbefragung („Oral History") erweitern und konkretisieren sie nicht nur ihre Geschichtskenntnisse; sie entdecken am Heimatort und in der Region mannigfache Möglichkeiten der Identifikation und der Distanzierung. Selbsttätigkeit, begründete Parteinahme, Perspektivenwechsel können zur Ausbildung eines demokratischen →Geschichtsbewusstseins beitragen.

Schneider, Gerhard: „Schülerwettbewerb Deutsche Geschichte um den Preis des Bundespräsidenten", in: Bergmann, Klaus u.a. (Hrsg.): Handbuch der Geschichtsdidaktik, 5. Aufl. Seelze-Velber 1997, S. 575-581; Szalai, Wendelin: „Arbeitsgemeinschaften Junger Historiker" – ein ambivalenter Bestandteil historischer Bildung in der DDR, in: Körber-Stiftung (Hrsg.): Offenes Geschichtslernen in einer geschlossenen Gesellschaft?, Berlin 1995, S. 17-44

Gerhard Schneider (Freiburg)

Geschichtswissenschaft

Mit dem Begriff „Geschichtswissenschaft“ wird seit dem ausgehenden 18. Jahrhundert die institutionalisierte Form der Beschäftigung mit der Vergangenheit bezeichnet: eine in Gegenstand, Theorie und Methodik autonome Disziplin. Mit der Etablierung der Geschichtswissenschaft entstand das Berufsbild des Historikers, der noch bis weit in das 19. Jahrhundert ausgebildeter Theologe oder Jurist war. Nach heutigem Verständnis ist ein „Historiker“ entweder Wissenschaftler oder Geschichtslehrer; dabei ist es unerlässlich, dass auch Lehrer mit wissenschaftlichen Erkenntnissen Schritt halten.

Inbegriff der Geschichtswissenschaft ist die kritische Forschungsarbeit, die sich wesentlich auf →Quellen stützt und die relevante Forschungsliteratur auswertet. Im deutschsprachigen Raum ist „Geschichtswissenschaft“ an Universitäten und außeruniversitären Forschungsinstituten angesiedelt, wobei die fachliche Ausbildung angehender Geschichtslehrerinnen und -lehrer heute fast ausschließlich von den Universitäten wahrgenommen wird. Die Fachhistorie verfügt über ausgefeilte Methoden – nämlich über solche ideographisch-hermeneutischen Verstehens sowie über sozialwissenschaftliche Erklärungsmodelle. Kriterien der Institutionalisierung sind u.a. (1) die Einführung formaler Qualifikationen mit eigenständigen Studien- und Prüfungsordnungen (Bachelor, Master, 1. Staatsexamen, Promotion, Habilitation), (2) die Etablierung von Geschichtsprofessuren mit sehr unterschiedlichen Fach-Nominationen, resultierend aus epochenspezifischen oder thematischen Spezialisierungen (z.B.: Alte Geschichte, Geschlechtergeschichte), (3) die Einrichtung historischer Seminare, in denen auch die Fachlehrerausbildung geregelt war und ist, und (4) historischer Forschungsinstitute, (5) die Gründung historischer Fachzeitschriften, (6) die Etablierung von Buchreihen, (7) die Gründung von Geschichtsvereinen, die sich v.a. der Regionalgeschichte widmen, u.a.m. Wichtiges Zeichen von Geschichte als einem spezifisch wissenschaftlichen Unternehmen ist eine permanent fortschreitende Spezialisierung, der freilich Bemühungen (große Syntheseversuche wie z.B. Wehlers „Deutsche Gesellschaftsgeschichte“) gegenüberstehen. Eine lückenlose Auflistung der Themenbereiche und Fragestellungen der heutigen Geschichtswissenschaft würde den Rahmen dieses Artikels sprengen. Hingewiesen sei auf eine neuerliche Wertschätzung kulturgeschichtlicher und mikrohistorischer Fragestellungen sowie die Etablierung der Oral History innerhalb der zünftigen Fachhistorie. Die →Geschichtsdidaktik ist integraler, wenngleich oft unterschätzter Bestandteil der Geschichtswissenschaft. Den jeweiligen Forschungsstand zu reflektieren und kritisch zu verarbeiten ist die Aufgabe der →Historik.

Blanke, Horst Walter: Historiker als Beruf, in: ders./Fleischer, Dirk: Aufklärung und Historik, Waltrop 1991, S. 248-267; Hardtwig, Wolfgang: Geschichtskultur und Wissenschaft, München 1990

Horst Walter Blanke (Bielefeld)

Gesellschafts-geschichte

Gesellschaftsgeschichte ist aus der →Sozialgeschichte entstanden. Soziale Strukturen und Prozesse sollen ihrem Anspruch nach „von der Gesellschaft her" strukturiert und synthetisiert werden. Einzelprobleme und Teilbereiche jeglicher Art bedingen eine Vorstellung vom Ganzen, insbesondere, wenn eine Gesamtdarstellung angestrebt wird (Kocka, S. 97f.). Gesellschaftsgeschichte verändert damit das Objekt der Geschichtsschreibung. Nicht mehr Staat, Volk oder Nation werden als Rahmen gesetzt, sondern Gesellschaft. Diese wird verstanden als ein in Teilsysteme differenziertes, sich wandelndes Gesamtsystem (Gesellschaft im umfassenden Sinne), in dem das Soziale – Gesellschaft im engeren Sinne als Teilsystem von sozialen und ökonomischen Interessen, Kooperationen und Konflikten – eine prägendere Rolle als andere Teilsysteme spielt.

Da jedoch eine Totalerfassung oder Totalgeschichte unmöglich ist, benötigt jede Gesellschaftsgeschichte Leitideen und Auswahlkriterien. Das Paradigma von Gesellschaftsgeschichte liegt nicht im Politischen (Staat) oder Demographischen (Volk), sondern in der „Verfassung des Binnenbereichs", der „Sozialstruktur" (Wehler, Bd. 1, S. 9). Damit ist keine bloße Schichtungsanalyse gemeint, sondern eine komplexe Vielfalt von Institutionen und vorstrukturierten Handlungsfeldern, in die immer auch kulturelle und religiöse Normen sowie Deutungen der sozialen Lebenswelt eingehen. Der Anspruch der Gesellschaftsgeschichte besteht darin, durch die Analyse sozialer Strukturen und Handlungsmuster Bedingungen möglicher politischer, wirtschaftlicher und kultureller Entwicklungen aufzuzeigen. Es sollen allerdings nicht Entwicklungen prognostiziert, sondern vergangene Ereignisse erklärt werden.

Maßstab einer Gesellschaftsgeschichte ist zweifellos für lange Zeit Wehlers mehrbändiges Werk. Als Konzept kann Gesellschaftsgeschichte indes nur dann fruchtbar bleiben, wenn der Begriff Gesellschaft selber flexibel benutzt wird und dadurch immer wieder neue und andere Verknüpfungen und Abhängigkeiten von isolierbaren Strukturen und Phänomenen möglich werden.

Hobsbawm, Eric: Von der Sozialgeschichte zur Gesellschaftsgeschichte (1970), in: ders.: Wieviel Geschichte braucht die Zukunft?, München 1998; Kocka, Jürgen: Sozialgeschichte, Göttingen 1977; Wehler, Hans-Ulrich: Deutsche Gesellschaftsgeschichte, 5 Bde., München 1987-2008

Manfred Hettling (Halle)

Gespräch

Gespräche entstehen durch kommunikative Prozesse, zu deren Bestandteilen die verbale wie auch die nonverbale Sprache gehören; sie erfordern und fördern die kommunikativen Kompetenzen der Beteiligten. Gespräche gehören in fast alle Phasen des Unterrichts und reichen von kurzen, verständigungsorientierten Absprachen bis hin zu ausgedehnten Gesprächsphasen, die mehr oder weniger regelbetont und strukturiert ablaufen können. In jedem Fall dienen sie der Beziehungsaufnahme und -förderung, so auf der Sachebene zwischen Subjekt und Geschichte wie auf der personalen und sozialen Ebene zwischen den Beteiligten, also Lernenden (auch untereinander!) und Lehrenden.

Je nach Zielsetzung eines Gesprächs sollte es – im hierarchisch strukturierten Unterricht in der Regel durch die Lehrenden vorbereitet und geleitet – sorgfältig geplant werden. Zu entscheiden ist z.B. über die Funktion und damit über den „Typ“ des Gesprächs (Klärung des Vorwissens, Urteilsbildung), die Formulierung eines motivierenden Themas (verständlich, lebensweltlich orientiert), die Wahl einer passenden Sitzordnung (in Kleingruppen, einander zugewandt), den motivierenden Einstieg in das Gespräch (zum Thema führend, provozierend,), die geltenden Gesprächsregeln (Lernende nehmen sich untereinander dran), die Gesprächsleitung (Moderationstechniken), Formen der Visualisierung wesentlicher Ergebnisse (Mind Map), Aktivierungsformen zu Beginn oder während des Gesprächs (Blitzlicht, Meinungen „bepunkten“), die Form der Auswertung (inhaltlich, beziehungsorientiert) u.v.a.m. Je stimmiger die einzelnen Elemente aufeinander abgestimmt werden, desto Erfolg versprechender können Verlauf und Ergebnisse eines Gesprächs eingeschätzt werden.

Im Blick auf das historische Lernen erfüllen Gespräche vor allem folgende Zwecke: Sie ermöglichen Einblicke in das →Geschichtsbewusstsein der einzelnen Lernenden, zeigen deren Fragen, Interessen, Kenntnisse, →Kategorien, Denkmuster, Urteilsmuster, aber auch Vorausurteile, Vorurteile oder Lücken im Wissen auf und erlauben somit einen adressatenspezifischen Unterricht. Gespräche ermöglichen durch ihre dialogische Struktur Verständigung und Begegnung mit und über Geschichte, Verbalisierung von Erkenntnissen, offenen Fragen usw. und tragen somit zur Erlangung der Deutungs- und Analysekompetenz bei. Schließlich bilden Gespräche den idealen Ort, um sich über Werte, Normen, Einstellungen und Haltungen zu verständigen und sie im Dialog mit solchen aus Geschichte und Gegenwart kritisch weiterzuentwickeln. Insofern kann das Gespräch förderlich bei der Entwicklung der Urteils- und Orientierungskompetenz sein.

Das Gespräch als Methode erfordert sowohl planerische Sorgfalt als auch große Flexibilität im Prozess, und es wird deutlich, dass es, obwohl als Methode häufig angewandt, keinesfalls zu den „einfachen“ gehört.

Wenzel, Birgit: Gesprächsformen, in: Mayer, Ulrich/Pandel, Hans-Jürgen/ Schneider, Gerhard (Hrsg.): Handbuch Methoden im Geschichtsunterricht, 2. Aufl. Schwalbach/Ts. 2007, S. 289-307

Birgit Wenzel (Berlin)

H

Habitus

Unter Habitus (lat. se habere: sich verhalten) versteht man ein Verhaltensmuster, das, durch Sozialisation erworben, den Lebensstil von Individuen und sozialen Gruppen strukturiert. Der Habitus ist also historisch-gesellschaftlich bedingt und beruht auf individuellen und kollektiven Erfahrungen, die den Individuen in der Form habitueller Schemata zur „zweiten Natur" werden. Der verinnerlichte und einverleibte Habitus leitet die Akteure zu Handlungen und Praxisstrategien an. Habitus ist ein anderes Wort für →Kultur als gelebte Praxis und vermittelt den praktischen Sinn dafür, wie man sich in der sozialen Welt zurechtfindet. Durch den Habitus unterscheiden sich einzelne gesellschaftliche Gruppen voneinander. Er dient der sozialen „Distinktion" von anderen Gruppen.

Bezogen auf Geschichte äußert sich Habitus in geschichtsbewusstem Verhalten. Der Begriff Habitus weist auf ein gravierendes Defizit der →Geschichtsdidaktik hin. Es reicht nicht aus, →Geschichtsbewusstsein zu thematisieren, lehrbar zu machen und es empirisch zu erforschen. Es müssen auch die Verhaltensweisen genannt werden, in denen Schüler und Erwachsene ihr Geschichtsbewusstsein in der jeweiligen →Geschichtskultur zum Ausdruck bringen. Die Geschichtsdidaktik hat sich bisher nur Gedanken darüber gemacht gemacht, wie aufgeklärtes Geschichtsbewusstsein hergestellt werden kann, sich aber nicht der Frage gestellt, wie sich Geschichtsbewusstsein ausdrückt. Der Begriff Habitus ist geeignet, das Verhalten eines geschichtsbewussten Menschen zu bezeichnen. Ein geschichtsbewusster Mensch besitzt nicht nur Bewusstsein und verfügt nicht nur über Wissen, sondern dieses äußert sich auch in einem dieser Person eigenen Verhalten, das seine historische Identität ausdrückt. Es handelt sich dabei um die sozialen Aktivitäten, die jemand unternimmt, um Erinnerungen zu bewahren und sie in der eigenen Lebenspraxis zu aktualisieren. Diese sozialen Praktiken beruhen auf der Fähigkeit, die Anwesenheit verschiedener historischer Zeiten in ein und derselben Gegenwart wahrzunehmen. Das zum Ausdruck kommende Verhalten äußert sich in einer Erinnerungspraxis, die die geschichtskulturellen Angebote in Museen, Literatur, Filmen usw. nutzt, an kollektiven Gedenkritualen (Feiern, Festen, Gedenktagen) teilnimmt, Interesse und aktive Unterstützung an der Rekonstruktion historischer Umwelten (Denkmalschutz und Denkmalpflege, →Denkmal) zeigt und sich in Vereinen wie „Zeitgeschichte(n)" oder „Erzählcafe" engagiert.

Bourdieu, Pierre: Entwurf einer Theorie der Praxis auf der ethnologischen Grundlage der kabylischen Gesellschaft, Frankfurt/M. 1976; Daniel, Ute: Kompendium Kulturgeschichte. Theorie, Praxis, Schlüsselwörter, 4. Aufl. Frankfurt/M. 2004; Pandel, Hans-Jürgen: Geschichtsunterricht nach PISA. Kompetenzen, Bildungsstandards und Kerncurricula, 2. Aufl. Schwalbach/Ts. 2007

Monica Juneja-Huneke (Heidelberg)

Handlungsorientierung

Mit dem Begriff der Handlungsorientierung werden im →Geschichtsunterricht zwei unterschiedliche, auf Reformpädagogik und Kognitionspsychologie zurückzuführende Aspekte bezeichnet, die letztlich ineinander greifen: Einmal ist eine schüleraktivierende Unterrichtsmethode gemeint, zum anderen ein Prinzip historischen Lernens.

Im Geschichtsunterricht können durch gezielte didaktische Entscheidungen auf der Ebene des sog. Historisch-Faktischen die Dynamik, das Wesentliche und Typische der jeweiligen Ereignisse, Erfahrungen und Handlungen von Menschen früherer Zeiten erneut aufgegriffen und in entsprechende Aktionen umgesetzt werden. Indem z.B. eine Debatte über die Ungerechtigkeit des Dreiklassenwahlrechts in einer preußischen Abgeordnetenversammlung um 1900 geführt wird, argumentieren die Lernenden aus den Positionen unterschiedlicher Parteimitglieder und Berufsstände heraus. Gleichzeitig erarbeiten sie sich den sozialen Sprengstoff, der in diesem Wahlrecht lag (didaktische Funktion des Debatte). Sie lernen, „in den Schuhen von Menschen vergangener Zeiten zu gehen“, indem sie deren Perspektiven übernehmen und darin argumentieren und handeln. Sie erfahren, dass diese vergangenen Zeiten gegenüber der Gegenwart eine eigentümliche Andersartigkeit aufweisen, die respektiert werden muss, will man die Perspektive beibehalten. Gleichzeitig verstehen sie das oftmals fremd anmutende Handeln der Menschen von früher besser, indem sie sich die Rahmenbedingungen, in die ihr Handeln eingebunden war, erarbeiten und in der Handlung umsetzen.

Auf diese Weise erhalten Lernende die Möglichkeit, Vorstellungsbilder von einer sekundären (weil vergangenen) Erfahrungswelt zu entwickeln, indem die Gegenwart mit Erlebnissen, Erfahrungen und Orten von Menschen früherer Zeiten gefüllt und die Kluft zwischen den beiden Erfahrungswelten auf diese Weise überbrückt wird. Erst durch diese aktive Verschränkung der Zeitebenen wird die Sachlogik des historischen Inhalts mit der Lernlogik der Lernenden verknüpft und damit erfahrungsbezogenes historisches Lernen ermöglicht (→Erfahrung/Erfahrungsunterricht).

Handlungsprodukte im Geschichtsunterricht sind allerdings stets nur Zwischenprodukte. Der eigentliche Erkenntnisprozess kann sich erst in einer Reflexion von Konsequenzen, die sich in und aus der historischen Situation ergeben haben, erschließen. Auf diese Weise entsteht eine doppelte Rückkopplung: Die Sachlogik des historischen Inhalts wird durch eine Handlung der Lernlogik zugänglich gemacht und durch Reflexion wieder auf die Sachebene zurückgeführt, auf der dann eine Urteilsbildung stattfinden kann.

Mayer, Ulrich: Handlungsorientierung als Prinzip und Methode historischen Lernens, in: Henke-Bockschatz, Gerhard (Hrsg.): Geschichte und historisches Lernen, Kassel 1995, S. 117-130; Völkel, Bärbel: Handlungsorientierung im Geschichtsunterricht, Schwalbach/Ts. 2005

Bärbel Völkel (Ludwigsburg)

Heuristik

Heuristik, abgeleitet von heurisko (altgriech. = ich finde), meint eine Strategie, ein Streben nach Erkenntnis oder ein planvolles Finden von Wegen zum Ziel. Heuristische Prinzipien sind vorläufige, hypothetische Forschungsannahmen, die die praktische Forschungsarbeit anleiten.

Geht man von der Annahme aus, dass das Ziel des →Geschichtsunterrichts nicht vorrangig das Akkumulieren von gesicherten Daten und Fakten ist, sondern der Erwerb eines →Geschichtsbewusstseins, dann muss der Geschichtsunterricht problemorientiert sein, also ausgehen von offenen Fragestellungen und von einem Verständnis von Geschichte, das selbstreflexive Anstrengungen erfordert.

Heuristik meint in diesem Konzept eine Form der (selbstständigen) Annäherung an Geschichte, also das Suchen nach →Quellen sowie die damit unmittelbar verknüpfte Klärung der Frage, inwieweit diese Quellen dazu beitragen können oder geeignet sind, das Problem sinnvoll zu bearbeiten. Heuristik ist daher unmittelbar mit den weiterführenden Aufgaben der Quellenkritik und der Quelleninterpretation verbunden.

Im herkömmlichen Geschichtsunterricht spielt der Aspekt der Heuristik, also das Suchen und kritische Sichten von Quellen, (bedauerlicherweise) nur eine seltene und untergeordnete Rolle. Anders stellt sich dies bei selbstständigen Facharbeiten, bei Schülerprojekten (→Projektarbeit) und insbesondere bei Wettbewerbsarbeiten (→Geschichtswettbewerbe) dar, bei denen heuristische Verfahren einen beachtlichen Anteil haben und dementsprechend auch einen – vor allem unter wissenschaftspropädeutischen Aspekten betrachtet – besonderen Erkenntnisgewinn für die Lernenden bedeuten können. Derartige Projekte zwingen nämlich zum selbstständigen Suchen, Finden und Prüfen von geeigneten Materialien und Quellen, u.a. im Internet, in →Museen, Bibliotheken, →Archiven, in eigenen Familienbeständen, aber auch von Zeitzeugen.

Lange, Thomas/Lux, Thomas: Historisches Lernen im Archiv, Schwalbach/Ts. 2004; Pandel, Hans-Jürgen, Quelleninterpretation. Die schriftliche Quelle im Geschichtsunterricht, 3. Aufl. Schwalbach/Ts. 2006

Hartmann Wunderer (Wiesbaden)

Historienfilm/Historischer Historienfilm

Historienfilme sind Darstellungen von Geschichte, die in unserer Gegenwart entstanden sind und Ereignisse der Vergangenheit deuten (z.B. „Der Untergang“ 2005). Sie bedienen sich der formalen Gattung des Spielfilms. Ihr Bemühen ist es, vergangene Ereignisse und Prozesse mit Anspruch auf →Authentizität darzustellen. Im Gegensatz zum Historienfilm handelt es sich beim Historischen Historienfilm um die Verfilmung eines historischen Stoffes in der Vergangenheit. In ihm deutet eine Vergangenheit ihre eigene Vergangenheit. So wird im 1940 gedrehten Film „Jud Süß“ eine Handlung gezeigt, die um 1730 spielt. Beim „Historienfilm“ haben wir eine gegenwärtige deutende Darstellung, beim „Historischen His-

torienfilm“ eine Quelle der jeweiligen Zeit vor uns.
Historienfilme können ihre Aufgabe nur unter Einbeziehung fiktionaler Mittel lösen, wobei dramaturgische Überlegungen oft historische Triftigkeiten verdrängen. Ein Historienfilm zeigt nicht historische Personen, sondern nur gegenwärtige Menschen, die als Schauspieler Ereignisse spielen. Allerdings bemühen sich die Regisseure, Authentizität herzustellen, indem sie Mode, Frisuren, Habitus, Gebäude usw. der jeweiligen Zeit recherchieren und darstellen. Fiktional werden Historienfilme besonders in der Personenrede. Dialoge historischer Personen sind in der Regel nicht überliefert. Sämtliche wörtliche Reden in den Dialogszenen sind fiktiv.
Der Historienfilm besitzt diskursive Defizite. Er kann sich nicht auf die Mehrdeutigkeit der Überlieferung einlassen, sondern muss sich für eine Version entscheiden. Damit suggeriert er dem Zuschauer, dass es so gewesen sei, wie er es zeigt. Insofern eignen sich Historienfilme nicht zur Vermittlung von Geschichte, sondern sind Bestandteile der heutigen →Geschichtskultur und müssen aus deren Kontext interpretiert werden. Die häufig zu beobachtende Unterrichtspraxis, den Schülerinnen und Schülern solche Filme als Demonstration der „wirklichen Vergangenheit“ zu zeigen, sind verfehlt. Kein Historienfilm kann historische Ereignisse mit wissenschaftlicher Rationalität darstellen. Bei diesen Filmen handelt es sich vielmehr um perspektivische Deutungen, die auch als solche interpretiert werden müssen. Unterrichtsmethodisch dienen diese Filme nicht dazu, Wissen zu vermitteln, sondern um die Deutung zu untersuchen, wie Geschichte in Vergangenheit (Historischer Historienfilm) und Gegenwart (Historienfilm) gesehen wurde und wird. Diese Deutungen können subtil und einfühlsam sein, aber auch zu Propaganda, Legende und Mythos werden. Besonders geeignet, um die Machart und Deutung zu erkennen, ist der Vergleich von Filmen, die das gleiche Ereignis oder die gleiche Person zeigen.

Frölich, Margrit u.a. (Hrsg.): Lachen über Hitler. Filmkomödie, Satire und Holocaust o.O., 2003; Hicketier, Knut: Film und Fernsehanalyse, 2. Aufl. Stuttgart 1996; Koch, Gertrud: Nachstellungen – Film und historischer Moment, in: Müller, Klaus/Rüsen, Jörn (Hrsg.): Historische Sinnbildung, Reinbek 1997, S. 536-551; Rother, Rainer (Hrsg.): Bilder schreiben Geschichte. Der Historiker im Kino, Berlin 1991

Hans-Jürgen Pandel (Halle)

Historik

„Historik“ (lat. ars historica) ist die systematische Selbstreflexion der Fachhistorie auf ihre Wissenschaftlichkeit; sie bildet eine eigene Textgattung und auch eine eigene Sorte universitärer Lehrveranstaltungen. Sie lässt sich als gesamteuropäisches Phänomen bis in den Humanismus zurückverfolgen; ihre moderne Gestalt und inhaltliche Ausrichtung erhielt sie in der deutschen Spätaufklärung. Historik stellt ein Moment der Verfachlichung und der Fachlichkeit der →Geschichtswissenschaft selbst dar, indem sie die Praxis der verwissenschaftlichten Geschichtsschreibung und der methodisch geregelten historischen Forschung bestimmt. Damit nimmt sie fünf verschiedene Funktionen wahr: Sie dient (1) didaktisch-propädeutischen Zwecken, (2) der Systematisierung historischen Wissens, (3) der Spezialisierung in bestimmte Forschungsmethoden und Arbeitsgebiete, (4) v.a. der systematischen Begründung von Eigenart und Funktion der Geschichtswissenschaft im Zusammenhang mit anderen Wissenschaften und im lebenspraktischen Kontext der Historiker und ihres Publikums und (5) der historischen Absicherung erreichter Standards der Wissenschaftsentwicklung.

Mit einer gewissen Berechtigung kann man die →Geschichtsdidaktik als integralen Bestandteil der Historik auffassen; die wissenschaftsgeschichtliche Retrospektive zeigt jedenfalls, dass sich Historik und Geschichtsdidaktik parallel entwickelt haben. Die Historik beinhaltet einen didaktischen Teil: Bereits im Themenbereich „Topik", d.h. im Rahmen der Reflexion auf die verschiedenen Formen der Geschichtsschreibung, werden genuin geschichtsdidaktische Fragen angesprochen; in ausformulierten Historiken werden unter der Rubrik „Didaktik" die Funktionen des historischen Wissens behandelt: Hier werden u.a. Problemkreise wie die verschiedenen Lerndimensionen der historischen Bildung oder Begriff und Inhalt der →Geschichtskultur aufgeworfen und geklärt. Umgekehrt – das Handbuch der Geschichtsdidaktik (1979; 5. Aufl. 1997) ist dafür nur ein Beispiel – rekurrieren maßgebende Geschichtsdidaktiker ganz unbefangen auf Versatzstücke der Historik.

Blanke, Horst Walter: Historiographiegeschichte als Historik, Stuttgart 1991; ders.: Historik, in: Jordan, Stefan (Hrsg.): Lexikon Geschichtswissenschaft, Stuttgart 2002, S. 148-151; Pandel, Hans-Jürgen: Historik und Didaktik, Stuttgart-Bad Cannstatt 1990

Horst Walter Blanke (Bielefeld)

Historikerstreit

Der Begriff bezeichnet eine außerordentlich heftige öffentliche Debatte über die Einzigartigkeit der nationalsozialistischen Massenverbrechen, insbesondere über die historischen Wurzeln und die Bedeutung der Shoa.

Im Juli 1986 veröffentliche Jürgen Habermas in der ZEIT einen Artikel, in dem er renommierten bundesdeutschen Historikern eine Verharmlosung der NS-Verbrechen vorwarf („Eine Art Schadensabwicklung"). Dieser Text markiert den Beginn des sog. Historikerstreits, der sich bis in das folgende Jahr erstreckte und in kurzer Zeit eine fast unübersehbare Anzahl von Stellungnahmen provozierte. „Nach wenigen Monaten erstarb die Auseinandersetzung" (Seligmann 1993, S. 271) zur allgemeinen Überraschung beinahe ebenso plötzlich, wie sie ausgebrochen war.

Kontrahenten dieses Streits waren einerseits die sog. Viererbande (Ernst Nolte, Michael Stürmer, Andreas Hillgruber, Klaus Hildebrandt) und andererseits die sog. linken Aufklärer, zu denen man eine sehr viel größere Gruppe von Publizisten und Wissenschaftlern unterschiedlicher Fächer zählte. Als deren Wortführer galten Jürgen Habermas und Hans-Ulrich

Wehler. Im Kern handelte es sich beim Historikerstreit also nicht um einen Streit unter Historikern, sondern vielmehr um eine übergreifende Auseinandersetzung unter den intellektuellen Meinungsführern der alten Bundesrepublik über den richtigen Umgang der Deutschen mit ihrer NS-Vergangenheit.

Habermas' Polemik zielte v.a. auf Nolte und dessen Thesen, dass die „Judenvernichtung des Dritten Reiches" weder als einzigartig noch als zeitlich oder kausal primär einzuschätzen, sondern eine Art Präventivmord angesichts einer drohenden bolschewistischen Gefahr gewesen sei. Geschichtswissenschaftlich waren diese Thesen rasch zu widerlegen: Der Antisemitismus habe ganz andere Wurzeln als die russische Oktoberrevolution (J. Kocka); eine Historisierung des Nationalsozialismus sei möglich und wünschenswert, ohne dabei die NS-Verbrechen zu relativieren (M. Broszat).

In dieser Debatte wurden die üblichen Formen akademischer Auseinandersetzung vielfach missachtet und häufig durch politische Unterstellungen und persönliche Angriffe ersetzt. Darin ist wohl auch der Grund dafür zu suchen, dass die Heftigkeit der Debatte in keiner Relation zu ihren geschichtswissenschaftlichen Erträgen stand. Es ging in einem hochpolitisierten geschichtskulturellen Umfeld um öffentliche Deutungsmacht. Die besondere Politisierung der →Geschichtskultur der 80er Jahre ist wesentlich auf die offensive Geschichtspolitik der Regierung Kohl zurückzuführen. Kohls Rede „von der Gnade der späten Geburt" bei seinem Israel-Besuch 1984 signalisierte einer kritischen Öffentlichkeit die grundsätzliche Zielrichtung dieser Politik, nämlich die Etablierung eines neuen, wieder national-deutschen Geschichtsbildes, das durch die Verbrechen der Shoa und des Zweiten Weltkriegs nicht mehr wesentlich bestimmt sein sollte. Das Unbehagen an dieser Geschichtspolitik wurde im Historikerstreit symbolisch zum Ausdruck gebracht.

Augstein, Rudolf, u.a.: „Historikerstreit", 9. Aufl. München/Zürich 1995; Diner, Dan (Hrsg.): Ist der Nationalsozialismus Geschichte?, 3. Aufl. Frankfurt/M. 1993; Seligmann, Rafael: Mit beschränkter Hoffnung. Juden, Deutsche, Israelis, 2. Aufl. Hamburg 1993

Marko Demantowsky (Bochum)

Historismus

Unter „Historismus" versteht man eine Epoche v.a. der deutschen Geschichtswissenschaft bzw. eine Form historischen Denkens. Er war das bedeutendste Paradigma der deutschen Geschichtsschreibung und Geschichtswissenschaft im 19. und 20. Jahrhundert.

Der Historismus betonte im Gegensatz zum normativen Naturrechtsdenken und zur Vergangenheitsverachtung der aufklärerischen Hauptströmung den Eigenwert vergangener Epochen, Personen, Gesellschaften, Institutionen und ihrer historischen Entwicklung, die quellenkritisch in ihrem Selbstverständnis erforscht und gewertet und nicht nach von außen herangetragenen Gegenwartsmaßstäben abgeurteilt werden sollten (Individualitäts- und Entwicklungsprinzip des Historismus). Durch die Synthese von tradierter antiquarischer Quellenkritik mit einem konzeptuellen Verständnis der historischen Forschung im Sinne der idealistischen Philosophie schuf der Historismus die moderne Geschichtswissenschaft als autonome Wissenschaft in der Philosophischen Fakultät, die primär nicht mehr – wie zuvor – als bloße Hilfswissenschaft der Theologie, Jurisprudenz, Moral usw. diente. Dabei sind der Historismus als modernes Wissenschaftsparadigma und als Weltanschauung auseinanderzuhalten. Als Wissenschaftsparadigma konnte er von Historikern unterschiedlichster weltanschaulicher Orientierung adaptiert werden. Dies zeigt sich vor allem auf der Ebene lokaler und regionaler Fallstudien, etwa zur Geschichte historischer Hochschuldisziplinen.

Historismus ist ein weiter Sammelbegriff, der sich in zahlreiche Einzelaspekte differenziert hat. Er kann als Geschichtstheorie (Droysen), als Geschichtsforschung und Geschichtsschreibung (Niebuhr, Ranke) und als negativ oder positiv gewertete Weltanschauung (Nietzsche, Troeltsch, Meinecke) verstanden werden. Er tritt aber keineswegs nur in der Geschichtswissenschaft auf, sondern hat während seiner Blütezeit alle geistes- und sozialwissenschaftlichen Disziplinen von den Literatur- und Sprachwissenschaften bis hin zur Jurisprudenz und Ökonomie geprägt. Auch im außeruniversitären Bereich von Architektur, Literatur und Malerei, von Stadtplanung, Museumsbau und Denkmalerrichtung, von Vereins- und Jubiläumswesen usw. ist er zu einer kulturprägenden Kraft geworden. Als die Industrialisierung mit ihren anonymen Strukturwandlungsprozessen sich durchsetzte und schließlich Weltkriege und Nationalsozialismus einen bis dahin für unmöglich gehaltenen Kulturbruch bewirkten, büßten seine Kategorien der absichtsvoll handelnden historischen Individualität und ihrer nachvollziehenden Verstehbarkeit erheblich an Plausibilität ein. Aber sie ließen sich nicht vollständig über Bord werfen. Geschichte wandelte sich von einer Geistes- zu einer Sozial- und Kulturwissenschaft, die mit neuen Fragestellungen und Methoden arbeitete, welche nicht der Tradition des Historismus entstammten, aber sich mit ihr als kompatibel erwiesen.

Der Historismus überwand das seit der Antike überlieferte Verständnis von Geschichte als Lehrmeisterin für die Gegenwart und Richterin über die Vergangenheit. Gleichwohl war er überzeugt von der „didaktischen Macht der Geschichte" (Droysen). Die Praxisbezüge geschichtswissenschaftlichen Arbeitens ließen sich aber angesichts zunehmender Arbeitsteilung und Spezialisierung immer weniger deutlich machen. Nach dem Ersten Weltkrieg wurden sie von einer geisteswissenschaftlich-historistisch geprägten Pädagogik außerhalb der zünftigen Geschichtswissenschaft aufgegriffen (Dilthey, Nohl, Weniger). In diesem Kontext kam es zur ersten Herausbildung der →Geschichtsdidaktik als einer eigenständigen Wissenschaftsdisziplin – auch sie ein Sprössling des Historismus.

Gollwitzer, Heinz: Historismus als kultur- und sozialgeschichtliche Bewegung, in: GPD 10 (1982), S. 5-16; Jäger, Friedrich/Rüsen, Jörn: Geschichte des Historismus. Eine Einführung. München 1992; Meinecke, Friedrich: Die Entstehung des Historismus, 4. Aufl. München

1965 (zuerst 1936); Mütter, Bernd: Die Geschichtswissenschaft in Münster zwischen Aufklärung und Historismus, Münster 1980

Bernd Mütter (Oldenburg)

Histourismus

Der Begriff „Histourismus" ist eine Neubildung und umfasst theoretische Reflexion und praktische Umsetzung der Vermittlung von Geschichte an historischen Orten. Dabei kann es sich sowohl um Orte mit Spuren und Überresten des Geschehens bzw. von Erinnerungsdenkmälern (z.B. Schlachtfeldern) handeln als auch um Ruinen oder ganze Bauwerke (z.B. Kirchen, Klöster, Burgen, Rathäuser) sowie um städtische und industrielle Ensembles (z.B. historische Altstädte, Industriemuseen usw.). Geschichtsreisen sind heute neben Fernsehen und Film, Sachbuch und Presse, Museum und Ausstellung ein Massenmedium der Geschichtsvermittlung, das sich an Personen aller Altersgruppen richtet, aber nicht obligatorisch ist – beides im Unterschied zur Schule.

Der Begriff kam um 1990 auf und wurde vor allem durch Volkskundler, Kulturanthropologen und Soziologen geprägt. Er diente dazu, den allgemeinen Boom des Kulturtourismus für die historische Selbstprofilierung von Kommunen und Regionen nutzbar zu machen. Eine Vorreiterrolle spielte dabei das Ruhrgebiet, das infolge seiner tief greifenden ökonomischen Veränderungsprozesse ganz besonders auf kulturtouristische Aktivitäten angewiesen war. Heute sieht man gerade in strukturschwachen Regionen im historischen Kulturtourismus auch eine erhebliche ökonomische Chance (vgl. Stichwort „Histourismus" im Internet). Fast zeitgleich wurde der Begriff für Geschichtsreisen in der Erwachsenenbildung üblich.

Kern des Histourismus-Konzepts ist die Hypothese, dass der Besuch →historischer Orte für ein nichtprofessionelles Laienpublikum spezifische Bildungs- und Lernchancen bereithält, die anderweitig kaum so intensiv genutzt werden können. Zu einer spezifischen Geschichtsdidaktik des Reisens zählen vor allem die Polarität von Zeit und Raum, die die Möglichkeit der oft beschworenen „Zeitreisen" im Wortsinn ausschließt sowie die Spannung zwischen der Realanschauung am „historischen Ort" und dem dort nicht sichtbaren größeren „historischen Zusammenhang".

Hauptchance, aber auch Hauptproblem des Histourismus ist die Veranschaulichung von allgemeiner Geschichte in einer spezifischen Region bzw. an spezifischen historischen Orten („Raumfokussierung" von Geschichte). Geschichtsdidaktisch konzipierte Reisen können die insgesamt noch sehr defizitäre historische Erwachsenenbildung stärken und für historische Schulexkursionen nützlich sein.

Glaubitz, Gerald: Geschichte – Landschaft – Reisen. Umrisse einer historisch-politischen Didaktik der Bildungsreise, Weinheim 1997; Mütter, Bernd: Histourismus. Geschichte in der Erwachsenenbildung und auf Reisen, 2 Bde., Oldenburg 2007

Bernd Mütter
(Oldenburg)

I

Idealtypus

Der Begriff „Idealtypus", der Anfang des 20. Jahrhunderts von Max Weber in die Sozialwissenschaften eingeführt wurde, ist ein begriffliches Werkzeug zur Erfassung komplexer empirischer Phänomene. Idealtypen sind gedankliche Konstruktionen, für die es in der Realität keine Entsprechung gibt – nur das ist mit „ideal" gemeint, nicht etwa die normative Dimension eines „Idealbildes". Ein Wissenschaftler bildet einen idealtypischen Begriff, indem er unter einem bestimmten Gesichtspunkt aus der Mannigfaltigkeit der in der Wirklichkeit anzutreffenden Einzelerscheinungen die ihm am bedeutsamsten erscheinenden herausgreift und sie zu einem in sich widerspruchslosen und einheitlichen Gedankenbild verdichtet. Die Konstruktion von Idealtypen ist kein Selbstzweck, sondern hat eine doppelte Funktion: Erstens werden allgemeine und eindeutig definierte Begriffe geschaffen, mit Hilfe derer die konkreten historischen Einzelfälle beschrieben, eingeordnet und verglichen werden können. Dabei trifft man in der Realität stets Mischformen, nie einen Idealtyp in seiner reinen Form an. So können sich in einem historischen Herrschaftssystem etwa bestimmte „charismatische" Elemente mit anderen verbinden, die eher dem „traditionalen" oder auch dem „legalen" Herrschaftstypus zuzurechnen sind. Zweitens fungiert der Idealtypus insofern als heuristisches Instrument (→Heuristik), als gerade die Differenzen, die sich bei seiner systematischen Konfrontation mit der historischen Wirklichkeit ergeben, Aufschlüsse auf die im Einzelfall wirkenden Kausalzusammenhänge zu geben versprechen. Bei der Erklärung einer Börsenpanik etwa – um ein von Max Weber selbst gerne benutztes Beispiel aufzugreifen – erscheint es sinnvoll, zunächst zu fragen, was geschehen wäre, wenn alle Akteure streng ökonomisch zweckrational gehandelt hätten. Vor dem Hintergrund dieses idealtypisch konstruierten Verlaufs lassen sich dann die „Abweichungen" des tatsächlichen Geschehens ermitteln und die dafür verantwortlichen Irrationalitäten, nicht-ökonomischen Handlungsmotive und Fehleinschätzungen identifizieren.

Gerhardt, Uta: Idealtypus, Frankfurt 2001; Weber, Max: Wirtschaft und Gesellschaft, 5. Aufl. Tübingen 1985; ders., Die „Objektivität" sozialwissenschaftlicher und sozialpolitischer Erkenntnis, in: ders.: Gesammelte Aufsätze zur Wissenschaftslehre, 7. Aufl. Tübingen 1988, S. 146-214

Cornelius Torp (Halle)

Identität

Identitätsbildung ist eine Leistung des →Geschichtsbewusstseins, Identität ihr Produkt. Identitätsbildung erfolgt auf zwei Ebenen, auf der Subjektebene (Ich-Identität) und der Gruppenebene (kollektive Identität). In jedem Falle entsteht Identität dadurch, dass Selbstdefinitionen vorgenommen werden, die die Frage beantworten, was ein Subjekt oder eine Gruppe im Kern ausmacht, welche Eigenschaften sie besitzen und wie es gelingen kann, diese Eigenschaften trotz dynamischen zeitlichen Wandels auf dem Weg von der Vergangenheit in die Zukunft relativ stabil zu halten. Da Identitätskonstruktionen ohne historische Komponenten schwer vorstellbar sind, kann auf den Begriff einer „historischen Identität" verzichtet werden: Identität ist per se historisch. Hinzu kommt ein weiteres Merkmal: Jede Identitätskonstruktion nimmt Grenzziehungen vor und weist deshalb eine limitische Struktur auf, die als unhintergehbar gelten kann: Die Behauptung eines „ich" verlangt stets die Abgrenzung vom „du", die Konstituierung eines „wir" stets die Unterscheidung vom „ihr". Gleichwohl treten graduelle Unterschiede auf: Es gibt Identitäten, die stärker nach innen ausgerichtet sind und integrative Züge tragen, und solche, die ihre limitische Struktur gezielt aufrüsten, um ihre Abgrenzungswirkung nach außen zu steigern.

Bevor man sich genauer mit dem Verhältnis von Identität und Geschichtsunterricht befasst, sollte man die anthropogenen und soziokulturellen Rahmenbedingungen in den Blick nehmen. Dabei sind drei Problemkomplexe von Belang: Erstens lehrt die entwicklungspsychologische Forschung (Erikson), dass Identität das zentrale Problem eben jener Lebensaltersstufe ausmacht, auf der sich unsere Schülerinnen und Schüler befinden, wenn sie Geschichtsunterricht erhalten: In der Adoleszenz entscheidet sich, ob der Aufbau der Ich-Identität glückt oder missglückt und dann zu Rollendiffusion und Identitätsverwirrung führt. Zweitens werden wir durch die soziologische Forschung (Krappmann) mit dem Befund konfrontiert, dass unbeschädigte Ich-Identität ausschließlich auf dem Wege andauernder individueller Balance-Leistungen entsteht: Auf der horizontalen Ebene der sozialen Identität sind die zum Teil widersprüchlichen Erwartungen der anderen mit den eigenen Bedürfnissen in Einklang zu bringen; auf der vertikalen Ebene der personalen Identität gilt es, biographische Wandlungsfähigkeit unter Beweis zu stellen und dabei doch dauerhaft man selbst zu bleiben. Jedenfalls ist die Herausbildung von Ich-Identität ein der Entwicklung der Jugendlichen affines Problem. Es muss nicht erst von außen – durch Gesellschaft, Staat und Geschichtsunterricht – an sie herangetragen werden, sondern ist eines, das sie ohnehin existenziell betrifft und das sie selbst lösen müssen. Drittens ist die Geschichte des Geschichtsunterrichts gekennzeichnet durch „permanente Versuche, Schüler auf vorgeblich allgemein gültige Identifikationsbasen zu verpflichten" (Bergmann). Zwar wechselten die Bezugsgrößen der erwünschten kollektiven Identitäten (Konfession, Dynastie, Einzelstaat, Nation, Rasse oder Klasse), aber kaum ein Staat konnte der Versuchung widerstehen, Schule und Geschichtsunterricht zu instrumentalisieren. Die künftigen Untertanen oder Bürger kamen dabei stets nur als passive Träger vorformulierter Einstellungen, nicht jedoch als zu eigener Erkenntnis fähige Subjekte in den Blick.

Dieser lange Schatten gesinnungsunterrichtlichen Missbrauchs mahnt zur Vorsicht. Wer heute kollektive Identitäten anbahnen will, der muss wissen, dass dieses Ziel nicht im Modus individueller Balanceleistung, sondern nur im Modus verbindlicher sozialer Normsetzung erreichbar ist. Es ist die Aufgabe des Geschichtsunterrichts, die Schülerinnen und Schüler zu befähigen, heterogene, miteinander konkurrierende und konfligierende Identitäten analytisch zu erfassen, sie zu „lesen" und ihre jeweiligen Geltungsansprüche gegeneinander abzuwägen. Inhaltlich vorgeprägte Identitäten sollten daher nicht Ziel, sondern lediglich Gegenstand von Geschichtsunterricht sein. Dies gilt für die Ich-Identität ebenso wie für kollektive Identitäten jeglicher Provenienz und Reichweite. Diese Aufgabe lässt sich bewältigen durch Identitätsanalyse und -interpretation, durch Selbstreflexion, durch Fremdverstehen und durch die Fähigkeit, Spannungen und Widersprüche auszuhalten (Ambiguitätstoleranz).

Bergmann, Klaus: Geschichtsunterricht und Identität (1975), in: Ders.: Geschichtsdidaktik. Beiträge zu einer Theorie historischen Lernens, 3. Aufl. Schwalbach/Ts. 2008, S. 90-99; Pandel, Hans-Jürgen: Dimensionen des Geschichtsbewußtseins. Ein Versuch, seine Struktur für Empirie und Pragmatik diskutierbar zu machen, in: Geschichtsdidaktik 12 (1987), S. 130-142; Schönemann, Bernd: Geschichtsdidaktische Dimensionen der Identität. Bedingungs- und Entscheidungsfelder historischen Lehrens und Lernens in der Schule, in: Raisch, Herbert/Reese, Armin (Hrsg.): Historia didactica. Geschichtsdidaktik heute, Idstein 1997, S. 221-231

Bernd Schönemann
(Münster)

Ideologiekritik

Der Begriff Ideologiekritik bezeichnet eine erkenntnistheoretische und politische Position, die davon ausgeht, dass die gesellschaftliche Wirklichkeit dem Einzelnen ebenso wie Kollektiven gleichsam maskiert („verblendet") begegnet und dass es ebenso möglich wie nötig ist, diese (absichtsvolle) Maskierung zu entfernen, um damit die „eigentliche" Realität aufzudecken und veränderbar zu machen.

Diese These, dass es notwendig sei, das „gesellschaftlich notwendig falsche Bewusstsein" aufzudecken, stammt von Karl Marx, der das Verständnis von Ideologiekritik bis heute prägt. Hinzu kommt seine These der politisch-ökonomischen Interessenleitung verblendeter Weltbeschreibungen. Letztere seien gesellschaftlich notwendig, und keine soziale Gruppe („Klasse") existiere ohne Ideologie. Da es innerhalb der Gesellschaft aber kein klassenloses und damit ideologiefreies Individuum gebe, frage sich, wer überhaupt legitime Ideologiekritik üben könne. Dieses grundlegende Dilemma hat Marx geschichtsphilosophisch zu lösen versucht: Da die Interessen der Arbeiterklasse quasi geschichtslogisch mit den wahren Interessen aller übereinstimmten, könne von deren Warte aus legitim Ideologiekritik betrieben werden. Diese gedankliche Figur übt bis heute einen großen Einfluss aus. Er reicht bis in die Wissenssoziologie (Karl Mannheim u.a.), in die Kritische Theorie, in den Marxismus aller Schattierungen und sogar in die Psychoanalyse.

Vor einer geschichtsdidaktischen Anwendung sollten einige fundamentale

Probleme bedacht werden: 1. Wer legitimiert und welches Prinzip kontrolliert Ideologiekritik, wenn man weiterhin politisch-ökonomische Fundamentalinteressen unterstellt, die geschichtsphilosophische Begründung nach Marx aber nicht mehr gelten soll? 2. Es stellt sich im demokratischen Pluralismus das Problem, dass Ideologiekritik ihrerseits nicht wieder einer Ideologiekritik unterliegen kann, denn in diesem Fall drohte eine unabschließbare Reihe wechselseitiger Interessen-Unterstellungen (infiniter Regress). 3. Die weltanschauliche Basis jeder Ideologiekritik bedarf insofern der Überprüfung, als die utilitaristische Rückführung jeder Praxis auf Interessen- und Nutzenkalküle nicht als allgemeingültig gesetzt werden kann. Es existieren schlicht alternative Erklärungsmodelle.

Trotz dieser Einwände sollte der aufklärerische Impetus der Ideologiekritik nicht übersehen werden. Zum Kernbestand jedes modernen Geschichtsunterrichts zu zählen sind die Quellenorientierung und ihre analytische Aufdeckung verborgener Prämissen, die Analyse von Selbst-, Fremd- und Feindbildern und auch die Frage nach unausgesprochenen Interessen. Eine besondere Bedeutung kommt diesen Prinzipien im Rahmen der →Multiperspektivität zu.

Heuß, Alfred: „Ideologiekritik". Ihre theoretischen und praktischen Aspekte, Berlin u.a. 1975; Bergmann, Klaus: Ideologiekritik, in: Mayer, Ulrich u.a. (Hrsg.): Handbuch Methoden im Geschichtsunterricht, 2. Aufl. Schwalbach/Ts. 2007, S. 137-151

Marko Demantowsky (Bochum)

Imagination

Imagination als Vorstellungsfähigkeit ist neben Kognition eine Voraussetzung für historisches Denken und eine Rezeptionsbedingung für Erkenntnisse über die Vergangenheit. Sie bedingt den wissenschaftlichen Umgang mit Geschichte und ist einer Hermeneutik des historischen Bewusstseins und einer Phänomenologie der historischen Rezeption zuzuordnen. Nach Schörken macht das „Sich-Vorstellen" den Anfang der Arbeit des Historikers, insbesondere in der Auseinandersetzung mit Quellen aller Art. Imagination hat allerdings auf der Ebene inhaltlicher Ergebnisse nichts zu suchen, sie kann und darf keine historischen Ergebnisse setzen und keine Forschungslücken füllen. In der geschichtsdidaktischen Diskussion ist mit Imagination nicht die freie Phantasie gemeint.

Die historische Imagination ist das Moment, durch das sich Geschichte von der Beobachtung von Präsentem unterscheidet. Angestoßen durch Sprache (d.h. Lesen, Zuhören und Reden über Geschichte) erzeugt die Imagination „innere Vorstellungsbilder", die weder Phantasieprodukte noch Abbilder empirischer Objekte sind, sondern „kreative Hervorbringungen des Geistes unterhalb der Reflexionsschwelle" (Schörken). Der Leser oder Hörer tritt mittels der Vorstellungsfähigkeit in Abläufe ein und verwandelt eine Fülle von Signalen in lebendige Gestalten, Handlungsräume und Wirklichkeiten. Vorstellungsbilder setzen semantische Leerstellen voraus und sind von Erfahrungen und Vorprägungen des Rezipienten geprägt. Sie bleiben immer korrekturbedürftig.

Eine weitere Operation der Imagination besteht in der Aufhebung der zeitlichen Distanz durch Vergegenwärtigung des Vergangenen. Dies geschieht insbesondere durch historische Narration, die Nachvollzug und Distanznahme vereinigt und Vergangenheit in der Gegenwart repräsentiert. Historische Imagination ermöglicht somit die Erfassung des Anderen, auch des zeitlich Getrennten. Durch die Individuierung von Ereignissen kann die historische Imagination eine identitätsstiftende Wirkung namentlich auf emotionaler Ebene entfalten.

Borries, Bodo von: Imaginierte Geschichte, Köln 1996; Iser, Wolfgang: Der Akt des Lesens. Theorie ästhetischer Wirkung, 3. Aufl. München 1990; Ricœur, Paul: Zeit und Erzählung, Bd. I: Zeit und historische Erzählung, München 1988), Bd. III: Die erzählte Zeit, München 1991; Schörken, Rolf: Historische Imagination und Geschichtsdidaktik, Paderborn u.a. 1994; ders.: Imagination und geschichtliches Verstehen, in: Neue Sammlung 2/1998, S. 203-212; Stierle, K.H.: Die Fiktion als Vorstellung, als Werk und als Schema – eine Problemskizze, in: Henrich, Dieter/Iser, Wolfgang (Hrsg.): Funktionen des Fiktiven, München 1983, S. 173-182; Veit, G.: Von der Imagination zur Irritation, in: Geschichte lernen 52 (1996), S. 9-12

Christine Pflüger (Freiburg)

Inszenierung

Während in der Frühzeit des Museums im 19. und beginnenden 20. Jahrhundert im Wesentlichen (An-)Sammlungen historischer Objekte nach Gattungen sortiert ausgestellt wurden, wird in heutigen Geschichtsmuseen und -ausstellungen auf eine didaktisch durchdachte Ausstellungsgestaltung Wert gelegt. Dahinter verbirgt sich eine gewandelte Sicht auf das geschichtliche Exponat. Früher wurde seiner Aura als Zeugnis der Vergangenheit eine unmittelbare Wirkkraft beigemessen, durch die die Geschichte „wie von selbst" sichtbar würde. Auch heute wird den Exponaten ihre besondere Aura nicht abgesprochen. Es gilt aber als Konsens, dass die Vergangenheit hinter dem Objekt nur in vermittelter Form sichtbar gemacht werden kann.

Eine solche Form der Vermittlung ist die Inszenierung. Mit Hilfe von Raum, Beleuchtung, Farbe, Form und Gestaltung sollen Objekte so „inszeniert" werden, dass historische Zusammenhänge visualisiert werden. Dabei wird häufig versucht, die historische Realität zu rekonstruieren. Als erweiterte Form können szenische Darstellungen gelten, die historische Kontexte in Theaterszenen in der Ausstellung sichtbar machen sollen. Die Inszenierung wurde insbesondere in den 1980er Jahren diskutiert als vorteilhafte, da bildhafte und daher anschaulichere Form der historischen Dokumentation, die beispielsweise beim Publikum weniger Vorkenntnisse voraussetzt als umfassende erläuternde Wissenstexte. Die Diskussion wurde zusätzlich belebt durch die während der EXPO 2000 in Hannover entwickelte „Szenographie". Im Unterschied zur Museografie, dem Inszenieren eines Sachverhalts mit historischen Originalen, arbeitet die Szenografie durch authentische Objekte.

So verlockend die Inszenierung oder

Rekonstruktion von Geschichte ist, so wenig führt die Debatte zum entscheidenden Punkt, wenn Inszenierung nur als „anschauliche“ Variante der Re-Kontextualisierung von Objekten verstanden wird und nicht als ein „In-Szene-Setzen der Objekte“ (J. Steen), das die Eigenständigkeit gegenständlicher Quellen zu nutzen versteht und diese in einen besonderen Dialog zueinander stellt. Die Diskussion um die Inszenierung macht allerdings sichtbar, dass die historische Ausstellung selbst ein eigenständiges Medium ist, da durch jede Form der Präsentation eine bestimmte Geschichtsinterpretation geliefert wird, unabhängig vom Grad der Inszenierung. Wichtiger erscheint daher, das Publikum zum Umgang mit unterschiedlichen Formen der Geschichtsdarstellung zu befähigen.

Godau, Sigried: Inszenierung oder Rekonstruktion? Zur Darstellung von Geschichte im Museum, in: Fehr, Michael/ Grohé, Stefan (Hrsg.): Geschichte, Bild, Museum. Zur Darstellung der Geschichte im Museum, Köln 1989, S. 199-211; Paatsch, Ulrich: Konzept Inszenierung. Inszenierte Ausstellungen – ein neuer Zugang für Bildung im Museum? Ein Leitfaden, Heidelberg 1990; Scholz, Jana: Medium Ausstellung. Lektüren musealer Gestaltung in Oxford, Leipzig, Amsterdam und Berlin, Berlin 2004

Thorsten Heese
(Osnabrück)

Interkulturelles Lernen

Interkulturelles Lernen ist eine in den Erziehungswissenschaften konzeptionell vielfältig ausgearbeitete pädagogische Querschnittsaufgabe. Sie ist als Reaktion auf die Heterogenität von Gesellschaft und Schülerschaft in den 1960er-Jahren entstanden und wird seit den 1990er-Jahren geschichtsdidaktisch akzentuiert. Allen Ansätzen gemeinsam ist der Anspruch auf gegenseitiges Lernen von Mehrheit und Minderheiten für einen adäquaten Umgang mit kulturellen Differenzen. Ausgehend von einem dynamischen Kulturbegriff wird unter interkultureller historischer Kompetenz das Wissen von und der Umgang mit unterschiedlichen Normen, Werthaltungen und Deutungsmustern verstanden, wobei kulturelle Vielfalt akzeptiert und ausgehalten werden soll. Als Prinzip des historischen Lernens beinhaltet das interkulturelle Lernen eine Perspektivenerweiterung, die die Geschichte aus der Perspektive von Mehrheiten und Minderheiten betrachtet und davon ausgeht, dass Wahrnehmung, Kenntnis und Bewertung historischer Phänomene keine anthropologische Konstante, sondern in hohem Maße kulturabhängig ist. Vorhandene Differenzen werden dementsprechend erst dann wirksam, wenn sie gewertet werden und zu Abstufungen führen. Diese Perpektivenerweiterung führt zur Einsicht, dass Heterogenität einen Normalfall der Geschichte darstellt.

Curricular führte das interkulturelle Lernen zur Förderung von →Multiperspektivität, zur längsschnittartigen Verankerung von Migrationsgeschichte (→Migration) und von Themen, die Kulturkontakte aufgreifen. Zentral bleibt die Frage, wie viel gemeinsame Erinnerung in der Einwanderungsgesellschaft erforderlich bleibt und ob sich durch die Einwanderung der Blick auf die deutsche Geschichte verändern könnte. Letzteres würde bedeuten, die gemeinsame Geschichte auch aus der Minderheitenperspektive zu erzählen (z.B. eines Sinto).

Ein deutsches Spezifikum ist die Frage nach der Verantwortungsübernahme der Zuwanderer für die Geschichte des Holocaust. Empirische Studien heben hervor, dass Jugendliche mit Migrationshintergrund sich zwar auch mit der (eigenen) Migrationsgeschichte identifizieren, trotz ambivalenter Erfahrungen mit der deutschen Erinnerungsgemeinschaft aber die Auseinandersetzung mit dem Holocaust geradezu suchen. Auch die Voraussetzungen aus der Familiengeschichte und der dort tradierten Geschichten spielen eine Rolle, müssten aber noch genauer erforscht werden.

Bedingt durch die Tendenz zur Einbettung des Holocaust in europäische Traditionslinien werden einerseits deutsche Kolonialgeschichte (Völkermord an den Hereros) thematisiert, andererseits auch andere Genozide behandelt. Geschichtskulturell kann es beim interkulturellen Lernen darum gehen, gesellschaftliche Verarbeitungsmechanismen zwischen Verdrängung und sog. Wahrheitskommissionen herauszuarbeiten und zu thematisieren, welche Bedeutung diese für die haben, die in dieser Einwanderungsgesellschaft leben.

Alavi, Bettina: Geschichtsunterricht in der multiethnischen Gesellschaft, Frankfurt/M. 1998; Georgi, Viola B.: Entliehene Erinnerung. Geschichtsbilder junger Migranten in Deutschland, Hamburg 2003; Reeken, Dietmar von: Interkulturelles Lernen im Geschichtsunterricht, in: Günther-Arndt, Hilke (Hrsg.): Geschichts-Didaktik, Berlin 2003, S. 233-241

Bettina Alavi (Heidelberg)

Interpretation

Interpretation ist ein Verfahren, das den kulturellen Gebilden menschlicher Lebensäußerungen Sinn entnimmt (Texte, Bilder, Gegenstände etc.). Von Interpretation spricht man aber erst dann, wenn die Sinnentnahme Schwierigkeiten macht. Ohne Verständnisschwierigkeiten wäre Interpretation überflüssig. Vertraute Texte müssen nicht interpretiert werden. Nur wenn ein Text Schwierigkeiten bietet, fremd ist, wird Interpretation nötig. Interpretation ist somit Verstehen unter Schwierigkeiten. Theoretische Grundlage ist das alltägliche Gespräch, das die Äußerungen eines anderen verstehen will.

Die Verstehenshemmungen liegen auf verschiedenen Ebenen (Sprache, Lexikon, Grammatik, Weltbild). Für →Verstehen sind das Verstehenwollen und Verstehenkönnen wichtige Voraussetzungen. Es lassen sich die übersetzende (aus fremder Sprache), die analysierende (an Kategorien orientiert) und die kritisierende Interpretation (→Ideologiekritik) unterscheiden. Interpretation ist nicht nur ein Verfahren, einzelnen →Quellen Sinn zu entnehmen, sondern auch aus vielen widersprechenden Quellen Sinn zu machen. Insofern ist Interpretation Voraussetzung, um Geschichte zu schreiben bzw. zu erzählen.

Interpretation ist die zentrale Kompetenz in den Geistes- bzw. Kulturwissenschaften. Infolge dessen ist Interpretationskompetenz eine unverzichtbare Kompetenz der Schülerinnen und Schüler. Interpretation ist fachspezifisch auszudifferenzieren. Ein Musikstück oder einen Roman zu interpretieren verläuft jeweils anders als die Interpretation einer historischen Quelle. Sie macht aber nur Sinn, wenn Schülerinnen und Schülern auch die Chance eingeräumt wird, eigene Sinnbildungen vorzuschlagen. Wo nur gelehrt und Sinn erpresst wird, ist Interpretation nicht gefragt.

Zur Interpretation sind unterschiedliche Regelsysteme für die einzelnen Lebensäußerungen (Texte, Bilder, Gegenstände, Musik etc.) entwickelt worden. Schon bei Johann Gustav Droysen (1857) ist Interpretation ein rationales, ein vierschrittiges Verfahren mit logischem Charakter. Erst seit Wilhelm Dilthey (1910) wird unter Interpretation ein psychologisch einfühlendes („divinatorisches") Verfahren verstanden, dessen Operationen Hineinversetzen, Nachahmen, und Nacherleben sind (→Empathie). Die modernen Sozialwissenschaften gehen aber wieder auf Droysen zurück.

Bei Interpretationen gibt es keine endgültige Gewissheit, sondern nur plausible und nichtplausible Interpretation. Insofern kann auch im Unterricht eine Interpretationsleistung nicht richtig oder falsch sein.

Interpretation ist Arbeit mit dem Mittel des →Vergleiches, um Fremdes mit Bekanntem zu entschlüsseln. Deshalb ist für die Interpretation im Unterricht der Vergleich (von Texten, Bildern) ein geeignetes Mittel.

Bei nichtsprachlichen, also bildlichen Quellen, kommt noch eine zusätzliche Schwierigkeit hinzu; insofern ist Bildinterpretation schwieriger als Textinterpretation. Da Interpretation stets sprachlich erfolgt, müssen Bildzeichen erst in Sprache übersetzt werden. Erst dann lässt sich entschlüsseln.

Es gibt mehrere Disziplinen, die sich mit dem durch Interpretation angebahnten Verstehen beschäftigen – von der Philologie, der Ethnologie, der Philosophie bis zur Psychoanalyse (→Verdrängung). Diese Bemühungen lassen sich unter dem traditionellen Begriff der Hermeneutik zusammenfassen. Die Technik der Interpretation ist jeweils verschieden, wie sich an Ethnologie und Psychoanalyse zeigen lässt. Gemeinsam ist allen diesen Disziplinen das Bemühen, unverständliche Äußerungen zu verstehen.

Pandel, Hans-Jürgen: Bildinterpretation, in: Mayer, Ulrich u. a. (Hrsg.): Handbuch Methoden im Geschichtsunterricht, 2. Aufl. Schwalbach/Ts. 2007; ders.: Quelleninterpretation, in: Ebenda

Hans-Jürgen Pandel (Halle)

J

Jugendbuch, historisches

Der Begriff „historischer Jugendroman" ist in der →Geschichtsdidaktik irreführend. Normalerweise wird hier das Attribut „historisch" in der Bedeutung „aus der Vergangenheit stammend" verwendet. In diesem Fall bezieht es sich jedoch auf den Inhalt: Der historische Jugendroman ist eine fiktive Erzählung, die speziell für Jugendliche geschrieben wurde und deren Handlung in eine bestimmte historische Situation eingebunden ist.

Auf dem Buchmarkt hat dieses Genre einen festen Platz und ist bei jugendlichen Lesern beliebt. Da fiktional vermittelte Geschichte das →Geschichtsbewusstsein oft viel nachhaltiger prägt als wissenschaftliche Vermittlung, ist es wichtig, im Geschichtsunterricht einen kritischen Umgang mit fiktionalen Elementen einzuüben, gerade anhand von Medien, die von den Jugendlichen in ihrer Freizeit genutzt werden. Andererseits sollten auch diejenigen, die das Medium noch nicht nutzen, damit vertraut gemacht werden, denn es bietet weitere didaktische Chancen: Romane stellen Geschichte konkret, anschaulich und motivierend dar. Über die Identifikation mit bestimmten Figuren ist das Einleben in die historische Situation (→Imagination) möglich. So entsteht beispielsweise beim Lesen eines Klosterkrimis ein deutlicheres Bild von einem mittelalterlichen Kloster als bei der Analyse des St. Gallener Klosterplans.

Im Gegensatz zur Fantasy-Literatur will der historische Jugendroman trotz aller Fiktionalität und dichterischen Freiheit Geschichtswissen vermitteln. Dafür ist eine historisch möglichst authentische Darstellung wichtig: historische Persönlichkeiten und Ereignisse müssen, wenn sie vorkommen, sachlich korrekt dargestellt sein, das Geschehen muss zeitlich genau fixiert und in die politischen, ökonomischen, sozialen und kulturellen Zusammenhänge eingebunden sein. Die Darstellung sollte personifizieren und die Hauptfigur repräsentativ für eine Gruppe sein. Sie sollte zur Identifikation einladen, aber auch irritierende Momente bieten, so dass auch eine kritische Distanz und Reflexion möglich ist.

Gerade die Lektüre ganzer Romane veranschaulicht historische Zeitatmosphäre und kann außerdem zur Ausbildung der allgemeinen Lesekompetenz beitragen. Darüber hinaus können im Geschichtsunterricht auch bei der handlungs- und produktionsorientierten Arbeit mit Ausschnitten die didaktischen Vorteile des Mediums genutzt werden.

Reeken, Dietmar von: Das historische Jugendbuch, in: Pandel, Hans-Jürgen/ Schneider, Gerhard (Hrsg.): Handbuch Medien im Geschichtsunterricht, 4. Aufl. Schwalbach/Ts. 2007, S. 69-83; Rox-Helmer, Monika: Jugendbücher im Geschichtsunterricht, Schwalbach/Ts. 2006; Sauer, Michael: Historische Kinder- und Jugendliteratur, in: Geschichte lernen 71 (1999), S. 18-26

Monika Rox-Helmer (Gießen)

K

Kanon

Der Begriff Kanon steht für einen abgegrenzten, hochselektiven Wissensbereich mit verpflichtendem Charakter. Er hebt bestimmtes Wissen hervor, das aus nicht ausgewiesenen Gründen als bewahrenswert gilt. Der grundlegende Akt der Kanonbildung ist die Schließung und nicht die Öffnung. Das Ausgewählte wird für verbindlich erklärt, und Alternativen werden nicht zugelassen. Ein Kanon wird gekennzeichnet durch Normativität, Wertbezogenheit und Allgemeinverbindlichkeit. Gegenwärtig wird der Begriff Kanon für eine bestimmte Art von Lehrplan (→Curriculum) benutzt, der aus obligatorischen Inhalten und verpflichtenden Sichtweisen besteht. Ein solcher Lehrplan mit Kanoncharakter enthält nicht nur bestimmte „Stoffe" (Themen, Lektüren), sondern auch Wertungen, unter denen diese Inhalte betrachtet werden sollen. Damit gerät jeder Kanon in ein unauflösbares Dilemma. Auf der einen Seite werden Themen und Wertungen festgelegt, auf der anderen wachsen den Themen ständig neue Bedeutungen aus der Gegenwart zu. Ein und derselbe Inhalt kann mit unterschiedlichen Gehalten und Gewichtungen unterrichtet werden. Deshalb liegt das Problem nicht in der Zusammenstellung eines Stoffkanons, sondern in der administrativen Festlegung von Sinn unter dem diese Themen betrachtet werden sollen.

Im ursprünglichen Sinne ist ein Kanon ein Produkt der Geschichte; man kann ihn nicht durch Beschluss herstellen. Multikulturelle Auffächerung, binnenkulturelle Differenzierung, Individualisierung der Werthorizonte, Zivilisationsbruch durch Völkermord lassen heute keinen konsensfähigen Kanon mehr zu. Da es einen solchen durch Tradition und Konvention gebildeten Kanon nicht gibt, könnte er nur „hergestellt", gemacht werden. Dann ist er eine fremdgesetzte Regelung (→Sinnbildung), die die gesellschaftliche Kommunikation und Sinnbildung zu normieren sucht. Transparenz über sein Zustandekommen sowie Legitimation zu seiner Herstellung besteht nicht. Ein solcher Kanon kollidiert mit der Pluralität der Gesellschaft. Er ist antipluralistisch und geht davon aus, dass alle in der Gesellschaft das gleiche →„Geschichtsbild" haben sollen.

Ein Kanon ist prinzipiell vergangenheitsbezogen, in ihm gilt Gegenwart wenig. Deshalb widerspricht ein Kanon historischer Themen stets dem Wissenschaftsfortschritt. Forschung zerstört denjenigen traditionellen Kanon, den die didaktische Orthodoxie im Kopf hat. Die →Geschichtswissenschaft zeigt nicht nur ständig neue Themen auf (→Gender), sondern zeigt auch bei bekannten neue Aspekte (→„Neue" Kulturgeschichte). Kanonische Inhalte sind dagegen unveränderlich und sperren sich gegen Neuerung. Ein unhistorischer, überzeitlicher Kanon koppelt den Geschichtsunterricht von der Geschichtswissenschaft ab. Ein Themenbereich kann nicht Kanonbestandteil und Forschungsgegenstand zugleich sein.

In letzter Zeit ist dem Begriff des Kanons der der Kanonisierung gegenübergestellt worden. Er beruht auf der Entstaatlichung der Sinnzumutungen. Einzelne Schulen (aber auch einzelne Personen) können sich aufgrund der curricularen Kompetenz der Lehrenden durch Kanonisierung jeweils einen eigenen Kanon erstellen. Er ist das Ergebnis eines permanenten (nicht periodischen!) Kanonisierungsprozesses, der sich an Gegenwartsproblemen und Forschungsfortschritten ausrichtet.

Assmann, Jan: Das kulturelle Gedächtnis, 2. Aufl. München 1999; Borries, Bodo von: Kerncurriculum Geschichte in der gymnasialen Oberstufe, in: Tenorth, Heinz-Elmar (Hrsg.): Kerncurriculum Oberstufe II, Weinheim 2004, S. 236-321; Pandel, Hans-Jürgen: Geschichtsunterricht nach PISA, 2. Aufl. Schwalbach/Ts. 2007

Hans-Jürgen Pandel (Halle)

Karikatur

Der Begriff entstammt dem Italienischen: „caricare“ heißt „beladen“ oder „überladen“ und bezeichnet eine verzerrende Darstellung von Menschen, von politischen oder gesellschaftlichen Zuständen in satirischer Absicht. Der Gegenstand der Karikatur ist weit gefasst: Nationale und internationale Politik werden kommentiert und kritisiert, Politiker, aber auch Künstler und andere Berufsgruppen, gesellschaftliche Schichten und Stände werden porträtiert, gesellschaftliche Konventionen werden aufs Korn genommen. Immer ist Komik im Spiel. Dabei ist die Karikatur aktuell und situationsbezogen, ergreift Partei, mitunter verletzend und aggressiv gegenüber dem Dargestellten. Die Karikatur kann ebenso Mittel oppositioneller Kritik wie Medium politischer Propaganda sein. Sie ist ein bildlicher Angriff, der die menschliche Gestalt mitunter bis zur Missgestalt deformiert und damit zur Verunglimpfung des politischen Gegners beiträgt.

Die Anfänge der Karikatur gehen auf das alte Ägypten zurück, auch in der griechischen und römischen Antike war die karikierende Darstellung bestimmter Typen gängig. Die für heute typische Form der Karikatur hat drei historische Wurzeln: Reformationssatire, Porträtzeichnungen der Renaissance und die kritische englische Graphik des 18. Jahrhunderts. Die Geschichte der Karikatur in der Moderne lässt sich als Geschichte des Kampfes zwischen politischer Kritik, politischer Aufklärung und Zensur charakterisieren. Insofern ist sie seit dem 18. Jahrhundert eng mit der Herausbildung einer bürgerlichen Öffentlichkeit und dem Kampf um Meinungs- und Pressefreiheit verknüpft.

Technische Fortschritte in der Drucktechnik und die Entwicklung des Pressewesens ermöglichten eine einfache Herstellung und weite Verbreitung. Karikaturen sind heute vor allem aus der politischen Presse bekannt; früher wurden sie auch als Flugblätter und Postkarten verbreitet. Im 19. Jahrhundert entstanden satirische Zeitschriften, die hauptsächlich Karikaturen enthielten (z.B. La Caricature, Paris 1830; Punch, London 1841; Fliegende Blätter, München 1845; Kladderadatsch, Berlin 1848; Simplicissimus, München 1896). Wichtige Vertreter der deutschen Karikatur im 20. und 21. Jahrhundert sind Thomas Theodor Heine, Olaf Gulbransson,

George Grosz, Otto Dix, Paul Flora, Horst Haitzinger, Loriot, Robert Gernhardt, F. W. Bernstein, Marie Marcks, Hans Traxler, Greser und Lenz. Die meisten Karikaturen sind Zeichnungen. Die K. reduziert und schematisiert. Sie beschränkt sich auf wesentliche Elemente, beim Porträt auf die Hervorhebung und Verzerrung charakteristischer Einzelheiten der Person, die eine schnelle Identifizierung ermöglichen. Die Virtuosität vieler Karikaturen liegt im scheinbar schnell entstandenen Bild, das eine Person oder eine Situation mit wenigen Linien präzise erfasst. Dies erhebt die K. in den Rang einer Kunstform.
Karikaturen sind für den Geschichtsunterricht insofern von großem Wert, als sie durch die ihnen eigene Zuspitzung und Parteinahme zur Thesen- und Urteilsbildung der Schülerinnen und Schüler beitragen und damit wesentlich zum historischen Denken anregen. Gleichzeitig stellen Karikaturen aber hohe Anforderungen an ihre Betrachter. Die wichtigsten Voraussetzungen für Analyse und Interpretation einer Karikatur sind erstens ihre Decodierung und zweitens ihre historische Kontextualisierung als historische Quelle: Die Karikatur stellt ein komplexes Zeichensystem dar, das von den aktuellen und überkommenen Wissensbeständen und Codes einer Kultur gespeist wird. Wirksamkeit kann die Darstellung nur entfalten, wenn zentrale Elemente (Redensarten, Personifikationen, Allegorien, Metaphern, Mensch-Tier-Vergleiche etc.) verstanden werden. Während dem zeitgenössischen Betrachter die politischen und gesellschaftlichen Bezüge geläufig sind, müssen sie in der historischen Betrachtung erst wieder hergestellt und erläutert werden. Ebenso sind die Rahmenbedingungen für die Entstehung und Veröffentlichung zu berücksichtigen.

Langemeyer, Gerhard u. a.: Mittel und Motive der Karikatur in fünf Jahrhunderten. Bild als Waffe, München 1984; Pandel, Hans-Jürgen: Karikaturen. Gezeichnete Kommentare und visuelle Leitartikel, in: ders./Schneider, Gerhard (Hrsg.): Handbuch Medien im Geschichtsunterricht, 4. Aufl. Schwalbach/Ts. 2007, S. 255-276

Sybille Buske (Freiburg)

Karten

Unter Geschichtskarten versteht man maßstäblich verkleinerte, verebnete und durch Zeichen kodierte Raummodelle, die dem aktuellen Stand von →Geschichtswissenschaft und Kartografie entsprechen. Sie zeigen aus heutiger Sicht Sachverhalte der Vergangenheit aus Politik, Wirtschaft, Kultur, Verkehr und Gesellschaft in einem bestimmten Raum. Ihre Gegenstände sind Siedlungs- und Herrschaftsräume, Ereignisorte, Grenzen, Erscheinungen und Verläufe. Geschichtskarten können strukturell Gleiches und Differenziertes, Zeitgleiches und Ungleichzeitiges, Sichtbares und Unsichtbares, Quantitatives und Qualitatives synchron abbilden. Als Kartenbausteine von Geschichtskarten prägen Punkt, Linie und Schrift/Zahl, Symbol oder Vignette, Kartenfarbe sowie Informationsstruktur, Maßstab, Kartenausschnitt und Format das Kartenbild. Zeichengröße und -anord-

nung stehen für temporale, qualitative und quantitative Sachverhalte.
Für historisches Lernen sind auch historische Karten bedeutungsvoll. Diese stimmen mit dem heutigen Anspruch an Wissenschaftlichkeit, gesellschaftliche Relevanz und Gestaltung nicht mehr überein. Historische Karten sind u.a. antike, mittelalterliche und frühneuzeitliche Karten, Flur- und Gemarkungskarten, Postrouten- und Reisekarten, alte Stadtpläne, Propagandakarten etc. Historische Karten sind →Quellen, und ihre Auswertung erfolgt nach den Kriterien der →Geschichtswissenschaft und der Historischen Kartografie.
Gebräuchliche Kartenformen sind Wand-, Atlas-, Text- oder digitale Karten. Wandkarten sind vorrangig Demonstrationskarten. Geschichtsatlanten sind komplexe Informations- und Nachschlagewerke. Mittels Überblicks- und Spezialkarten, Kartenfolgen, Plänen etc. dokumentieren sie als historische Längs- und Querschnitte strukturelle Tatsachen der regionalen, nationalen, kontinentalen und globalen Geschichte. Zur Informationserweiterung enthalten Geschichtsatlanten Register, Texte, Grafiken, Chronologien, Statistiken, Bilder etc. Digitale Geschichtskarten bieten interaktive Möglichkeiten der Kartennutzung, einschließlich multimedialer Informationserweiterungen. Textkarten kombinieren und visualisieren Text- oder Abbildungsaussagen.
Die Auswertung von Geschichtskarten erfolgt in mehreren Phasen: Erfassen von Kartentitel (Sache, Zeit, Raum) und Zeichenerklärung (verbale Übersetzung von Symbolen); die Orientierung im Kartenbild; Analyse, Synthese, Vergleiche, Interpretation der Karteninformationen und die Bewertung. Der Erfolg des Kartenauswertens ist sowohl von der Sach- als auch von der Kartenkompetenz des Nutzers abhängig. Nutzung aber auch Zeichnen von Geschichtskarten leisten einen wesentlichen Beitrag zum Geschichtsverständnis und befördern die Ausprägung von sog. Gedächtniskarten (mental maps) grundlegend.

Böttcher, Christina: Die Karte, in: Mayer, Ulrich/Pandel, Hans-Jürgen/Schneider, Gerhard (Hrsg.): Handbuch Medien im Geschichtsunterricht, 4. Aufl. Schwalbach/Ts. 2007, S. 170-196; Deutsche Gesellschaft für Kartographie (Hrsg.): Aspekte zur Gestaltung und Nutzung von Karten für den Schulunterricht, in: DGfK, Komm. Schulkartographie (Hrsg.): Kartographische Schriften Bd. 8, Bonn 2003, S. 9-171 (mit CD)

Christina Böttcher (Halle)

Kategorien

Kategorien sind grundlegende und allgemeinste Begriffe. Sie repräsentieren die wesentlichen Eigenschaften und Merkmale einer Wissenschaft und drücken so die prinzipielle Struktur der Disziplin aus, die hinter den einzelnen Sachverhalten (Ereignissen und Prozessen) liegt.
Historische Kategorien gelten als „Denkregister“, mit denen man das Spezifische des Historischen wahrnehmen, beschreiben, analysieren und systematisieren kann. In der gegenwärtigen Diskussion um →Bildungsstandards und Kompetenzen wird nach den Kernideen und grundlegenden

Begriffen der Fächer gesucht. Ein System geschichtsdidaktischer Kategorien bringt als „Grammatik des Faches" die historische Art der Welterfahrung zum Ausdruck und gibt deshalb in didaktischer Absicht präzise Angaben zum Bildungspotenzial von Geschichte.

In der Literatur werden die geschichtsdidaktischen Kategorien in mehrere Gruppen eingeteilt.

a) Eine Gruppe macht deutlich, dass Geschichte nicht an sich existiert, sondern immer mit Fragen aus der jeweiligen Gegenwart heraus verbunden ist. Dazu gehören die Kategorien →Gegenwartsbezug, Identifikation, Perspektivität (→Multiperspektivität).
b) Die Gruppe Methoden historischer Erkenntnis geht davon aus, dass es zwei unterschiedliche, aber aufeinander bezogene Zugangsweisen zum Historischen gibt: das →Verstehen der Motive und Sinngebungen einerseits und das Erklären der äußeren Bedingungen andererseits.
c) Die traditionell zentrale Gruppe des Zusammenhangs von Zuständen und Veränderungen in der Zeit umfasst die Kategorien Zeitpunkt, Dauer, Gewordenheit, Veränderbarkeit, Zukunftsperspektive. Darin sind Begriffe wie →Kontinuität und Wandel, Prozess und Ereignis als Formen der Veränderung enthalten.
d) In einer weiteren Gruppe werden Geschlecht (→Gender), Arbeit, Herrschaft/Partizipation, Umwelt, Alltag und →Kultur als Dimensionen historischer Wahrnehmung und Strukturierung damit auch als Kategorien verstanden.

Aus der Beachtung der Kategorien ergeben sich unterrichtsmethodische und mediale Konsequenzen. Alle Kategorien kann man im Unterricht beobachten, einschätzen und folglich berücksichtigen, weil sie sich an sprachlichen Indikatoren erkennen lassen.

Borries, Bodo von: Inhalte oder Kategorien? Überlegungen zur kind-, sach-, zeit- und schulgerechten Themenauswahl für den Geschichtsunterricht (1995), in: Geschichtsunterricht heute. Grundlagen – Probleme – Möglichkeiten, Seelze-Velber 1999, S. 22-36; Mayer, Ulrich: Qualitätsmerkmale historischer Bildung. Geschichtsdidaktische Kategorien als Kriterien zur Bestimmung und Sicherung der fachdidaktischen Qualität des historischen Lernens, in: Wilfried Hansmann/Timo Hoyer (Hrsg.): Zeitgeschichte und historische Bildung. Festschrift für Dietfrid Krause-Vilmar, Kassel 2005, S. 223-243

Ulrich Mayer (Kassel)

Kausalität

Unter Kausalität versteht man einen Zusammenhang zwischen zwei →Ereignissen, die als Ursache und Wirkung bezeichnet werden. Hinter der Kausalitätsproblematik steckt die Frage „warum?". Was hat das Eintreten eines Ereignisses bzw. die Handlung eines Menschen verursacht? Kausalität ist ein Begriff, der eher in den Naturwissenschaften als in der Geschichte zu Hause ist, da sich handelnde Menschen von physikalischen Objekten unterscheiden. Dieses mechanistische Weltbild ist für Geschichte unzureichend. Eine Bewegung, ein Ereignis

wird dort immer auf ein verursachendes Ereignis zurückgeführt.
In der →Geschichtswissenschaft stellt Kausalität ein bisher ungelöstes Erkenntnisproblem dar. Eine eindeutige („kausale") Beziehung zwischen zwei Ereignissen im naturwissenschaftlichen Sinne von Ursache und Wirkung kann nicht nachgewiesen werden. Als Ursache kommen immer mehrere Ereignisse in Frage; welches Ereignis aus einem Ursachenbündel das ausschlaggebende ist, ist kaum erkennbar. Der Historiker stellt diachrone Kausalketten her, vermeidet aber monokausale Erklärungen.
Es gibt drei Denkschulen, die versuchen, dieses Problem zu lösen. Die eine ist die positivistische Schule (Popper, Hempel, Dray), die von Erklärung durch Gesetze oder statistische Wahrscheinlichkeiten (nomologisches oder und probalistisches Wissen) ausgeht. Die Vertreter dieser Richtung sprechen deshalb nicht von Kausalität sondern von Erklärung. Die zweite Denkrichtung stellt Max Webers Theorie der Möglichkeitsurteile dar, die einzelne Kausalitätsfaktoren auszuschalten und damit die Frage zu beantworten sucht, ob die Wirkung auch ohne diese Faktoren eingetreten wäre. Der dritte Ansatz findet sich in der Narrativitätstheorie (Danto, Baumgarten), wonach einem Ereignis die Eigenschaft, Ursache zu sein, im nachhinein vom Historiker zugesprochen wird. Wenn das Eintreten eines Ereignisses durch Kausalität eindeutig geklärt werden könnte, wäre →Narrativität überflüssig.
Die meisten im Geschichtsunterricht behandelten Kausalitäten sind hoch stilisiert und empirisch nicht belegbar, sondern nur dogmatisch gesetzt. Von Schülerinnen und Schüler werden in komplexen Beziehungen oft nur simple Weil-Sätze verlangt. Oft wird auch keine Kausalität gefordert, sondern es werden nur additive Reihungen vorgenommen (und dann ...). Im Geschichtsunterricht geht es aber nicht um einzelne Ereignisse und deren Ursachen, sondern um ganze Ereignisreihen in einem Prozess. Ein Ereignis, das als Ursache eines anderen eingeführt wird, ist selbst die Wirkung einer anderen Ursache.

Danto, Arthur: Analytische Philosophie der Geschichte, Frankfurt/M. 1980; Lorenz, Chris: Konstruktion der Vergangenheit. Eine Einführung in die Geschichtstheorie, Köln 1997, S. 65-277; Weber, Max: Objektive Möglichkeit und adäquate Verursachung in der historischen Kausalbetrachtung, in: ders.: Gesammelte Aufsätze zur Wissenschaftslehre, Tübingen 1922, S. 266-290

Hans-Jürgen Pandel (Halle)

Klausuren

Eine Klausur war ursprünglich der Bereich eines Klosters, der nur für einen bestimmten Personenkreis (Mönche) zugelassen war. Heute versteht man darunter auch eine schriftliche Prüfungsarbeit unter Ausschluss der Öffentlichkeit.
Für die Leistungsbewertung haben Klausuren eine herausragende Bedeutung, sie fließen mit 30-50 Prozent in die Gesamtbewertung ein. Der Rest setzt sich zusammen aus der mündlichen Mitarbeit, aus Protokollen, Kurzreferaten, Hausaufgaben, Beteiligungen bei Gruppenarbeiten oder Pro-

jekten, sowie aus Beiträgen im Rahmen des alltäglichen Unterrichts.
Die Klausurleistungen werden nach „Anforderungen" (→Anforderungsbereiche) gewichtet. Die kultusministeriellen „Fachspezifischen Prüfungsanforderungen" unterscheiden drei Anforderungsbereiche. Der Anforderungsbereich I bezieht sich auf die Reproduktion gelernter Kenntnisse und Fähigkeiten. Er meint die Verfügung über historisches Orientierungswissen sowie die Anwendung von geübten Arbeitstechniken. Anforderungsbereich II fragt nach Transferleistungen (→Transfer). Es geht um die selbstständige Übertragung des Orientierungswissens und geübter Arbeitstechniken auf neue Sachverhalte, etwa auf nicht vorbereitete Quellen oder ein historisches Problem. Anforderungsbereich III, das selbstständige problemlösende Denken, fordert die →Kompetenz, komplexe Sachverhalte zu bearbeiten, und dabei unter Anwendung und Einschätzung von sach- und fachadäquaten Methoden und Arbeitstechniken zu Begründungen, Folgerungen, Deutungen und Wertungen fähig zu sein.
Grundlage von Klausuren sind meist schriftliche →Quellen, aber auch →Bilder, →Karikaturen, Tondokumente, Filmsequenzen, Statistiken u.ä.m. Bei der Quellenarbeit sollten die Schülerinnen und Schüler nicht dem objektivistischen Missverständnis aufsitzen, historische Quellen dienten der Faktenermittlung oder der Klärung historischer Sachverhalte. Grundsätzlich gilt bei der Formulierung von Aufgabenstellungen, dass bei Leistungskursen Schülerinnen und Schülern einen größeren Gestaltungsraum haben sollten. Klausuren setzen ein Orientierungswissen voraus, sie sollten Basiswissen aber nicht abfragen, sondern dazu auffordern, es sinnvoll im Kontext übergreifender Problemstellungen anzuwenden.
Bei der Bewertung von Klausuren muss überlegt werden, ob es eine Übereinstimmung zwischen dem gibt, was gemessen werden soll und dem, was gemessen wird (Validität); weiterhin muss die Leistungsbewertung „objektiv" (→Objektivität) erfolgen, also unabhängig sein von emotionalen Beziehungen zu Schülerinnen und Schülern. Schließlich soll die Bewertung dem Kriterium der Reliabilität entsprechen: Wird das Messergebnis der Leistung gerecht oder ist es durch Messfehler verfälscht?

Rohlfes, Joachim: Lernerfolgskontrolle, in: GWU 53 (2002), S. 184-196; Wunderer, Hartmann: Tests und Klausuren, in: Mayer, Ulrich/Pandel, Hans-Jürgen/Schneider, Gerhard (Hrsg.): Handbuch Methoden im Geschichtsunterricht, 2. Aufl. Schwalbach/Ts. 2007, S. 675-685

Hartmann Wunderer (Wiesbaden)

Kompetenz

Unter Kompetenz versteht man eine domänenspezifische Problemlösungsfähigkeit, die kreative Leistungen erbringt. Der Begriff „domänenspezifisch" meint Wissen und Fertigkeiten in einer bestimmten Fachdisziplin oder in einem Fachbereich. Schülerinnen und Schüler können in einem einzelnen Fachgebiet sehr kompetent sein und in einem anderen wieder nicht. Die psychologische Forschung hat ihre früheren Annahmen revidiert und zeigt, dass es keine allgemeine Leistungsfähigkeit gibt, die alle Wissensbereiche („Domänen") durchzieht, dass sich also Schüler in allen Wissensbereichen auf dem gleichen Niveau befinden könnten. Kompetenz ist weiterhin eine kreative Problemlösungsfähigkeit, die mehr beinhaltet, als eine Handlung nach einem einmal gelernten Muster auszuführen. So ist jede Interpretation eines bis dahin unbekannten Textes eine kompetente Leistung. Man kann alle Regeln einer Quelleninterpretation (bzw. Bildinterpretation etc.) kennen und dennoch bei der Interpretation nur Unsinn hervorbringen. Nicht zu verwechseln sind Kompetenzen mit den Regeln der Methodenorientierung. Ob die in der Methodenorientierung erworbenen Regeln im konkreten Fall angewandt werden können, dafür gibt es wiederum keine Regeln. Das ist allein Angelegenheit von Kompetenzen.

Ein besonderes Problem stellt die Frage dar, ob man Kompetenzen nach Schwierigkeiten stufen kann. Eine Kompetenz ist vermutlich nicht in Halb- oder Viertelkompetenzen zerlegbar. Aus Texten Sinn entnehmen kann der Grundschüler genauso wie der Abiturient. Es lassen sich nur die Schwierigkeitsgrade der Probleme (Texte etc.) stufen. Welche Probleme in welcher Alterstufe gelöst, welche Texte verstanden werden können, ist die Frage einer besonderen Empirie, über die die →Geschichtsdidaktik zur Zeit nicht verfügt. Die Stufenentwicklung vom Einfachen zum Schwierigen, die zum Common sense der Lehrer seit dem 19. Jahrhundert gehört, ist empirisch bisher nicht bestätigt worden. Vermutlich verläuft der Kompetenzaufbau nicht linear von einer tieferen zur nächst höheren Stufe, sondern auch auf- und absteigend über verschiedene Stufen hinweg.

Die Diskussion um Kompetenzen steht in der Geschichtsdidaktik erst am Anfang. Es ist noch nicht einmal geklärt, was als Kompetenz gelten kann. Es reicht nicht hin, wie es z.Zt. geschieht, an jedes beliebige Substantiv oder an jedes noch so kuriose Verb das Wort „Kompetenz" anzuhängen („Auxiliarkompetenz"!, „Selbstregulationskompetenz"!). Auch alltagsweltliche Begriffe wie „Frage" und „Medium" ergeben erst dann Kompetenzen, wenn sie als domänenspezifische Problemlösungsfähigkeiten geschichtstheoretisch begründet werden können. Vorgeschlagen sind Gattungskompetenz, Interpretationskompetenz, narrative Kompetenz und geschichtskulturelle Kompetenz. Nicht vergessen werden sollte auch, dass es neben den Schüler- auch Lehrerkompetenzen gibt. Lehrerinnen und Lehrer sollten über diejenigen Kompetenzen hinaus, die sie ihren Schülerinnen und Schüler vermitteln, auch eigene Lehrerkompetenzen (curriculare Kompetenz, Diagnosekompetenz etc.) besitzen.

Borries, Bodo von: Mindeststandards für das Fach Geschichte?, in: Neue Sammlung 45 (2005), S. 69-84; Deutsches Pisakonsortium (Hrsg.): PISA 2000. Basiskompetenzen für Schülerinnen und Schüler im internationalen Vergleich, Opladen 2001; Pandel, Hans-Jürgen: Geschichtsunterricht nach PISA, 2. Aufl. Schwalbach/Ts. 2007

Hans-Jürgen Pandel (Halle)

Konferenz für Geschichtsdidaktik

Die Konferenz für Geschichtsdidaktik ist eine fachdidaktische Fachgesellschaft mit einer mittlerweile mehr als drei Jahrzehnte umspannenden Geschichte.
Zu Beginn der 1970er Jahre war die Fachdidaktik Geschichte in der Bundesrepublik – zumindest in institutionengeschichtlicher Hinsicht – noch eine junge, im Aufbau befindliche Wissenschaftsdisziplin, die vornehmlich an Pädagogischen Hochschulen betrieben wurde. Als das Unterrichtsfach Geschichte ins Zentrum der Schulreformdiskussion geriet, verstärkte sich die Notwendigkeit einer standortübergreifenden Verständigung der Fachvertreter über die Neugestaltung von Unterricht und Studium. Deshalb kam es 1971 in Regensburg am Rande einer Veranstaltung der Hochschulkonferenz für Erziehungswissenschaft und Fachdidaktik zur Gründung einer Fachgruppe Geschichte, die unter der Leitung ihres Vorsitzenden Walter Fürnrohr bereits zwei Jahre später in Göttingen ihr erste eigene Tagung zum Thema „Geschichtsdidaktik und Curriculumentwicklung" abhielt und später auch dokumentierte. Wiederum zwei Jahre später, 1975, erfolgte die Umbenennung der Fachgruppe in „Konferenz für Geschichtsdidaktik": Der neue Name sollte die Öffnung des organisatorischen Zusammenschlusses für Vertreter anderer Institutionen der Lehrerausbildung signalisieren.
Die nächste organisationsgeschichtliche Zäsur fällt in das Jahr 1995: Auf ihrer Magdeburger Tagung konstituierte sich die Konferenz für Geschichtsdidaktik unter ihrem Vorsitzenden Uwe Uffelmann als Verein. Dieser führt seither den Namen „Konferenz für Geschichtsdidaktik. Verband der Geschichtsdidaktikerinnen und Geschichtsdidaktiker Deutschlands e.V. (KGD)". Vereinszweck ist laut Satzung „die Förderung der wissenschaftlichen Entwicklung der Disziplin Geschichtsdidaktik". Die KGD zählt heute weit über 200 persönliche und korporative Mitglieder; in ihrem Rahmen sind mehrere Arbeitsgruppen auf Länderebene sowie thematisch orientierte Arbeitskreise aktiv.
Neben den nach wie vor veranstalteten „großen" Zweijahrestagungen finden seit 2001 spezielle Tagungen für den wissenschaftlichen Nachwuchs statt. Außerdem werden im Auftrage der Konferenz eine Schriftenreihe sowie eine Zeitschrift herausgegeben: die „Schriften zur Geschichtsdidaktik" (seit 1994) und die „Zeitschrift für Geschichtsdidaktik" (seit 2002).

Bernd Schönemann (Münster)

Konstruktivismus

Konstruktivismus ist ein aus der antiken Philosophie, der Erkenntnistheorie, stammender Ansatz, der danach fragt, ob wir die Welt so sehen, wie sie in Wirklichkeit ist oder ob jeder sein Bild von der Welt selbst konstruiert. Neuere Ergebnisse der Kognitionsforschung in Biologie, →Entwicklungspsychologie und in der Hirnforschung belegen, dass im Prozess der Wahrnehmung keine Realität abgebildet, sondern eine relative und subjektive Wirklichkeit konstruiert wird. Dieser Befund definiert auch Probleme des Wissensaufbaus neu und verlangt nach lerntheoretischen und didaktischen Folgerungen. Im Gegensatz zur behavioristischen lehrerzentrierten Instruktionspädagogik versteht die konstruktivistische lernerorientierte Didaktik das Lernen als einen selbstständigen Akt, in dessen Verlauf zu erwerbende Inhalte und Fähigkeiten nicht einfach übernommen, sondern subjektiv verarbeitet und konstruiert werden. Der Prozess des Lernens ist daher relativ und nicht vorhersehbar. Die fächerübergreifende Aufgabe von Unterricht besteht danach in der Förderung eines selbstgesteuerten Aufbaus anwendungsbereiter und lebensweltlich relevanter Wissensbestände. Dem Lehrer kommt in diesem Prozess in erster Linie eine beobachtende und anleitende Funktion als Organisator von Lernumgebungen zu.

Mit Blick auf den Geschichtsunterricht erfordert dies, dass das Wissen vom erkennenden Subjekt aus aufgebaut wird, dass die Lebenswirklichkeit und der Erfahrungsbezug der Schüler den Ausgangspunkt historischen Fragens und historischer Reflexionen bilden, dass historisches Lernen der Erweiterung des individuellen Erfahrungsspielraumes des Lerners um die historische Dimension und damit der Konstruktion der eigenen Lebensgeschichte dient, dass die Pluralität von Erfahrungen in historischer Perspektive sichtbar und durch Lernen im sozialen Kontext (Gruppenarbeit, Expertengemeinschaft) auch erfahrbar gemacht wird. In methodischer Hinsicht werden reformpädagogische Ansätze und bekannte Prinzipien historischen Lernens (u.a. entdeckendes Lernen, Lebensweltbezug) in diesen Ansatz integriert und kognitions- und lerntheoretisch neu begründet. Auf der Lernziel- und Inhaltsebene stellt die Lernerorientierung den vorherrschenden Gesellschafts- und Wissenschaftsbezug und damit auch die Chronologieorientierung (→Chronologischer Geschichtsunterricht) der Geschichtscurricula in Frage.

Gerstenmaier, Jochen/Mandl, Heinz: Wissenserwerb unter konstruktivistischer Perspektive, in: Zeitschrift für Pädagogik 41 (1995) 6, S. 867-888; Terhart, Ewald: Konstruktivismus und Unterricht. Eine Auseinandersetzung mit theoretischen Hintergründen, Ausprägungsformen und Problemen konstruktivistischer Didaktik, Bönen 1999; Völkel, Bärbel: Wie kann man Geschichte lehren? Die Bedeutung des Konstruktivismus für das historisch-politische Lernen in der Schule, Schwalbach/Ts. 2002

Saskia Handro (Münster)

Kontextualisierung

Der Begriff Textur bezeichnet ursprünglich die Verbindung von Fäden in einem Gewebe (→Text). Kontextualisierung beschreibt in den Gesellschaftswissenschaften den Vorgang des Verknüpfens von dinglichen, bildlichen, textlichen und akustischen Zeugnissen menschlichen Lebens und deren Einbindung in einen historischen Zusammenhang, um sie als bedeutungsvolle Zeichen lesbar zu machen. Kontextualisierung zielt darauf ab, die Entstehungsbedingungen, Ereignis- und Gesellschaftszusammenhänge, Verwendungsweisen, Symbolbedeutungen sowie die Rezeptionsgeschichte der →Quellen historischer Erkenntnis zu bestimmen. Nicht „die Geschichte“ in ihrer Totalität, sondern „nur Einzelheiten aus der Fülle des Getanen und Geschehenen“ (Droysen) sind durch Zufälle, glückliche Umstände, bewusstes Aufbewahren und systematisches Sammeln in der Gegenwart erhalten. Diese Fragmente materialisierter Handlungen, Gedanken und Empfindungen sind die Grundlage historischen →Verstehens und Lernens.

Kein Dokument vergangenen Lebens ist „eindeutig“ nur einem einzigen Kontext zuzuordnen. Dieselben Bruchstücke aus dem Steinbruch der →Geschichte werden von unterschiedlichen Interpreten „mit anderen Ursachen oder Wirkungen oder Zwecken kombiniert“ (Droysen). Die Bedeutungen der Vergangenheitsmaterialien sind nicht ein für alle Mal festgelegt. Die Erkenntnisinteressen der Interpreten und die für die Kontextualisierung herangezogenen Quellen und historischen Kenntnisse bestimmen deren Bedeutungsgehalt. Die aus dem Gewebe der Vergangenheit herausgerissenen Fäden werden also durch den Akt des forschenden Verstehens immer wieder in neue Kontexturen eingefügt. Gerade darin, in der Notwendigkeit und Möglichkeit der Verbindung der lückenhaft überlieferten historischen Fragmente mit anderen Überresten aus dem großen Ganzen der Geschichte, liegt der Reiz dieses Verfahrens der „Sinnfindung und Sinnbildung“ (Klaus Bergmann) und „ein Vorteil für die historische →Imagination“ (Gottfried Korff) – im Geschichtsmuseum beispielsweise durch →Inszenierungen, AV-Medien, taktile Erfahrungen und Erläuterungs- bzw. Quellentexte.

Jedes Dokument einer vergangenen Kultur hat eine Vor- und eine Nachgeschichte. Durch den Überlieferungsprozess und die sich daraus ergebenden jeweils neuen Kontexte sind die Vergangenheitsmaterialien Bedeutungsmetamorphosen unterworfen. Ein Beispiel aus dem Bereich der gegenständlichen Quellen: Ein Schwert ist zunächst Werkzeug in der Hand eines Kriegers. Aufbewahrt in einer Waffenkammer, zeugt es von der Wehrhaftigkeit und dem sozialen Rang des Besitzers. Nach seinem Tod kann es zu einem Objekt der Verehrung und Sakralität werden. Geraubt von fremden Eroberern, kommt es als Beutestück in eine Schatzkammer und wird zu einem Wertgegenstand in einer Sammlung von Kostbarkeiten. Geht das Schwert später in die Sammlung eines Museums ein, wird es dort als Relikt einer vergangenen Kultur möglicherweise neben Spielzeug und Küchengerät gezeigt. Keine der älteren Bedeutungsfacetten ist ihm anzusehen. Allenfalls schwer zu entziffernde Spuren zeugen davon.

Dieser Bedeutungswandel ist keineswegs auf die Dinge beschränkt, wenn er dort auch besonders ausgeprägt sein mag. Er verdeutlicht, dass eine unmittelbare Erfahrung und ein unmittelbares Verstehen der Vergangenheitsmaterialien unmöglich sind. Immer sind Entschlüsselungsakte ihrer offensichtlichen und verborgenen Bedeutungen notwendig, um den „verlorenen Zusammenhang“ (Droysen) annäherungsweise in der Vorstellung zu rekonstruieren.

Droysen, Johann Gustav: Historik. Vorlesungen über Enzyklopädie und Methodologie der Geschichte, 8. Aufl. München/Wien 1977; Parmentier,

Michael: Der Bildungswert der Dinge oder: Die Chancen des Museums, in: Zeitschrift für Erziehungswissenschaft (2001) 1, S. 39-50

Andreas Urban (Hannover)

Kontingenz

Der Begriff „Kontingenz" (lat. contingentia) bedeutet so viel wie „Zufall" oder „Zufälligkeit". Im historischen Denken ist damit das gemeint, was Wilhelm Busch wie folgt formuliert hat: „Denn erstens kommt es anders, und zweitens als man denkt." Zum historischen Bewusstsein gehört die Erfahrung des „Überraschenden", des „Unerwarteten" und des „Dazwischengekommenen". Eine der vornehmsten Aufgaben des historischen Denkens ist die historische Sinnbildung, d.h. der Versuch, die Störung einer Ordnung von Zeitverläufen in der menschlichen Lebenspraxis (etwa bei Eintritt eines unvorhergesehenen Todes) plausibel zu erklären. Inbegriff ist die Kontingenzerfahrung. Aufgabe des historischen Denkens ist die kulturelle Funktion der Kontingenzbewältigung: Das historische Denken öffnet den Blick auf die Kontingenz zeitlicher Veränderungen des Menschen und seiner Welt (kontingent können Zustände, Objekte oder Strukturen sein). Das historische Denken bewältigt die Kontingenzerfahrung, indem es sie als Freiheitschance deutet und damit offenhält: An kontingente Zeitverläufe vergangener Veränderungen des Menschen und seiner Welt wird man sich als Geschichte solcher Chancen, ihrer Eröffnung, Nutzung, Verfehlung, Versagung, Erwartung, d.h. an all die Formen erinnern, in denen der Mensch von seiner Freiheit Kunde gibt. Das historische Denken hält den Kontingenzspielraum offen, indem Handlungen sich im Verhältnis zu ihren leitenden Absichten bewegen und in dem Absichten sich realisieren. Damit bringt es in den Orientierungsrahmen der Lebenspraxis einen Erfahrungsüberschuss über die menschliche Handlungsintentionalität ein, an dem diese sich abarbeiten muss, wenn ihre Freiheit kein bloßer Schein sein soll. Für gelungenes historisches Lernen heißt das: zunehmendes Kontingenzbewusstsein. Die falsche Sicherheit, dass sich schon nichts Wesentliches ändern werde, entgleitet – aber doch zugunsten offener Zukunftsdimensionen, die als Handlungschancen wahrgenommen und zur eigenen Lebensqualität gerechnet werden können. Dies betrifft die Selbstverständlichkeit, mit der traditionelle Fortschrittsvorstellung lebenspraktisch wirksam ist, wie zugleich auch die oppositionelle Selbstverständlichkeit, mit der ausgemacht ist, dass alles nur in einer Katastrophe enden kann. Beides ist hinsichtlich der Einsichtsmöglichkeiten in die Kontingenz der eigenen Lebensform, die die historische Bildung vermitteln kann, gleich ungebildet – oder durch Bildung aufklärungsbedürftig.

Hoffmann, Arnd: Über den temporalen Charakter von Zufall und Kontingenz in der Geschichtstheorie, in: Jordan, Stefan (Hrsg.): Zukunft der Geschichte, Berlin 2000, S. 77-94; Rüsen, Jörn: Rekonstruktion der Vergangenheit, Göttingen 1986; ders.: Zerbrechende Zeit, Köln u.a. 2001

Horst Walter Blanke (Bielefeld)

Kontinuität

Der Begriff der historischen „Kontinuität“ bezeichnet einerseits den inneren wie äußeren Zusammenhang einer Reihe von Ereignissen und Veränderungen sowie andererseits die Fortdauer von etwas im Wandel der →Geschichte. Er ist eng verbunden mit dem Begriff des Wandels bzw. der Diskontinuität, d.h. der Veränderung eines Zustandes in der Zeit. Der Begriff stammt von Droysen (1857), der die Kontinuität der Geschichte als stetiges Fortschreiten definierte und von der durch Wiederholung gekennzeichneten Kontinuität der Natur scharf und entschieden abgrenzte. Historische Kontinuität ist Droysen zufolge weder eine durch ihren Anfang bestimmte lückenlose Ereignisfolge (→Kausalität) noch ein vom Ende her gedachter Fortschrittsprozess (Finalität), sondern vielmehr die zukunftsoffene Bewegung des Werdens. Kontinuität erscheint bei ihm sowohl als Charakteristikum eines objektiv gegebenen wie vorfindlichen Prozesses wie auch als subjektive Leistung der Reflexion. Der Begriff der Kontinuität dient zunächst dazu, den Zusammenhang der menschlich-sittlichen Welt als Ergebnis geschichtlicher Arbeit zu kennzeichnen, wobei die Menschenwelt als geschichtliche durch einen beständigen Zuwachs zu sich selbst gekennzeichnet ist. Jedes einzelne Element dieses kontinuierlichen Werdegangs der Geschichte, dessen Anfang und Ziel freilich nicht auszumachen ist, ist Ergebnis und Zusammenfassung des Vorigen. Der logische Ort des in der Geschichte aufscheinenden Zusammenhanges ist das historische Bewusstsein. Im Anschluss an Droysen wurden im ausgehenden 19. und 20. Jahrhundert verschiedene Kontinuitäts-Konzeptionen entwickelt, die sich auf keinen gemeinsamen Nenner bringen lassen. In seinem Entwurf einer Historik hat Rüsen die narrative Kontinuitäts-Bildung als eine Form der Kontingenz-Bewältigung (→Kontingenz) definiert, durch die das →Geschichtsbewusstsein Dauer im Wandel und damit historische →Identität herstellt.

Herold, N.: Kontinuität, historische, in: Ritter, Joachim u.a. (Hrsg.): Historisches Wörterbuch der Philosophie, Bd. 4, Basel u.a. 1976, S. 1038-1042; Rüsen, Jörn: Historische Vernunft, Göttingen 1983

Horst Walter Blanke (Bielefeld)

Kultur

Kultur (von lat. colere = pflegen, bebauen, anbeten) bedeutet im allgemeinen Sinne Veränderung von Natur durch menschliche Tätigkeit (Kultivierung) sowie dessen Ergebnisse (Kultur). Insofern ist Kultur Gegenbegriff zu Natur. Die verschiedenen Komposita (Subkultur, Jugendkultur) sind nur bestimmte Ausschnitte einer umfassenden Kultur.

Kultur ist nach Max Weber „ein vom Standpunkt des Menschen mit Sinn und Bedeutung bedachter endlicher Ausschnitt aus der sinnlosen Unendlichkeit des Weltgeschehens“. Demnach kann alles zur Kultur werden, was Menschen mit Sinn und Bedeutung ausstatten. Kultur ist ein Produkt der Menschen, indem sie Sachverhalte mit Sinn und Bedeutung versehen. Kultur ist eine Dimension von Wirklichkeit, die sich analytisch in drei Wertsphären unterteilen lässt: Kognition (Wissenschaft und Technik), Expression (Kunst und Literatur) und Evaluation (Recht und Moral). Diesen Wertsphären lassen sich die entsprechenden Handlungssysteme zuordnen: Wissenschaftsbetrieb (Universitäten, Forschungsinstitute), Kunstbetrieb (Produktion und Rezeption), Rechtssystem und religiöse Gemeinde (Jurisprudenz, religiöse Assoziationen). Innerhalb einer Gesellschaft ist Kultur sowohl ein Modus der Identitätsbildung als auch ein Abgrenzungskriterium nach „unten", gegen unter- und vorbürgerliche Schichten (soziale Distinktion) sowie nach „außen" (nationale Distinktion).

Kultur wird zur Zeit in →Geschichtswissenschaft und →Geschichtsdidaktik in einer engeren und einer weiteren Bedeutung gebraucht. Im engeren Sinne ist Kultur (neben Wirtschaft, Politik, Religion etc.) ein bestimmter Sektor von Gesellschaft. Sie ist ein thematischer Ausschnitt aus einer sog. allgemeinen Geschichte und fasst die ästhetischen Hervorbringungen Literatur, bildende Kunst, Theater und Philosophie zusammen. Zu diesen „schönen Künsten" sind dann im späten 19. Jahrhundert die nicht so schönen, aber dafür „nützlichen Künste" getreten (Technik). In diesem engeren Sinne ist Kultur eine der →Dimensionen geschichtlicher Wahrnehmung neben den anderen (Politik etc.). Der Oberbegriff zu diesen Sektoren ist hier Gesellschaft.

In der weiteren Bedeutung meint Kultur sämtliche Hervorbringungen des Menschen und ist der Oberbegriff zu Politik, Wirtschaft und Kultur im engeren Sinn. In dieser Hinsicht sprechen wir von abendländischer, afrikanischer, lateinamerikanischer Kultur. Hiermit sind sog. Kulturkreise gemeint. Mit diesem Kulturbegriff arbeitet die „neue Kulturgeschichte" (→Kulturgeschichte/„Neue" Kulturgeschichte) und begibt sich in Opposition zur →Gesellschaftsgeschichte.

Baecker, Dirk: Wozu Kultur? Berlin 2000; Daniel, Ute: Kompendium Kulturgeschichte, Frankfurt/M. 2001; Hansen, Klaus P.: Kultur und Kulturwissenschaft, 3. Aufl. Tübingen 2003; Müller, Klaus E. (Hrsg.): Phänomen Kultur, Bielefeld 2003; Weber, Max: Die „Objektivität" sozialwissenschaftlicher Erkenntnis, in ders.: Soziologie – Universalgeschichtliche Analysen – Politik, Stuttgart 1973, S. 186-262

Hans-Jürgen Pandel (Halle)

Kulturgeschichte/ „Neue" Kulturgeschichte

Der Leitbegriff →„Kultur" erlebt in der →Geschichtswissenschaft seit den 1980er Jahren eine Renaissance. Der Begriff der „Neuen" Kulturgeschichte kam allerdings erst 1992 auf, als Abgrenzung von der älteren deutschen Kulturgeschichte, deren Kulturbegriff normativ und zu sehr an der Oberschichtenkultur orientiert gewesen sei. Die Vertreter der „Neuen" Kulturgeschichte traten in kritische Auseinandersetzung mit der Gesellschaftsgeschichte der Bielefelder Schule (Wehler, Kocka), der sie vorwarfen, sie vernachlässige die historischen Subjekte und deren Wahrnehmung der Welt und bewerte historische Verläufe vom normativ gesetzten Standard des Modernen her. Das führte zu Gegenkonzepten wie Alltags- und Mikrogeschichte, die das historische Subjekt wieder in den Blick nehmen und im Kleinen die Wirksamkeit „großer Strukturen“ sichtbar machen sollten.

Durch ihre Konzentration auf kleine Handlungsräume verzichtete die „Neue“ Kulturgeschichte auf globale Theorien kulturellen Wandels, da diese es nicht gestatteten, die Rolle von Subjektivität und sozialer Praxis angemessen zu berücksichtigen. Eine Vielzahl von Definitionen von →Kultur zeugt außerdem davon, dass noch kein konsensfähiger Kulturbegriff vorhanden ist, und stattdessen ein weiter und nicht für alle gleich verbindlicher Kulturbegriff verwendet wird. Die neue Kulturgeschichte steht insbesondere für die Legitimität unterschiedlicher Zugangsweisen zur Geschichte und gegen (ethno-)zentristische Theorien.

Für die „Neue“ Kulturgeschichte lässt sich noch kein klar abgrenzbarer Themenbereich benennen. Als gemeinsamer Kern können das Interesse an Prozessen gesellschaftlicher →Sinnbildung (Normen, Rituale, Symbole, Kommunikation), deren Bedeutung erschlossen werden soll, sowie die Frage nach kulturellen Voraussetzungen gesellschaftlichen Wandels gelten. Zunächst wurden Bereiche aufgegriffen, die nicht von den Forschungen der Politik-, Wirtschafts- und Gesellschaftsgeschichte besetzt waren. Untersucht werden kleine Handlungsräume, d.h. die relativ autonome kulturelle Praxis der historischen Subjekte, unter anderem mit dem Ziel einer Rehabilitierung der Menschen als handelnder Subjekte. Daneben stehen „Praktiken der Kulturproduktion“ – wie Netzwerke von Künstlern und Wissenschaftlern, kollektive Weltbilder, aber auch die Frage nach „kulturellen Grenzen“ –, erfahrungs- und wahrnehmungsgeschichtliche Themen sowie Subjektivität als eigenes Thema im Zentrum des Interesses.

Eibach, Joachim/Lottes, Günther (Hrsg.), Kompass der Geschichtswissenschaft. Ein Handbuch, 2. Aufl. Göttingen 2006; Daniel, Ute: Kompendium Kulturgeschichte. Frankfurt/M. 2001; Dinges, Martin: „Historische Anthropologie“ und „Gesellschaftsgeschichte“, in: Zeitschrift für Historische Forschung (ZHF) 24 (1997), S. 179-214; Hardtwig, Wolfgang/Wehler, Hans-Ulrich (Hrsg.), Kulturgeschichte Heute, Göttingen 1996; Hübinger, Gangolf: Die „Rückkehr“ der Kulturgeschichte, in: Cornelißen, Christoph (Hrsg.): Geschichtswissenschaften. Eine Einführung, Frankfurt/M. 2000, S. 162-177; Goertz, Hans-Jürgen (Hrsg.), Geschichte. Ein Grundkurs, Reinbek 1998

Christine Pflüger (Freiburg)

Kultusminister-konferenz

Als Ständige Konferenz der Kultusminister der Länder (KMK) wird der Zusammenschluss der Kultusminister und -senatoren der Bundesländer bezeichnet, der trotz Autonomie der Länder in der Schul- und Hochschulpolitik geschaffen wurde, um bildungs- und kulturpolitische Fragen mit überregionaler Bedeutung zu koordinieren.

Noch vor der Entstehung der Bundesrepublik gründeten die westdeutschen

Länder im Jahr 1948 die KMK. Im Zentrum ihrer Bemühungen, ein Mindestmaß an Gemeinsamkeit und Vergleichbarkeit des Bildungswesens im Bundesgebiet zu schaffen bzw. zu wahren, stehen folgende Aufgaben:

- Vereinbarungen über die Vergleichbarkeit von Zeugnissen und Abschlüssen;
- Sicherung von Qualitätsstandards in Schule, Berufsbildung und Hochschule;
- Förderung der Kooperation von Einrichtungen der Bildung, Wissenschaft und Kultur.

Die KMK unterhält ein Sekretariat, das zwischen den mehrmals jährlich stattfindenden Treffen der Amtschefs, die das beschlussfassende Plenum bilden, arbeitet. Es ist formal Dienststelle des Landes Berlin, das die Kosten anteilig von den anderen Ländern erstattet bekommt. Hauptstandort des Sekretariats ist Bonn, eine weitere Dienststelle befindet sich in Berlin. Tätigkeit und Finanzierung des Sekretariats beruhen auf einem Staatsvertrag, der trotz seiner Kündigung durch Niedersachsen weiterhin gültig ist, nachdem alle Bundesländer Ende 2004 einem Reformkonzept der KMK mit einer verstärkten Umsteuerung des Bildungswesens in Richtung Qualitätsentwicklung von Schule und Hochschule und der Effektivierung der KMK zugestimmt haben.

Die KMK fasste eine Reihe von Beschlüssen und Empfehlungen, die direkt auf den Geschichtsunterricht zielen. Dazu zählen die „Einheitlichen Prüfungsanforderungen in der Abiturprüfung Geschichte“ (2005), „Behandlung des Nationalsozialismus im Unterricht“ (1978), „Empfehlung zur Behandlung des Widerstandes in der NS-Zeit im Unterricht“ (1980) (→Einheitliche Prüfungsanforderungen). Für das Unterrichtsfach Geschichte sind die „Vereinbarung über die Schularten und Bildungsgänge im Sekundarbereich I“ (1996) relevant, die z.B. den Stundenrahmen für den gesellschaftswissenschaftlichen Unterricht festlegt, sowie die „Vereinbarung zur Gestaltung der gymnasialen Oberstufe in der Sekundarstufe II“ (2000), die auch Aussagen zum Rahmen des gesellschaftswissenschaftlichen Aufgabenfeldes enthält.

Da die KMK kein Verfassungsorgan ist, fehlt den Beschlüssen der KMK in der Regel die unmittelbare Bindungskraft; nur wenige Vereinbarungen wurden als Staatsabkommen rechtlich verbindlich. Gleichwohl wirken die Beschlüsse und Vereinbarungen als politische Verpflichtung und als Richtschnur des Handelns in den einzelnen Bundesländern.

Sekretariat der Ständigen Konferenz der Kultusminister der Länder in der Bundesrepublik Deutschland (Hrsg.): Einheit in der Vielfalt. 50 Jahre Kultusministerkonferenz 1948-1998, München Neuwied 1998; http://www.kmk.org

Siegfried Both (Halle)

Kurse

Kurse sind eine zentrale Organisations- und Gestaltungsform des Unterrichts in der gymnasialen Oberstufe.

Zielt der im Allgemeinen chronologisch konzipierte Geschichtsunterricht (→chronologischer Geschichtsunterricht) der Sekundarstufe I auf die Vermittlung eines historischen

Überblickswissens und grundlegender fachspezifischer Methoden, dienen in der Sekundarstufe II thematisch zugeschnittene und wissenschaftspropädeutisch angelegte Kurse der zunehmenden Ausprägung eines reflektierten →Geschichtsbewusstseins. Entsprechend des Beschlusses der →Kultusministerkonferenz (KMK) zur Gestaltung der gymnasialen Oberstufe vom 7.7. 1972 in der Fassung vom 16.6.2002 gliedert sich die Sekundarstufe II in eine einjährige Einführungs- und eine zweijährige Qualifikationsphase. Während erstere im Fach Geschichte der geforderten Brückenfunktion vor allem dahingehend gerecht werden soll, dass die Schüler beim Übergang vom obligatorischen Klassen- zum stärker eigenverantwortlichen Kursunterricht an unterschiedlichen Fachinhalten und mit Hilfe verschiedener Arbeitsformen differenzierte Lern- und Wissensvoraussetzungen erwerben, sind für die folgenden vier Kurse fachwissenschaftlich bzw. didaktisch begründete und – insbesondere im letzten Schuljahr – gegenwartsrelevante Themen vorgesehen. Laut KMK-Beschluss ist in der Qualifikationsphase „Geschichte oder ein anderes gesellschaftswissenschaftliches Fach, in dem Geschichte mit festen Anteilen unterrichtet wird, zu belegen." Die Schüler haben zumeist die Wahl zwischen Leistungs- bzw. Grundkursen, die mit mindestens fünf bzw. mindestens zwei Wochenstunden zu erteilen sind. Beide Kursarten streben neben der Wissenschaftspropädeutik grundsätzlich eine Erhöhung der historischen Kompetenz an; im Leistungskurs erfolgt jedoch eine systematisch vertiefende, inhaltlich breiter gefächerte und theoretisch fundiertere Auseinandersetzung mit den Unterrichtsgegenständen. Anspruch, Ziele und Inhalte der Kurse sind in von den Kultusministerien der einzelnen Bundesländer erlassenen Richtlinien bzw. Lehrplänen fixiert. Im Abitur wird Geschichte in der Regel als Leistungsfach schriftlich und als Grundkursfach schriftlich bzw. mündlich geprüft. Die schriftlichen Abituraufgaben werden in den verschiedenen Bundesländern zentral oder dezentral gestellt. Zur Vereinheitlichung der Anforderungsniveaus hat die KMK →Einheitliche Prüfungsanforderungen (EPA) erlassen.

Wunderer, Hartmann: Kursunterricht, in: Mayer, Ulrich/Pandel, Hans-Jürgen/ Schneider, Gerhard (Hrsg.): Handbuch Methoden im Geschichtsunterricht, 2. Aufl. Schwalbach/Ts. 2007, S. 532-543; ders.: Geschichtsunterricht in der Sekundarstufe II, Schwalbach/Ts. 2000.

Uwe Lagatz (Wernigerode)

L

Lehrervortrag

Unter Lehrervortrag versteht man eine relativ geschlossene monologische Sprachdarbietung des Lehrers, deren Inhalt, Umfang, Schwierigkeitsgrad und Rhetorik auf die spezifische Situation der Lernenden abgestimmt ist. Der Lehrervortrag besitzt als methodische Grundform des Geschichtsunterrichts einen hohen didaktischen, unterrichtsorganisatorischen und pädagogischen Stellenwert. Er ist grundsätzlich dialogisch strukturiert, da sein Inhalt und seine Gestaltung kommunikative und pragmatische Reaktionen der Schüler herausfordert. Die früher geäußerten Bedenken (Subjektivität, Deutungshoheit und Dominanz des Lehrers, Schülerpassivität) können bei Beachtung seiner dialogischen Struktur als ausgeräumt gelten.

Der Lehrervortrag kann als Methode in Einführungs- und Problematisierungsphasen, in der Vermittlung, aber auch in Festigung und Systematisierung eingesetzt werden. Gestalterische Ansprüche an den Lehrervortrag sind die klare Thematik, das Abstecken von Zeit und Raum, die Schaffung einer aktivierenden Ausgangsproblemlage, Orientierung zur Gliederung und Überschaubarkeit, Geschlossenheit, zusammenfassende Elemente und die thematische Verknüpfung mit dem Rahmenthema. Eine Kombination mit Bildern, Karten, Tönen etc. kann Vorstellungsbildung und Fasslichkeit des Lehrervortrags optimieren. Freier Vortrag, rhetorische Fragen, Pausen, angemessene Sprachgeschwindigkeit und Lautstärke, aber auch der Einsatz von Körpersprache und Blickkontakt zu den Schülern haben großen Einfluss auf die →Nachhaltigkeit des Lehrervortrags. Im Vorfeld gestellte Rezeptionsaufgaben oder gesetzte Lernimpulse sollten auf die Art und Weise der Erfassung von chronologischen, sachlogischen, strukturellen Informationen etc. des Lehrervortrags orientieren. Schülerreaktionen auf den Lehrervortrag können sein: Stichwortsammlungen, Frage- und Problemkataloge, Wortergänzungen in Schemata und Lückentexten oder, im Falle einer Demonstration, der praktische Nachvollzug. Nachfolgende Lernprozesse bauen auf den mündlich oder schriftlich erfassten Informationen des Lehrervortrags auf.

Gebräuchliche Grundformen des Lehrervortrags sind Erzählung, Schilderung, Bericht, Beschreibung, →Erörterung, Argumentation und Charakteristik. Die zeitdurchschreitende Erzählung erlaubt Dramatisierung, →Personalisierung oder Personifizierung, Detailgenauigkeit, Perspektivität und wörtliche Rede. Die Schilderung verlangt dagegen breite detaillierte Darstellung von Zuständen. Der Bericht ist rationalisierend, überschaubar, und auf das Wesentliche orientiert. Eine Beschreibung ist gekennzeichnet durch zeitgedehnte verbal gezeichnete Darstellung konkreter Situationen, Gegenstände oder Lebensumstände. Eine →Erörterung legt strukturelle Besonderheiten offen, bezieht direkte oder indirekte Rede und innere Monologe ein. Ein Lehrervortrag kann auch eine Argumentation sein, wenn sie Kontroversen darstellt. Stärker berücksichtigt werden sollte wieder die Charakteristik, die Aussehen, Mentalität, Eigenschaften und Handeln von Personen kennzeichnet. Schließlich stellt auch die Demonstration/Erläuterung eine Form des Lehrervortrags dar. Dabei werden fachspezifische Arbeits- oder Denkmethoden (z.B. →Quelleninterpretation, Bildarbeit, Karteninterpretation, Problemfindung) vorgeführt oder Texte, Quellen, Auszüge aus Biographien, Belletristik und anderen schriftlichen Darstellungen vorgetragen. In der Praxis finden sich Lehrervorträge meist als Mischform.

Grosch, Waldemar: Klassenunterricht, in: Ulrich Mayer u.a. (Hrsg.): Handbuch Methoden im Geschichtsunterricht, 2. Aufl. Schwalbach/Ts. 2007, S. 473-476; Meyer, Hilbert: Unterrichtsmethoden, Berlin 1987, S. 296-299; Rohlfes, Joachim: Geschichtserzählung, in: GWU, 48 (1997), S. 736-743

Christina Böttcher (Halle)

Lehr-Lern-Forschung

Lehr-Lern-Forschung ist ein Ansatz der pädagogisch-psychologischen Forschung, der mit Lehren und Lernen die für den Unterrichtsalltag zentralen aufeinander bezogenen Handlungen untersucht. Im Forschungsparadigma der Lehr-Lern-Forschung wird Wissenserwerb als aktiver konstruktiver Prozess der Lernenden verstanden. Während die ältere Unterrichtsforschung vorrangig an der effektiven Gestaltung der Lernumgebungen interessiert ist, konzentriert sich das Forschungsinteresse hier auf die Voraussetzungen, Bedingungen und Ergebnisse des Wissenserwerbs. In Übertragung dieses fächerübergreifenden Ansatzes auf domänenspezifische Probleme des Geschichtsunterrichts und theoretisch entfaltete Schlüsselkategorien der →Geschichtsdidaktik gehört die unterrichtliche Vermittlung und Rezeption historischen Wissens als ein für die Konstruktion von →Geschichtsbewusstsein zentraler Prozess zu den Forschungsgegenständen der →empirischen Geschichtsdidaktik. Für geschichtsdidaktische Lehr-Lern-Forschung relevante Fragestellungen sind daher u.a.: Welche alltagsweltlichen Vorstellungen haben Schüler von historischen Prozessen? Wie erzählen Schüler Geschichte? Wie verändert sich das Zeit-, Raum- oder Realitätsbewusstsein von Schülern? Wie verstehen und interpretieren Schüler historische Quellentexte (→Unterrichtsplanung)? Wie planen Lehrer ihren Geschichtsunterricht? Diese Prozesse gilt es entlang der entwicklungsbedingten, geschlechtsspezifischen, kulturellen und/oder schulstufenbezogenen Voraussetzungen der Lernenden und der professionalisierungsbedingten Differenzen der Lehrenden zu analysieren und zu systematisieren.

In methodischer Hinsicht und in Abhängigkeit vom Erkenntnisinteresse lassen sich zwei Forschungstypen unterscheiden: Während mittels quantitativer Methoden wie Fragebogeninterviews statistisch auswertbare repräsentative Aussagen angestrebt werden, ermöglichen qualitative Methoden wie Intensivinterviews oder Unterrichtsbeobachtung Einblicke in individuelle Lehr-Lern-Prozesse.

Im Ergebnis dieser theoriegeleiteten empirischen Grundlagenforschung können theoretische Modelle der Konstruktion von →Geschichtsbewusstsein evaluiert und differenziert werden. In pragmatischer Hinsicht bieten die erhobenen Daten ein Reflexionspotenzial für die Möglichkeiten und Grenzen historischen Lernens und bilden zugleich ein empirisches Fundament für lernerorientierte Formulierungen von →Bildungsstandards und Kompetenzniveaus, aber auch für die Entwicklung von Lehr- und Lernmaterialien.

Beilner, Helmut: Empirische Forschung in der Geschichtsdidaktik, in: GWU 54 (2003), S. 284-302; Hasberg, Wolfgang: Empirische Forschung in der Geschichtsdidaktik. Nutzen und Nachteil für den Geschichtsunterricht, Neuried 2001; Weidenmann, Bernd: Perspektiven der Lehr-Lern-Forschung, in: Unterrichtswissenschaft. Zeitschrift für Lernforschung 28 (2000) 1, S. 16-22

Saskia Handro (Münster)

Leistungsmessung

Leistungsmessung bezeichnet den Vorgang und die Maßnahmen zur Feststellung der „Leistung" einer Person. Im (Geschichts-)Unterricht ist sie Voraussetzung für Beurteilung bzw. Benotung, aber auch für gezielte Förderung. Der Leistungsbegriff selbst ist allerdings uneindeutig: So ist erstens zu unterscheiden zwischen der Ermittlung von Leistungen eines (Schul-)Systems bzw. einzelner Subsysteme (Schularten, Schulen) einerseits (→Evaluation) und der Ermittlung von Leistungen einzelner Schüler (Individualdiagnostik) andererseits, zweitens zwischen empirisch festgestellten (Performanz) und potenziellen Vollzügen von Fähigkeiten (→Kompetenz), drittens zwischen absolut ermittelten Leistungsständen entweder in Relation zu einer Norm (kriterienorientiertes Messen) oder zwischen Messobjekten (Vergleichsmessung) einerseits sowie mit Aufwand erworbenen Zuwächsen an Fähigkeiten und Fertigkeiten gegenüber früheren Zuständen andererseits (individuelles Kriterium; Progressionsmessung).

Alle diese Beurteilungszwecke benötigen eindeutig definierte Maßstäbe, über die bislang kaum gesichertes Einverständnis vorliegt. Die aktuell diskutierten Kompetenzmodelle und →Bildungsstandards versprechen hier grundsätzlich geeignete Kriterien, jedoch sind nicht alle Verfahren und Instrumente für alle Zwecke geeignet: Large-Scale-Assessments (à la →PISA) und Vergleichsarbeiten mit gleichen Aufgaben und zentraler statistischer Auswertung können etwas über die Verteilung der Kompetenzniveaus in und über Gruppen aussagen. Sie messen punktuell und sind für Zwecke der Evaluation geeignet. Zur Beurteilung der Lernleistung (Kompetenzentwicklung; →Lernprogression) müssen Längsschnittvergleiche und argumentative Beurteilungen auf der Basis anderer Dokumentationsformen (Längsschnittbeobachtungen; Präsentationen, Projekte [→Projektarbeit], →Portfolios; auch Rubrics) zumindest hinzutreten. Dies gilt beim Geschichtslernen in besonderer Weise, da die Operationen historischen Denkens nur unter Berücksichtigung verschiedener Perspektiven und Fragen (Orientierun-

gen) zu erfassen sind. Hierbei sollten auch Selbstbeurteilungen herangezogen werden.
Leistungsbeurteilung (→Leistungsmessung) im Geschichtsunterricht darf nicht der Vereinheitlichung der Denkweisen durch Bewertung inhaltlicher Ergebnisse dienen, etwa durch Honorierung bzw. Sanktionierung der Verwendung bestimmter Sinnbildungs- und Erzählformen, Deutungs- und Erklärungsmuster sowie Sach- und Werturteile. Sie muss vielmehr darauf abzielen, die Entwicklung der Fähigkeit zum eigenständigen, kritischen und reflexiven historischen Denken zu beurteilen. Daher ist der Erfassung, Dokumentation und Beurteilung von Entwicklungsverläufen mindestens ebenso starkes Gewicht zu geben wie derjenigen des jeweiligen Niveaustandes.

Adamski, Peter: Leistungen dokumentieren und bewerten, in: Geschichte lernen H. 96 (2003), S. 10-17; Große Hötmann, Hans C.: Objektivierbare Leistungskontrollen im Geschichtsunterricht?, in: Solzbacher, Claudia (Hrsg.): Anpassen, verändern, abschaffen?, Bad Heilbrunn 2001, S. 179-191; Grunder, Hans-Ulrich/Bohl, Thorsten (Hrsg.): Neue Formen der Leistungsbeurteilung in den Sekundarstufen I und II. Hohengehren 2001; Wunderer, Hartmann: Tests und Klausuren, in: Mayer, Ulrich u.a. (Hrsg.): Handbuch Methoden im Geschichtsunterricht, 2. Aufl. Schwalbach/Ts. 2007, S. 675-685; Ziegenspeck, Jörg W./Lehmann, Jens: Handbuch Zensur und Zeugnis in der Schule, Bad Heilbrunn 1999

Andreas Körber
(Hamburg)

Lernprogression

Der Begriff der „Lernprogression“ bezeichnet Vorstellungen über die Abfolge von Phasen der Entwicklung von Lernverläufen, z.B. des Kompetenz- und Wissenserwerbs. Progressionsvorstellungen liegen immer, wenn auch oft nur implizit, normative Vorstellungen einer Hierarchie von Zuständen (z.B. Kompetenzniveaudefinitionen) sowie Entwicklungs- und Lerntheorien zu Grunde. In empirischer Hinsicht sollte man eher von Lernentwicklungen sprechen, um auch nicht-lineare Verläufe und Rückschritte erfassen zu können.
Dem Geschichtsunterricht liegt noch immer weitgehend ungeklärt die Vorstellung eines mehr additiven Erwerbs von Wissen und historischen Einsichten entlang der Chronologie der behandelten Gegenstände als eines kumulativen Aufbaus von Fähigkeiten zu Grunde. Dahinter steht die Vorstellung, dass Späteres nicht ohne Kenntnis des Früheren begriffen werden könnte. Diese Vorstellung ist theoretisch nicht tragfähig. Empirische Untersuchungen zur Altersverteilung von kategorialen und konzeptuellem sowie prozeduralem Wissen liegen ebenfalls nur in Ansätzen vor und weisen auf eher breite Streuungen der Verfügung über Lebens- und Lernaltersstufen hin.
Andere Modelle von Wissens- und Könnensbeständen bzw. von dazu geeigneten Lernaufgaben, die erworben werden müssen und die für historisches Denken in ihrer Abfolge spezifisch und angemessen sind, sind zur Zeit nur in Ansätzen erkennbar. So sehen viele Lehrpläne und Schulbücher Kombinationen von chronologischen

und längsschnittartigen Themenanordnungen vor, z.T. ergänzt um dort eingeordnete, nur ansatzweise in eine begründete Folge gebrachte Methodenthemen.
Die aktuelle Diskussion um Kompetenzmodelle und Kompetenzniveaus (→Kompetenz) als Basis für →Bildungsstandards könnte hier weiteren Aufschluss ergeben, wenn es gelingt, nicht nur Kompetenzbereiche, sondern begründete Unterscheidungen von Niveaus ihrer Ausprägung zu entwickeln. Diese können dann als Grundlage dienen für empirische Forschungen sowie für die Entwicklung expliziter Progressionsstrategien, d.h. für Konzepte der Anordnung der Kompetenzniveaus in Lernverläufen sowie für die Lernförderung.

Borries, Bodo von: Zur Entwicklung historischer Kompetenzen bis zur Sekundarstufe II, in: Schönemann, Bernd/Voit, Hartmut (Hrsg.): Von der Einschulung bis zum Abitur. Prinzipien und Praxis des historischen Lernens in den Schulstufen, Idstein 2002, S. 112-127; Klose, Dagmar: Klios Kinder und Geschichtslernen heute. Eine entwicklungspsychologisch orientierte konstruktivistische Didaktik der Geschichte, Hamburg 2004; Körber, Andreas: Historisches Denken als Entwicklungs-Hilfe und Entwicklungs-Aufgabe, in: Trautmann, Matthias (Hrsg.): Entwicklungsaufgaben im Bildungsgang, Wiesbaden 2004, S. 241-269

Andreas Körber (Hamburg)

Lernziele

Lernziele sind sprachliche Formulierungen, die das Wissen, das methodische Können sowie Einstellungen und Verhaltensweisen beschreiben, die durch Lernprozesse vermittelt und als Lernergebnisse erreicht werden sollen.
Übereinstimmung besteht darüber, wie Lernziele beschaffen sein sollen: 1. plausibel, d.h. fachlich richtig und fachdidaktisch begründet, 2. eindeutig, d.h. verständlich und überprüfbar, 3. praktikabel, d.h. die Lernenden weder unter- noch überfordernd. Präzise Formulierungen haben den Vorteil, dass nicht nur der Lernerfolg bei den Schülern zuverlässig überprüft werden kann, sondern dass auch die Lehrenden selbstkritisch Planung und Verlauf des eigenen Unterrichts objektiver einzuschätzen und gegenüber Dritten offenzulegen lernen.
Wichtiger als die allgemeine Differenzierung zwischen allgemeinsten und relativ globalen (Richt-)Zielen über (Grob- bzw. Haupt-)Ziele auf einer mittleren Verallgemeinerungsebene bis zu detaillierten (Fein- oder Teil-)Zielen ist in geschichtsdidaktischer Hinsicht die Unterscheidung der Lernziele nach Bereichen oder Dimensionen: kognitiv, pragmatisch-psychomotorisch, affektiv-emotional sowie nach Ebenen unterschiedlichen Anspruchsniveaus. Solche Qualitätsstufen innerhalb der Dimensionen können sein: beim Wissen: Ereignisse – Entwicklungszusammenhänge – zeitliche Vergleiche; beim Können: Faktoren herausfinden – Beziehungen zwischen Faktoren finden – Urteile bilden; beim Fühlen: Äußerungen deuten – sich mit fremden Motiven auseinandersetzen – reflektierte eigene Haltung entwickeln.
Nicht alle Ziele sind unmittelbar operationalisierbar. Es gibt eine Bandbreite

zwischen eng definierten Zielen und weiter gefassten Sensibilisierungsformulierungen, die im Sinne eines forschenden und erkenntnisoffenen Lernens Möglichkeiten eröffnen für Unvorhergesehenes, Kontroverses.

Bergmann, Klaus/Mayer, Ulrich/Pandel, Hans-Jürgen: Lernzielsuche und Lernzielfindung für den Geschichtsunterricht. Vorstellung eines Rasters, in: Geschichtsdidaktik 1 (1976), H. 2, S. 63-73; Gautschi, Peter: Geschichte lehren. Lernwege und Lernsituationen für Jugendliche, 3. Aufl., Buchs/Bern 2005; Rohlfes, Joachim: Lernziele, Qualifikationen, in: Bergmann, Klaus u.a. (Hrsg.): Handbuch der Geschichtsdidaktik, 5. Aufl. Seelze-Velber 1997, S. 362-366

Ulrich Mayer (Kassel)

Living History

Unter Living History (engl. lebendige/erlebbare Geschichte) versteht man Bemühungen, vergangene Lebensumstände durch (persönliches) Nacherleben zu vergegenwärtigen. Die Akteure versuchen, das Leben einer ausgewählten Personengruppe in einem bestimmten Zeit- und Lebensraum möglichst authentisch nachzuerleben bzw. für andere darzustellen. Personengruppe und Lebensraum sind dabei frei wählbar. Damit variiert der mögliche Zeitraum zwischen Steinzeit und Postmoderne. Unter Reenactment (Wiederholung/Neuinszenierung) versteht man die historisch korrekte Nachstellung einzelner, vergangener Ereignisse (z.B. Völkerschlacht bei Leipzig, Landung in der Normandie). Neben der verstärkten Praktizierung in Museen (v.a. in Skandinavien, England und in den USA) hat sich Living History zu einer Freizeitaktivität wissenschaftlicher Laien entwickelt. Um größtmögliche Authentizität zu erlangen, werden im Museumsbereich die Ergebnisse wissenschaftlicher Forschung (Archäologie, experimentelle Archäologie, Kunstgeschichte, Geschichte) zugrunde gelegt. Im nicht-professionellen Bereich ist Authentizität zwar ebenfalls erwünscht, deren Umsetzung bleibt jedoch dem Einzelnen und seinen Möglichkeiten überlassen. Dies führt mitunter zu Fehldeutungen und Anachronismen (z.B. Ritter mit Rüschenhemd, Leder-Jeans, Trinkhorn und Schwert). Benötigte Requisiten werden in der Regel selbst angefertigt oder untereinander gehandelt. Als Plattformen der Living-History-Szene in Deutschland haben sich v.a. die Zeitschriften „Karfunkel" und „Tempus Vivit" etabliert. Living History gibt es auch als TV-Doku-Soaps (z.B. „Die Helden von Olympia", „Das Schwarzwaldhaus"), in denen die Darsteller für einen vorgegebenen Zeitraum versuchen, vergangene Lebensumstände nachzuleben. Typische Elemente von Living History, wie Kostüme, historisches Handwerk und den Reiz der Vormoderne findet man auch im Bereich des „Historiotainment" (z.B. Stadtfeste, Mittelalter-Spektakel). Diese Veranstaltungen sind jedoch kommerziell orientiert und häufig wenig authentisch in ihrer Darstellung. Living History ist ein wichtiger Bestandteil der gegenwärtigen →Geschichtskultur und sollte daher in den Geschichtsunterricht einbezogen werden. Einerseits bieten authentische Rekonstruktionsversuche vergangener Lebensumstände ein enormes Lernpotenzial. Andererseits müssen die Schüler lernen, die →Fiktion der Wiederholung von Vergangenem kritisch zu hinterfragen.

Keefer, Erwin (Hrsg.): Lebendige Vergangenheit. Vom archäologischen Experiment zur Zeitreise, Stuttgart 2006; Kuegler, Dietmar: Living history im amerikanischen Westen. Historische Präsentationen, Reportagen, Geschichte, Handbuch, Bezugsquellen, Wyk auf Foehr 2003; Schindler, Sabine: Living history und die Konstruktion von Vergangenheit in amerikanischen historic sites, in: Echterhoff, Gerald/Saar, Martin (Hrsg.): Kontexte und Kulturen des Erinnerns, Konstanz 2002, S. 63-197

Andreas Wunsch (Halle)

M

Männergeschichte

Die neue Männergeschichte hat sich Ende der 1980er Jahre aus den US-amerikanischen *men's studies,* insbesondere aus der Emanzipationsbewegung homosexueller Männer, sowie aus der Frauengeschichtsforschung entwickelt. Die bis dahin geltende verallgemeinernde Vorstellung eines überzeitlichen und somit ahistorischen Patriarchats wurde nunmehr zugunsten differenter, zeitbedingter Vorstellungen von Männlichkeiten aufgelöst. Forschungsprobleme der Männergeschichte resultierten – in deutlichem Unterschied zur Frauengeschichtsforschung – aus der Omnipräsenz der Männer in den Quellen, in denen sie mit großer Selbstverständlichkeit das „allgemein Menschliche" zu verkörpern schienen. Die vorrangige Aufgabe der neuen Männergeschichte war es somit, Männer aus dem Allgemeinen herauszulösen und sie in ihrem geschlechtlichen und körperlichen Mannsein sichtbar zu machen. Danach erforscht die neue Männergeschichte, was unter Mann-Sein und Männlichkeiten zu verstehen war, und bearbeitet gleichzeitig die verschiedenartigen Dimensionen der jeweiligen zeitbedingten Konstruktionen und Erfahrungen von Männlichkeit. Dementsprechend vielfältig sind die Forschungsschwerpunkte der Männergeschichte:

– Die Bedeutung des Körpers und von Körpervorstellungen für die Konstruktion von Männlichkeit;

- Konzepte von Heterosexualität und Homosexualität;
- Hierarchien und Hegemonien, mit denen das Mannsein untrennbar verbunden ist;
- Abgrenzungsmechanismen gegenüber Frauen und Weiblichkeiten, aber auch gegenüber Männern und anders gestaltetem Mannsein;
- Macht von Männern über Frauen und über abgewertete Männlichkeiten, über die sich männliche Identität und Erfahrung von Männlichkeit konstituiert;
- Leitbilder von Männlichkeit, die in einem mehr oder weniger starken Spannungsverhältnis zur subjektiven Erfahrung des Mann-Seins, zur männlichen Identität und zur sozialen Praxis stehen.

In der Geschichtsdidaktik wird die neue Männergeschichte erst seit einigen Jahren berücksichtigt, insbesondere von denjenigen, die zugleich im AIM Gender (Arbeitskreis für interdisziplinäre Männer- und Geschlechterforschung) mitarbeiten. In die Schulgeschichtsbücher hingegen hat die neue Männergeschichte noch keinen nennenswerten Eingang gefunden.

Zeitschrift für Geschichtsdidaktik. Jahresband 2004, Gender und Geschichtsdidaktik, Moderatorin: Bettina Alavi, Schwalbach/Ts. 2004; Lundt, Bea; Völkel, Bärbel (Hrsg): Outfit und Coming-Out. Geschlechterwelten zwischen Mode, Labor und Strich, Hamburg 2007; Dinges, Martin (Hrsg.): Männer – Macht – Körper. Hegemoniale Männlichkeiten vom Mittelalter bis heute; Frankfurt/Main 2005; Martschukat, Jürgen/Stieglitz, Olaf: „Es ist ein Junge!" Einführung in die Geschichte der Männlichkeiten in der Neuzeit, Tübingen 2005

Brigitte Dehne (Berlin)

Medien

Der Begriff „Medium" (lat. Mittel, Mittler) als Bezeichnung für (gegenständliche) Vermittler von Informationen taucht in den Didaktiken erstmals in den späten 1950er Jahren als Übernahme der Sammelbezeichnung Massenmedien auf. Bis dahin war in Pädagogik und Didaktik der Begriff „Unterrichtshilfen" gebräuchlich. In der gegenwärtigen Kompetenzdebatte, die weniger von den zu lernenden Gegenständen und Inhalten als von den Fähigkeiten und Fertigkeiten der Schüler ausgeht, gehören mediendidaktische Reflexionen in den Bereich der Gattungskompetenz. Eine solche Kompetenz besitzen Schüler, wenn sie in der Lage sind, die Unterschiede der ca. 20 verschiedenen schriftlichen, bildlichen und gegenständlichen (Medien-) Gattungen, in denen Historisches dargestellt wird, in ihrem Aussagewert zu erkennen und mit den unterschiedlichen Gattungserwartungen umzugehen.

→Geschichte lässt sich nicht direkt erfahren oder experimentell beobachten, da sie eine rückblickend vorgenommene narrative Konstruktion ist. Sie ist unserem Gedächtnis und Bewusstsein nur sprachlich zugänglich. Um uns ein Wissen von Geschichte anzueignen und anderen zu vermitteln, benötigen wir Medien. Der Begriff meint allerdings je nach Wissenschaft und je nach Theorie etwas anderes. Deshalb ist es sinnvoller, in der →Geschichtsdidaktik den Begriff Präsentationsformen (von Geschichte) zu verwenden. Diese Präsentationsformen und ihre Systematik müssen in bestimmter Weise die Eigenart des historischen Denkens widerspiegeln. In den erziehungswissenschaftlichen Medientaxonomien, die auch oft in der Geschichtsdidaktik herangezogen werden, erfolgt die Einteilung der Medien aufgrund der *Sinnesmodalitäten.* Hier werden die Medien nach den Sinnen eingeteilt, mit denen sie wahrgenommen werden: visuelle, akustische, schriftliche und die doppelt codierten audiovisuellen Medien. Solche Einteilungen geben sich fachneutral, schlagen aber dennoch inhaltlich durch. So fasst beispielsweise die Gruppe „verbale Medien“ erkenntnistheoretisch so Disparates wie Quellen, Geschichtsschreibung und Belletristik zu einer Gruppe zusammen. Das wirkt sich nachteilig für Interpretation und die Ausbildung von Gattungskompetenz aus. Medien historischen Lernens müssen Anforderungen genügen, die die Eigenart historischen Denkens berücksichtigen.

Eine geschichtsdidaktische Einteilung legt Authentizitäts- und Historisierungsgrade zugrunde. 1. Die *Authentizitätsgrade* geben an, wie nah bzw. wie fern die Präsentationsformen zu den Ereignissen der Vergangenheit stehen. Deshalb unterscheidet die Geschichtsdidaktik Medien nach Quelle, Darstellung und Imagination. Als Quellen (Texte, Bilder, Gegenstände) werden alle Materialen verstanden, die möglichst zeitgleich oder zeitnah zu den in ihnen berichteten Ereignissen entstanden sind. Darstellungen sind dagegen narrative Sinnbildungen oder erörternde Beschreibungen (→Erörterung), die von heutigen Historikern, Journalisten und Dokumentarfilmern vorgenommen werden. Die dritte Gruppe, die gewissermaßen den Gegenpol zu den Quellen einnimmt, sind die Imaginationen. Schriftsteller, Künstler und Filmregisseure stellen ebenfalls Geschichte dar, aber bedienen sich dabei fiktionaler Mittel. 2. Die *Historisierungsgrade* verweisen auf den Tatbestand, dass alle heutigen Darstellungen von Geschichte und alle literarisch-künstlerischen Verarbeitungen nach einem mehr oder minder langen Zeitraum (in der Regel nach einer Generation von ca. 30 Jahren) unweigerlich „veralten“ und somit zur Quelle für die Zeit werden, in der sie entstanden sind. In seltenen Fällen vollzieht sich dieser Prozess sogar „über Nacht“ (8.5.1945 und 3.10.1990).

Pandel, Hans-Jürgen; Schneider, Gerhard (Hrsg.): Handbuch Medien im Geschichtsunterricht, 4. Aufl. Schwalbach/Ts. 2007

Hans-Jürgen Pandel (Halle)

Mentalitätsgeschichte

„Mentalitätsgeschichte“ (von franz. „histoire des mentalités collectives“) entstand in der französischen „Ecole des Annales“ (Annales) und wurde in den 1980er Jahren im Rahmen der Neuen →Kulturgeschichte in Deutschland rezipiert, wo sie in der Folge mit eigenständigen Vorläufern zusammenwuchs (z.B. Wissenssoziologie, →Ideologiekritik). Mentalitätsgeschichte ist eine „discipline boulimique“, die letztlich eine „histoire totale“ erstrebt

(Michel Vovelle) und sich deshalb ständig neue Bereiche einverleibt. Darum fällt es schwer, eine einheitliche und trennscharfe Definition zu finden, besonders zur Abgrenzung gegenüber der →Historischen Anthropologie, mit der sich vielfach Gegenstandsbereiche überschneiden. Einen definitorischen Minimalkonsens umschreibt Jacques LeGoff: „Die Ebene der Mentalitätsgeschichte ist die des Alltags und des Automatischen, das also, was die Individuen in der Geschichte deshalb nicht wahrnehmen, weil es den überpersönlichen Inhalt ihres Denkens ausmacht, das, was Caesar und der letzte Soldat seiner Legionen, Ludwig der Heilige und der Bauer auf seinen Domänen, Christoph Kolumbus und der Matrose auf seinen Karavellen gemeinsam haben." Historische Mentalität ist demnach das überpersönliche und damit unbewusste Konzept, das das konkrete Denken, Planen und Fühlen historischer Kollektive prägt und darin Zusammenhang und Sinn stiftet. Da Mentalität dem Bewusstsein vorausgeht, kann sie nur aus dessen Widerspiegelungen erschlossen werden und damit aus regelhaft wiederkehrenden Äußerungen, Handlungen, Ritualen.
Mentalitätsgeschichte kann als thematischer →Längsschnitt konstruiert werden (so z.B. Philippe Ariès „Geschichte der Kindheit"), aber auch als synchroner →Querschnitt (so z.B. die Untersuchung von Emmanuel Le Roy Ladurie über das Pyrenäendorf Montaillou). Sie bedient sich quantitativer Methoden: So hat beispielsweise Michel Vovelle den graduellen Rückgang der Religiosität in der Provence des 18. Jahrhunderts mit umfangreichen Statistiken zum Formelrepertoire von Testamenten und darin angeordneten Rituale (z.B. Totenmessen) nachzuweisen versucht. Zu differenzierteren und damit aussagekräftigeren Ergebnissen führten jedoch qualifizierende Methoden anhand von Sprach- oder Bildquellen, wie beispielsweise Jacques LeGoffs „Geburt des Fegefeuers". Dieser Typ mentalitätsgeschichtlicher Forschung hat dann auch vermehrt Eingang in die deutsche Geschichtswissenschaft gefunden (z.B. bei Peter Dinzelbacher).
Seit den 90er Jahren übernahmen auch Lehrpläne und Schulbücher mentalitätsgeschichtliche Inhalte, besonders zum Mittelalter und zur Frühen Neuzeit und damit zu jenen Epochen, die die mentalitätsgeschichtliche Forschung bislang auch am besten erschlossen hat. Sie entlasten hier nicht nur vom Vielerlei der Ereignisgeschichte, sondern konfrontieren die Schülerinnen und Schüler zugleich mit der oft beunruhigenden Fremdheit anderer Formen des Wahrnehmens, Handelns und Sinnstiftens.

Ariès, Philippe/Duby, George (Hrsg.): Geschichte des privaten Lebens, 5 Bde., Frankfurt/M. 1989-1993; Dinzelbacher, Peter (Hrsg.): Europäische Mentalitätsgeschichte, Stuttgart 1993; Rauf, Ulrich (Hrsg.): Mentalitäten-Geschichte, Berlin 1987

Wolfgang Günter (Freiburg)

Methodik

Wie Geschichte gelehrt und gelernt wird – vom →Lehrervortrag über die Arbeit mit dem Geschichtsbuch und das fragend-entwickelnde Unterrichtsgespräch bis hin zur →Projektarbeit –, hängt weitgehend von den methodischen Entscheidungen der Lehrenden ab. Sie müssen einschätzen, auf welche Art ein historisches Thema, das mit einer bestimmten Intention gewählt wird, mit welchen Medien in einer bestimmten Lerngruppe am besten aufgegriffen werden kann. Neben sachlichen, sozialen und psychologischen Gesichtspunkten spielt hierbei immer auch die Lehrerpersönlichkeit, insbesondere ihre Auffassung von den allgemeinen und den fachspezifischen Zielen des Unterrichts, eine wichtige Rolle. Die Ausbildung zum Geschichtslehrer sollte deshalb einerseits ein breites fachspezifisches Methodenrepertoire vermitteln, andererseits zur kritischen Reflexion der eigenen methodischen Vorlieben und Abneigungen anhalten.

Unterrichtsmethoden im engeren Sinn umfassen die verschiedenen Stufen, durch die der Ablauf von Stunden bzw. Einheiten mit dem Ziel des Erwerbs von Wissen und Fähigkeiten strukturiert wird. Solche →Artikulationsformen oder -stufen werden häufig immer noch allgemeindidaktischen Theorien entnommen und auf den Geschichtsunterricht übertragen, z.B. in der Abfolge von Einstieg (→Einstiege) – Problemaufriss – →Erarbeitung – Vertiefung – →Transfer. Als spezifisch geschichtsdidaktisches Artikulationsschema können vier Schritte identifiziert werden, die sich am Vorgehen der Geschichtswissenschaft orientieren: historische Frage – →Heuristik – →Darstellung – narrative Erklärung (→Narrativität). Bei jedem einzelnen dieser Schritte sind zur Erkenntnisgewinnung wieder speziellere Methoden erforderlich, die vom Lehrer demonstriert, initiiert und organisiert und von den Schülern nachvollzogen und zunehmend selbstständig und aktiv übernommen werden müssen. Problematische und fragwürdige Sachverhalte müssen erkannt und benannt werden; Hypothesen müssen formuliert und Mittel und Wege zu ihrer Überprüfung geplant werden; das historische Geschehen muss auf der Grundlage der eingesetzten Materialien (Quellen und Darstellungen) erzählt werden; die Erzählung muss auf die Ausgangsfrage zurückbezogen werden.

Bauer, Volker u.a.: Methodenarbeit im Geschichtsunterricht, Berlin 1998; Günther-Arndt, Hilke: Methodik des Geschichtsunterrichts, in: dies. (Hrsg.): Geschichtsdidaktik. Praxishandbuch für die Sekundarstufen I und II, Berlin 2003; Henke-Bockschatz, Gerhard: Von den Lehrmethoden zu den Lernmethoden. Konsequenzen für die geschichtsdidaktische Forschung, in: Zeitschrift für Geschichtsdidaktik 1 (2002), S. 87-99

Gerhard Henke-Bockschatz
(Frankfurt/M.)

Migration

Migrationen kommen in allen Gesellschaften vor und bezeichnen in diesem Sinne eine Grundbedingung des Menschseins. Sie sind im Kern Versuche der Realisierung von Teilnahmechancen an Ausbildung, Arbeit, Gesundheit, Recht, Religion, Familie usw. durch räumliche Mobilität, also eben Arbeitsmigration, Bildungsmigration, Familien- und Heiratsmigration oder Fluchtmigration.

Migrationen haben aber in verschiedenen Gesellschaften auch einen jeweils eigenen Sinn: In nomadischen Gesellschaften sind alle Menschen Migranten; und weil Migration die Grundlage der Reproduktion ist, ist der Sachverhalt selbst sozial kaum bemerkenswert. In der ständischen Gesellschaft erfolgten Migrationen auf der Basis sozialer Zugehörigkeit; diese regulierte auch die Wanderungsoptionen. Es fanden sich vielfältige räumliche Mobilitäts- und Wanderungsformen von Kaufleuten und Händlern, Pilgern und Wallfahrern, Studenten, Handwerkern, Gesellen, Saisonarbeitern und Hauspersonal. Zugewanderte wurden als Fremde sozial kenntlich gemacht in der Form von Studentenmatrikeln, Konventslisten und Bürgeraufnahmebüchern und durch die Zuordnung zu Kollektiven. Die Wanderer selbst waren als Studenten, Pilger, Kaufleute, Handwerker oder Gesellen äußerlich erkennbar. Ob Wanderungen mit ihren Risiken und Chancen untersagt oder erlaubt wurden, hing von der Zugehörigkeit zu Vereinigungen ab, denen die jeweiligen Personen angehörten: Gilden, Zünften und Bruderschaften der Kaufleute, Handwerker und Gesellen, oder dem Herbergswesen, das um Wall- und Pilgerfahrten herum entstand. Dabei waren solche Einrichtungen und Netzwerke in der Lage, Wanderungen auch über große Entfernungen zu organisieren. Legitime Migration basierte somit auf Zugehörigkeit, und Migration auf der Basis von Nicht-Zugehörigkeit war riskant. Die unehrbaren Berufe wie Spielleute, Hausierer, Artisten, Kesselflicker, (Flick-)Schuster oder Scherenschleifer sowie die Bediensteten, Saisonarbeiter und „fahrenden Leute" wurden als solche ohne Zugehörigkeit, als herrenlose Menschen ohne „Herd und Heimstatt" in ihren Möglichkeiten beschnitten und der Kontrolle und Repression auch dann unterworfen, wenn sie Leistungen anboten, für die eine Nachfrage bestand. Die ständische Gesellschaft reagierte auf die Phänomene, für die sie keinen strukturellen Ort vorgesehen hatte, mit Repression und zwangsweiser Kenntlichmachung wie etwa dem Brandmarken von Landstreichern. Im Unterschied zur ständischen kennt die moderne Gesellschaft keine durch Abstammung regulierte Zugehörigkeit, die zugleich soziale Handlungsmöglichkeiten festlegt. Die Individuen sind im Prinzip selbst dafür verantwortlich und zuständig, sich um den Zugang zu den für eine selbstständige Lebensführung bedeutsamen sozialen Bereichen zu bemühen.

Bade, Klaus J.: Deutsche im Ausland. Fremde in Deutschland. Migration in Geschichte und Gegenwart, München 1992; ders. (Hrsg.): Migration in der europäischen Geschichte seit dem späten Mittelalter, Osnabrück 2002; Gestrich, Andreas, u.a. (Hrsg.): Historische Wanderungsbewegungen. Migration in Antike, Mittelalter und Neuzeit, Münster 1991

Michael Bommes (Osnabrück)

Modelle

Modelle sind der Veranschaulichung dienende, dreidimensionale Ausschnitte aus der Geschichte. Sie erleichtern es den Betrachtern, sich die jeweiligen Ausschnitte in ihrem historischen Kontext vorzustellen und ihre Bedeutung zu verstehen. Dabei kann es sich bei einem Modell um ein einzelnes Bauwerk (einen griechischer Tempel, eine gotische Kathedrale), um den Nachbau von funktionalen Erfindungen (eine Bewässerungsanlage, die Dampfmaschine), um eine größere Anlage (ein jungsteinzeitliches Dorf, eine mittelalterliche Burganlage) oder auch um die Visualisierung von Strukturen (eine Ständepyramide) handeln. In jedem Fall ermöglichen Modelle ein intensives sinnliches Wahrnehmen, sie sind von verschiedenen Perspektiven aus betrachtbar und erlauben Einblicke im direkten Wortsinn, vor allem, wenn sie über demontierbare Teile verfügen. Sie können angeschaut, angefasst und in ihrer Funktion bestenfalls ausprobiert werden. Im Idealfall dient das Modell also auch dem Verständnis von Funktionsweisen, Zusammenhängen und Abläufen, so, wenn einzelne Funktionen erprobt werden können (wie die Winde bei einem Lastenkran), oder wenn verschiedene Baustufen in ein Modell integriert sind (wie das bei einem jungsteinzeitlichen Haus möglich ist).

Ein entscheidender Nutzen für Lehr- und Lernzwecke wird deutlich: Modelle verfügen über eine ihnen immanente Erklärungs- und Erläuterungsfunktion, die durch genaue Betrachtung, Beschreibung und Versprachlichung entdeckt und erforscht werden kann. Hierdurch entstehen narrative Produkte (→Narrativität), so dass sich Lernende durch Anschauung und Versprachlichung die in der Rekonstruktion konkretisierte Geschichte zu eigen machen können.

Modelle weisen jedoch immer auch über sich und den dokumentierten Geschichtsausschnitt hinaus und erzeugen neue Fragen und Forschungsaufgaben. Sie provozieren den →Vergleich und sollten räumliche und zeitliche Erweiterungen erfahren. Aber auch die zwangsläufigen Unzulänglichkeiten eines Modells sollten thematisiert werden (Zugeständnisse an verwendete Materialien, nicht perfekt eingehaltene Maßstabstreue oder fehlende Details und Elemente).

Wesentlich ist auch, dass Modelle An lass für kreative Unterrichtsprozesse bieten. Das können sie vor allem dann, wenn sie von den Schülerinnen und Schülern selbst gebaut oder erweitert werden. Sie eignen sich als Ausgangspunkt für das Erzählen oder Schreiben von Dialogen und Geschichten oder können als Kulisse für →Inszenierungen (mithilfe von Figuren) genutzt werden, um das Leben der Menschen im historischen Kontext einzubeziehen.

Insofern ist das Modell ein besonders geeignetes und zugleich motivierendes Medium und auch ein Träger für Methoden des →entdeckenden, forschenden und kreativen Lernens.

El Darwich, Renate: Modelle, in: Mayer, Ulrich/Pandel, Hans-Jürgen/Schneider, Gerhard (Hrsg.): Handbuch Medien im Geschichtsunterricht, 4. Aufl. Schwalbach/Ts. 2007, S. 580-590; Wenzel, Birgit: Schülerinnen und Schüler entdecken Geschichte mit Hilfe von Modellen, in: Aepkers, Michael/Liebig, Sabine u.a. (Hrsg.): Entdeckendes, Forschendes, Genetisches Lernen, Hohengehren 2002, S. 36-50

Birgit Wenzel
(Berlin)

Motivation

Bezogen auf Lernhandlungen im Unterricht versteht man unter *Motivation* die Absicht eines Schülers, sich intensiv und ausdauernd mit einem Thema, einer Sache, einem Problem oder einer Fragestellung zu beschäftigen. Zunächst bezeichnet demnach Motivation den zeitlich gebundenen Zustand eines Schülers, der wiederum beeinflusst ist von individuellen Unterschieden hinsichtlich Intelligenz, Situation und Emotion. Den Lernmotivationen liegen innere (z.B. Neugier und Interesse) oder äußere Motive (z.B. Leistungsmotivation und der Wunsch nach sozialer oder materieller Anerkennung) zugrunde. Sie bilden die zeitlich überdauernden, latent vorhandenen Verhaltensdispositionen, die ihrerseits angeregt werden müssen, um den Prozess des Motiviertwerdens zu initiieren. Motivation bedeutet aber immer auch die aktive Maßnahme der Lehrenden, die Lernbereitschaft der Lernenden zu fördern und zu verstärken. Bezogen auf den Geschichtsunterricht versteht man unter Lernmotivation die Bereitschaft des Schülers sich in einer konkreten Lernsituation (z.B. Quellenarbeit) mit einem Sachverhalt (z.B. mit der Ideologie des Nationalsozialismus) auseinander zu setzen. Diese Lernmotivation kann unterschiedliche Ursachen haben, so z.B. der Wunsch des Schülers nach Kompetenzzugewinn (→Kompetenz). Somit kommt gerade der Zielorientierung und der ausdrücklichen Thematisierung des Kompetenzzuwachses durch die Lehrkraft eine besondere Bedeutung zu. Daraus ergeben sich Konsequenzen für die →Unterrichtsplanung wie für den Unterricht selber: Demnach steht nicht der Unterhaltungswert der einzelnen Stunde im Vordergrund der Schülermotivation, sondern vielmehr die bewusste, alters- und schulartengemäße Zielsetzung. Diese muss anknüpfen an dem unterschiedlichen Vorverständnis der Schülerinnen und Schüler und muss die Aktualität, den Lebensweltbezug und die Alltagsrelevanz des Themas hervorheben (→Gegenwartsbezug). Dafür stehen zahlreiche Motivationshilfen (→Einstiege), Methoden-, Medien- und Lernarrangements zur Verfügung. Allerdings stellt sich die gewünschte Lernmotivation überhaupt nur dann ein, wenn der Aufforderungsgehalt der Aufgabensituationen mit den Realisierungsmöglichkeiten für Eigeninitiative und Selbststeuerung des Verhaltens der Lernenden übereinstimmt und wenn der mögliche Kompetenzzugewinn thematisiert bzw. von den Schülern als solcher angenommen wird. Mittlerweile stimmen, trotz unterschiedlicher wissenschaftlicher Begründungen und fachdidaktischer Ansichten, alle Lehrerinnen und Lehrer sowie die Geschichtsdidaktiker darin überein, dass die individuelle Lernmotivation und das Interesse für den Erwerb historischer Kompetenz und für das historische Lernen im Unterricht zwei notwendige Bedingungen historischen Lernens darstellen. Obwohl diese Ansicht geradezu konstitutiv für die Geschichtsdidaktik ist, fehlt es dennoch an empirischen Studien zu eben dieser notwendigen, aber nicht hinreichend erforschten Bedingung historischen Lernens in der Schule.

Heckhausen, Heinz: Motivation und Handeln. Berlin 1989; Krieger, Rainer:

Motivation und Betroffenheit, in: Mickel, Wolfgang W./Zitzlaff, Dietrich (Hrsg.): Handbuch zur politischen Bildung, Bonn 1999, S. 313-316; Rheinberg, Falko: Motivationsförderung im Unterrichtsalltag. Probleme, Untersuchungen, Ergebnisse, in: Pädagogik (2002) 9, S. 8-13

Christian Heuer (Freiburg)

Multimedia

„Multimedia" ist eine Sammelbezeichnung für Produkte und Dienstleistungen aus dem Computer-, Telekommunikations-, Unterhaltungs- und Medienbereich. Grundlegende Merkmale von Multimedia-Anwendungen sind die gemeinsame Verwendung verschiedener statischer (Text, Foto, Grafik) und dynamischer (Audio, Animation, Video) Medientypen sowie deren interaktive Nutzung. Multimedia enthalten die unterschiedlichen Informationen in freier Kombinatorik, da hypertextuelle Verknüpfungen nicht-hierarchisch und nicht-linear strukturiert sind. Virtuelle Raumeindrücke (3-D-Animationen) schaffen Illusionen in beweglichen Raumbildern. Digitalisierte Geschichtskarten (→Karten) können interaktiv gestaltet sein oder als Animationen diachrone Verläufe dynamisch spiegeln. Die Grenze zwischen populären und wissenschaftlich fundierten Darstellungsformen gestaltet sich teilweise fließend, da sie oftmals die gleichen Inszenierungstypen verwenden.

Multimedia kann auf geschlossenen Datenträgern (CD-ROM, DVD) und im offenen Medium Internet abrufbar gemacht werden. Das große Speichervolumen und die Möglichkeiten zur Datenkompression machen digitale Medien zu riesigen Wissensspeichern. Auf eine DVD passen z.B. die gesamten Tonaufnahmen des Auschwitz-Prozesses (mehr als 420 Stunden Audio). Typen von Programmen auf digitalen Datenträgern (DVD oder CD-ROM) sind: Lern- und Trainingsprogramme, Dokumentationen, Text- und Quellensammlungen sowie reine Computerspiele. Lernprogramme nutzen oftmals historische interaktive Rollen, die Nutzer übernehmen oder mit denen sie in Austausch treten sollen. Lernprogramme sollen selbst gesteuertes Lernen fördern. Besondere Schwierigkeiten stellt die Entwicklung fachadäquater Aufgaben in Instruktionsprogrammen dar, die über reine Multiple-Choice-Aufgaben hinausgreifen und einen kritischen Umgang mit Medien und Material sicherstellen. Dokumentationen stellen faktuale Präsentationen von Geschichte als offene Informationssysteme dar. Ausgehend von bestimmten medialen Inszenierungen anhand von graphischen Medien (Geschichtsfries, →Zeitleiste) oder von virtuellen Räumen werden hypertextuell verlinkte Medien gruppiert. Materialsammlungen und elektronische Lexika nutzen die große Speicherfähigkeit elektronischer Medien, um leistungsfähige referentielle Systeme aufzubauen. Hypertext macht den Zugriff auf eine große Datenmenge unter sehr unterschiedlichen Kategorien möglich. Kommerzielle Computerspiele nutzen historische Kostümierungen für die Gestaltung von Spielszenarien. Die Grenze zwischen fachspezifischer Lernsoftware und so genannten Produkten für den Nachmittagsmarkt ist oftmals fließend. Begriffe wie „Infotainment“ oder „Infoadventure“ suggerieren eine scheinbare Mühelosigkeit beim Lernen mit neuen Medien, die sich aber empirisch nicht belegen lässt. Zusätzliche Motivation wird durch Gewöhnungseffekte gemindert (sog. Hawthorne-Effekte). Wesentliche zu vermittelnde →Kompetenzen im Hinblick auf Geschichte und Multimedia umgreifen allgemeine wie fachspezifische Fertigkeiten. Die Kulturtechnik Lesen muss sich mit der Fähigkeit zu navigieren kombinieren. Ein selektiver und kritischer Umgang mit großen Datenmengen ist notwendig. Der hohe Grad an Visualisierungen erzeugt eine neuartige Mischung von Erzählung und →Inszenierung von Geschichte.

Oswalt, Vadim: Multimediale Programme im Geschichtsunterricht, Schwalbach/Ts. 2002

Vadim Oswalt (Gießen)

Multiperspektivität

Geschichte „an sich“ gibt es nicht, sie wird immer aus einer bestimmten Perspektive wahrgenommen und überliefert. Diese Wahrnehmungsweisen können sich je nach Standort (ethnisch, sozial, politisch, religiös etc.) der Beteiligten erheblich unterscheiden. Wenn Historiker mit Quellen arbeiten, haben sie diese jeweilige Perspektive bei ihrer Interpretation zu berücksichtigen. Dementsprechend müssen auch Schüler lernen, Quellen immer im Hinblick auf deren Standortgebundenheit zu befragen. Multiperspektivität meint deshalb eine Form der Geschichtsdarstellung im Unterricht, bei der ein historischer Sachverhalt aus mehreren, mindestens aber zwei unterschiedlichen Perspektiven beteiligter und betroffener Zeitgenossen dargestellt wird, die verschiedene soziale Positionen und Interessen repräsentieren.

Medien der Darstellung sind Primärzeugnisse, meist →schriftliche Quellen, aber auch bildliche Zeugnisse (→Bild) und andere Formen der referierten Geschichte, sofern sie erkennbarer Ausdruck zeitspezifischen Lebens und Denkens sind. Die Präsentation dieser Quellen besorgen in der Regel die Lehrenden, die Arbeit an den unterschiedlichen Darstellungen leisten die Schüler. Sie sollen den in Frage stehenden Sachverhalt anhand ideologiekritischer (→Ideologiekritik) Analysen und →Interpretationen möglichst eigenständig rekonstruieren und dabei lernen, historisch zu denken, sich also selbst in die Lage versetzen, einen vergangenen Sachverhalt für sich zu erschließen. Dass das dabei vermittelte Wissen selbst wieder ein gegenwärtiges perspektivisches Produkt ist, das auf historischen perspektivischen Wahrnehmungen beruht, ist die zweite elementare Einsicht, die es den Schülern im Geschichtsunterricht zu vermitteln gilt: Geschichte wird auch von den Nachgeborenen unterschiedlich gedeutet. Diese „Perspektivität auf der Ebene der Betrachter“ wird als Kontroversität bezeichnet.

Wenn das Prinzip der Perspektivität Anwendung findet, sind die Schüler nicht nur einer einzigen Darstellung über historische Ereignisse ausgesetzt, sondern haben vielmehr auch die Möglichkeit, anhand der multiperspektivischen Zeugnisse und kontroversen Darstellungen über Geschehenes nachzudenken und so zu unterschiedlichen Ansichten und Urteilen zu gelangen, die in der Klasse kontrovers und diskursiv verhandelt werden. Dies ist die dritte Ausdrucksform von Perspektivität – die eher auf Zukunft gerichtete Pluralität.

Bergmann, Klaus: Multiperspektivität. Geschichte selber denken, 2. Aufl. Schwalbach/Ts. 2008; Koselleck, Reinhart: Standortbildung und Zeitlichkeit, in: ders.: Vergangene Zukunft, 4. Aufl. Frankfurt/M. 1985, S. 156-207; Rüsen, Jörn: Historisches Lernen, Köln 1994

Melanie Salewski (Kassel)

Museum

Das Museum ist eine gemeinnützige, öffentliche Einrichtung, die im Dienste der Gesellschaft und ihrer Entwicklung materielle Zeugnisse von Menschen und ihrer Umwelt zum Zwecke des Studiums, der Bildung und der Unterhaltung sammelt, bewahrt, erforscht und durch Ausstellungen vermittelt. Dazu können auch historische, archäologische, ethnologische und natürliche Denkmäler und Monumente gezählt werden.

Die Wurzeln des Museums sind vielfältig. Begrifflich leitet es sich vom griechischen „Museion" ab, der antiken Bezeichnung für die von den Musen geweihten Stätten, aber auch allgemein für die Lehrstätten (Studierzimmer, Akademie). Seit dem 18. Jahrhundert bezeichnet der Begriff sowohl Sammlungen von Kunstgegenständen und wissenschaftlichen Objekten als auch die für ihre Aufbewahrung bestimmten Gebäude.

Entstehungsgeschichtlich hat das Museum seinen wesentlichen Ursprung in der Tradition des Sammelns, die ebenfalls bis in die Antike zurückreicht. In den Zentren weltlicher und geistlicher Macht demonstrierten die Herrschenden mit ihren gesammelten Schätzen Macht und Einfluss. Im christlichen Mittelalter erlebte der religiöse Reliquienkult seinen Höhepunkt, als kostbar ausgestattete Heiltümer die pilgernden „Touristen des Mittelalters" anzogen. Neue Ansprüche an das Sammeln entwickelten sich seit der Renaissance in den Kunst- und Wunderkammern, Raritätenkabinetten und fürstlichen Kunstgalerien. Der Aspekt der Bildung spielte dabei schon frühzeitig eine Rolle. Insbesondere in Humanismus und Aufklärung wurden Dinge zusammengestellt, um eine Ganzheit zu verstehen und Tradition und Erneuerung miteinander zu verknüpfen.

Hatte sich bereits im antiken Sammelduktus der Bibliotheken und Schatzkammern das Verständnis einer öffentlich dienstbaren Kultur ausgedrückt, so wurde dieses Raster einer diesseitig angelegten kulturellen Öffentlichkeit als geistesgeschichtliches Kontinuum tradiert und ging im Zuge des Neuhumanismus auf das moderne, dem heutigen Verständnis entsprechende bürgerliche Museum des 19. Jahrhunderts über. Von diesem spricht man, seitdem im Zuge der Französischen Revolution Sammlungen erstmals der Allgemeinheit zugänglich gemacht wurden.

Aufgrund ihrer Sammlungen gegenständlicher historischer Hinterlassenschaft sind Museen heute zentrale Orte historischen Lernens. Geschichtliche Inhalte im Museum zu vermitteln ist wichtigste Aufgabe der Museumsgestaltung und →Museumspädagogik. Dabei entscheiden die Art der Präsentation und die Form der (medialen) Vermittlung mit über Nutzungsmöglichkeiten und Funktion des Museums im Spannungsfeld zwischen Musentempel, Identitätsfabrik und Ort des sozialen Gedächtnisses.

Andraschko, Frank M.: Geschichte erleben im Museum, Frankfurt/M. 1992; Borries, Bodo von: Präsentation und Rezeption von Geschichte im Museum, in: GWU 48 (1997), S. 337-343; Hochreiter, Walter: Vom Musentempel zum Lernort. Zur Sozialgeschichte deutscher Museen 1800–1914, Darmstadt 1994; Maroevic, Ivo: Introduction to Museology. The European Approach, München 1998; Pomian, Krzysztof: Der Ursprung des Museums. Vom Sammeln, Neuausgabe, Berlin 1998; Waidacher, Friedrich: Handbuch der Allgemeinen Museologie (Mimundus. Wissenschaftliche Reihe des Österreichischen Theatermuseums; 3), 2. Aufl. Wien u.a. 1996

Thorsten Heese (Osnabrück)

Museumspädagogik

Der Bundesverband Museumspädagogik e.V. definiert „Museumspädagogik" als „die Darstellung, Interpretation und Vermittlung kulturhistorischer, künstlerischer, technischer und naturwissenschaftlicher Inhalte und Sachzusammenhänge in Museen und Ausstellungen." Den Begriff soll K.-H. Jacob-Friesen (1886-1960) in den 1920er Jahren eingeführt haben. Historisch geht die Museumspädagogik auf die Reformpädagogik um 1900 zurück. Als wichtiger Vertreter gilt Alfred Lichtwark (1852-1914), der eine zielgruppen-gerechte Vermittlung von Museumsinhalten erarbeitete. Wegweisend war zudem die Arbeit Adolf Reichweins (1898-1944). Der 1944 hingerichtete Widerstandskämpfer Reichwein entwickelte ein Denkmodell „moderner Volksbildung", das sich aus Reformpädagogik, bündischer Jugendarbeit und sozialistischer Arbeiterbildung speiste. Er entwarf ein Kooperationsmodell, das das →Museum als Anschauungsstätte im Dienst des Unterrichts erschloss. Darauf konnte die Museumspädagogik aufbauen, als ihr Ende der 1960er Jahre im Zuge der Debatte „Lernort contra Musentempel" mehr Gewicht zukam. Heute kann die Museumspädagogik mitsamt dem Berufsbild des Museumspädagogen als etabliert gelten.

Zu den Zielgruppen der Museumspädagogik gehören sämtliche gesellschaftliche Gruppen, für die zielgruppen- und altersgerechte Angebote entwickelt werden. Darüber hinaus gibt es spezialisierte Angebote für Kinder (Kindermuseen), Behinderte (z.B. Tasttableaus für Blinde) oder Senioren (Angebote in Seniorenheimen). Angestrebt wird zudem eine stärkere Einbeziehung der Zielgruppen selbst (Führungen von Schülern für Schüler, Nachbarschaftsmuseen u.ä.).

In der Museumspädagogik werden auf den spezifischen Lernort abgestellte, besucherorientierte und vielfältige Methoden angewandt, die inhaltlich von den originalen Sammlungsgegenständen ausgehen. Wichtiger Aspekt ist dabei die →Handlungsorientierung, da sich durch eigenes Tun präsentierte Aspekte am besten vertiefen lassen. Vermittelt wird personal und medial, insbesondere durch technische

Hilfsmittel. Jüngst verstärkt sich die Tendenz, mit Internet- und Computer-Angeboten ohne personale Vermittlung auszukommen. Verbesserungswürdig bleibt die Kommunikation innerhalb der Museen einerseits (frühzeitigere und intensivere Einbeziehung der Museumspädagogik in die Konzeption von Dauer- und Wechselausstellungen) sowie zwischen Schule und Museum andererseits (Koordination der Bedürfnisse der Schulen mit den Möglichkeiten der Museen).

Fast, Kirstin (Hrsg.): Handbuch museumspädagogischer Ansätze, Opladen 1995; Jung, Sabine (Hrsg.): Neue Wege der Museumspädagogik, Bonn 2003; Kaldewei, Gerhard: Museumspädagogik und Reformpädagogische Bewegung 1900-1933. Eine historisch-systematische Untersuchung zur Identifikation und Legitimation der Museumspädagogik, Frankfurt/M. u.a. 1990; Vogt, Arnold: Literatur zur Museumspädagogik. Ein Überblick aus museologischer Sicht, in: Informationen des Sächsischen Museumsbundes 17 (1999), S. 45-68; Weschenfelder, Klaus; Zacharias, Wolfgang: Handbuch Museumspädagogik. Orientierungen und Methoden für die Praxis, 3. Aufl. Düsseldorf 1992

Thorsten Heese (Osnabrück)

Musik

Musikquellen sind ein didaktisch reizvolles Medium, das auch im Geschichtsunterricht seinen Platz hat. Als gefühlsbetontes Phänomen weist Musik vielfältige Bezüge zu weltanschaulichen, politischen und sozialen Problemen auf. Ihre Bedeutung liegt in der kommunikativen Vielseitigkeit und Wirksamkeit begründet, vor allem in der ungemein vielseitigen rituellen und propagandistischen Verwertbarkeit. Musik bestätigt und formt Stimmungen und Haltungen auf einer sehr unterschwelligen Ebene; genau darin liegt ihre bewusstseinsprägende Kraft begründet. Sie lässt sich aufgrund ihrer unmittelbaren Einflussnahme auf das Gefühlsleben als vorbewusste Wirkgröße bezeichnen, die die rationale Urteilsfähigkeit ausschaltet. Sie ist in doppelter Hinsicht didaktisch interessant: zum einen als gefühlsbetontes Zeugnis grundlegender Stimmungen und Haltungen, und zum anderen als Medium, das auf anschauliche Weise Einsichten in die Techniken irrationaler Einflussnahme eröffnet.

Historisches Lernen setzt daran an, dass das Einflusspotenzial der Musik zu allen Zeiten absichtsvoll zur stimmungsmäßigen Unterfütterung gesellschaftlicher Interpretationsmacht genutzt worden ist, vor allem als ihr Werbe- und Verstärkereffekt. Stets hat Musik als sozialer Erfahrungsraum Anteil an Sinnstiftungs- und Gruppenbildungsprozessen gehabt und dabei Gemeinschaften auf eine sehr sinnliche und lustbetonte Weise erfahrbar gemacht, hauptsächlich über Lieder, Gesänge, Tänze, Marschmusik etc. Als Gefühlsschleuse hat sie zu allen Zeiten weltanschauliche und politische Botschaften überbracht und in oft unterschätztem Maße Anteil an Auseinandersetzungen in Politik, Wirtschaft und Kultur gehabt. Im Rahmen einer Didaktik, die historische Prozesse auch als Kommunikationsgeschichte begreift, hat Musik als Unterrichtsmedium einen besonders hohen Stellenwert.

Das geschichtsdidaktische Potenzial der Musik besteht darin, dass sie zum einen anschauliches Ausdrucksmittel zeit- und gruppenspezifischer Stimmungslagen ist und zum anderen eine direkte Gefühlsansprache ermöglicht, die den affektiven Zugang zu fremdartigen Weltsichten und Haltungen erleichtert. Sinnvoll ist der Einsatz von Musikquellen nur dann, wenn sich die spontane Gefühlsansprache in eine von Analyse und Reflexion geprägte Distanzhaltung überführen lässt. Vor allem muss die Wirkung von Musik visualisiert werden, was sich vorzugsweise bei wortgebundener Musik (vor allem Lieder und Chormusik) umsetzen lässt, weil dort der Text als außermusikalische Bedeutungsebene einen gut handhabbaren Ansatzpunkt für den analytischen Zugriff bietet.
Entsprechend den methodischen Grundsätzen der historischen Quellenarbeit interessieren vor allem Entstehung, Verbreitung und Wirkung eines Liedes oder Instrumentalstücks in seinem sozialen, kommunikativen und interessenpolitischen Kontext. Ähnlich wie andere Quellen können Musikquellen im Unterricht unterschiedliche Aufgaben wahrnehmen. In erster Linie dienen sie als Einstiegsmedium oder als Medium szenischer Umsetzungen im Sinne eines handlungs- oder projektorientierten Unterrichts. Erst in zweiter Linie kommen sie als zentrales Lernmedium einer Unterrichtsstunde in Frage, dies vor allem dann, wenn es um die propagandistisch-manipulativen Funktionen der Musik geht.

Klenke, Dietmar: Musik, in: Pandel, Hans-Jürgen/Schneider, Gerhard (Hrsg.): Handbuch Medien im Geschichtsunterricht, 4. Aufl. Schwalbach/Ts. 2007, S. 407-450; ders.: Musik als subjektorientiertes Medium im Geschichtsunterricht, in: Herzig, Bardo/ Schwerdt, Ulrich (Hrsg.): Subjekt- oder Sachorientierung in der Didaktik? Aktuelle Beiträge zu einem didaktischen Grundproblem, Münster 2002, S. 209-236; Sauer, Michael (Hrsg.): Historische Lieder, Stuttgart 1997

Dietmar Klenke (Paderborn)

Mythos

Mythen (griech. Mythos = Rede, Erzählung) sind früheste Überlieferungen, die das Dasein durch deutende Erzählung interpretieren. Sie erklären dadurch regelhafte Abfolgen im Naturverlauf (z.B. die Geburt des Tages aus der Nacht), deuten die Zeit als zyklische Wiederkehr von Werden und Vergehen und den Raum als Wirkgefüge übermenschlich-numinoser Kräfte (z.B. Quellnymphen, Berggötter). Sie beschreiben das Entstehen und Vergehen der Welt, den Ursprung von Menschen und Göttern. Der Mythos sprengt die Erfahrungswelt und damit die festgefügten Regeln von Logik und Wahrscheinlichkeit. Er liebt die Phantasie und die ins Phantastische gesteigerte Symbolik seiner Bilder und Akteure. Er schafft Verbindung und letztlich Identität zwischen denen, die der mythischen Rede teilhaftig werden. Der Gegensatz zum Mythos ist der Logos, der vernunftgeleitete Diskurs, der die Wahrheit des Wirklichen erkundet, während sich der Mythos ihr bestenfalls annähert.
Für den europäischen Kulturkreis gewann die griechisch-römische Mythologie grundlegende Bedeutung.

Ihre farbige Bilderwelt ist die älteste Literatur Europas. Sie beflügelte über Jahrhunderte Dichtung und bildende Kunst, befruchtete die Philosophie (z.B. Nietzsche) oder gar die Psychologie (Freud, C. G. Jung).
Während die Aufklärung den Mythos zur naiven Vorstufe des begrifflichen Denkens abwertete, betrachtete ihn die Klassik als ursprüngliche Poesie, die die Urbilder des Daseins in unendlich farbigen Variationen bricht. Die moderne Mythenforschung knüpft an beidem an. Für die Psychoanalyse spiegeln Mythen entweder den Tiefengrund der Seele (Archetypen von C.G. Jung) oder unbewusste Prozesse wie Verdrängung oder Sublimation (Freud). Für Theodor W. Adorno und Hans Blumenberg binden Mythen Ängste und Unsicherheiten, distanzieren also von den dunklen Seiten des Daseins und bieten dem Individuum damit Entlastung. Der Ethnologe Claude Lévy-Strauss interpretierte den Mythos dagegen strukturalistisch: Für ihn ist er ein Code, der – richtig entschlüsselt – Grundsituationen und Grundwidersprüche des Menschseins und darüber hinaus die Profile historisch gewachsener Kulturen beschreibt.

Barner, Wilfried: Texte zur modernen Mythentheorie, Stuttgart 2003; Blumenberg, Hans: Arbeit am Mythos, 5. Aufl. Frankfurt/M. 1990; Lévy-Strauss, Claude: Mythos und Bedeutung, Frankfurt/M. 1995

Wolfgang Günter (Freiburg)

N

Nachhaltigkeit

Empirische Untersuchungen weckten wiederholt begründete Zweifel am Langzeiterfolg des →Geschichtsunterrichts. Im Hinblick auf den gegenwärtigen bildungspolitischen Paradigmenwechsel vom Input- zum Outputmodell wirft dies die Frage auf, wie die Nachhaltigkeit des Geschichtsunterrichts verbessert werden kann oder, wie sich die Ressource „Unterricht“ effizienter nutzen lässt.
Historisches Lernen erstrebt neben fachspezifischen Fähigkeiten und Fertigkeiten sinnvoll gegliederte und miteinander vernetzte Wissensbestände. Deshalb gibt sich nachhaltiges Lernen nicht mit der üblichen Addition von Wissen als Ergebnis aufeinander folgender Lernprozesse zufrieden, sondern konstituiert über den Stundentakt hinaus dichte und umfassende Sinneinheiten. Dies erfordert ein aktives Lernen, das die Inhalte systematisiert, vertieft und vernetzt. Hilfreich sind hierfür didaktische Plateaus, auf denen durch Vergleich, durch →Längs- oder Querschnitte oder auch durch die Perspektivierung auf andere Leitbegriffe jeweils neue Kontexte entstehen, in denen sich das Gelernte verfestigt. Bewährt hat sich zudem das Vernetzen der Wissensbestände mit Hilfe bildhafter „Superzeichen“, die komplexe kognitive Zusammenhänge symbolisch raffen und so im Gedächtnis festigen (vgl. Allan Paivio 1991).
Nachhaltiges Lernen lässt sich darüber

hinaus fördern durch unterrichtsmethodische Regeln, die während der letzten 30 Jahre vielfach in Vergessenheit geraten sind. Dazu gehört unter anderem die stete Einordnung der Lerninhalte in ihren räumlich-zeitlichen Kontext. Die deutsche Geschichtsdidaktik hat zwar in berechtigter Abwehr eines zahlengesättigten Paukunterrichts ein grundsätzliches Misstrauen gegenüber „Jahreszahlen" entwickelt. Allerdings konnten angelsächsische Untersuchungen zeigen, dass sich historisches Denken dann deutlich verbessert, wenn dessen Inhalte in klare Zeitkategorien gefasst sind. Dies erfordert nicht nur Kenntnis von „Schlüsseldaten" als „innerem Maßband der Zeit", sondern auch die Fähigkeit, die einzelnen Epochen in ihrer zeitlichen Binnengliederung und Abfolge so zu charakterisieren, dass neue Lerninhalte sicher in das damit gegebene chronologisch-kausale Raster einzuordnen sind.

Mit der Einführung des Arbeitsunterrichts geriet das Wiederholen früherer Lerninhalte in den 1970er Jahren vielfach außer Übung. Dagegen haben moderne Gedächtnispsychologen neuerdings wieder auf die Bedeutung sinnbetonten Wiederholens für den Langzeiterfolg des Lernens hingewiesen, wobei offenbar dem zeitlichen Rhythmus eine besondere Bedeutung zukommt (ältere pädagogische Regeln sprachen von einem Wiederholen im Rhythmus von 14 Tagen, vier Wochen und sechs Monaten).

Pandel, Hans-Jürgen: Geschichtsunterricht nach PISA. Kompetenzen, Bildungsstandards und Kerncurricula, 2. Aufl. Schwalbach/Ts. 2007

Wolfgang Günter (Freiburg)

Narrativität

Unter Narrativität (zu lat. narrare = erzählen) versteht man das organisierende Prinzip historischer Aussagen sowie, darüber hinausgehend, das spezifische Strukturmerkmal von Geschichte überhaupt und insofern auch die Ausdrucksgestalt der im Geschichtsunterricht verhandelten historischen Themen, Phänomene und Kategorien. Formallogisch meint Narrativität, dass historisches Wissen in der eigentümlichen Form einer Erzählung (→Erzähltypen) vorliegt, also eines sprachlichen Gebildes, das auf bestimmte Weise zuvor isolierte Sachverhalte bedeutungsvoll miteinander verbindet, und zwar auf allen drei Ebenen des historischen Denkens: Erkenntnis (Aussage), Darstellung, Diskurs. Narrative Ordnungsmittel sind v.a. die Sequenzierung, selektive Verknüpfung, Retrospektivität, Partikularität und Konstruktivität. Vom Erzählbegriff der Literatur, Sozialwissenschaft oder Linguistik unterscheidet sich Narrativität als historiologische Kategorie dadurch, dass mit ihr der Akt der praktisch wirksamen Sinnbildung über Zeiterfahrung (Jörn Rüsen) konstitutiv verbunden ist. Alles historische Verstehen ist narratives Verstehen, wodurch die Bedeutung von „Theorien" in der →Geschichtswissenschaft wesentlich eingeschränkt wird. In jeder narrativen Konstruktion eines Zusammenhangs steckt allerdings ein „Mehr", das nicht in der Vergangenheit selbst begründet liegt, sondern eher moralischen oder ästhetischen Präferenzen des Historikers folgt. Seine universalistische Bedeutung gewinnt der Terminus Narrativität dadurch, dass unsere Erfahrung der

Welt als →Text immer bereits narrativ verfasst, also an bestimmte Modelle und Schemata der Wahrnehmung und Deutung gebunden ist.
Sobald die geschichtsdidaktische, anwendungsorientierte Theoriebildung davon ausgeht, dass Verstehensvorgänge (und ebenso Erkennens-, Erinnerungsvorgänge) von strukturellen Merkmalen narrativer Darstellungen abhängig sind, muss sie fordern, dass Schülerinnen und Schüler lernen, „fertige Geschichten" (Historiker-, Schulbuchtexte) ähnlich wie schriftliche →Quellen zu dekonstruieren (→Dekonstruktion), um sie in ihrer Form und Intentionalität zu begreifen und Narrativität als geschichtsdidaktische Kategorie zu erkennen. Dazu ist es nötig, die soziokulturell vermittelten, sprachtheoretisch fundierten Deutungsmuster („narrative frameworks") selbst zum Thema des Unterrichts zu machen. Dies geschieht mit dem Ziel, dass Schülerinnen und Schüler eigene historische Erzählungen kompetent produzieren können (→Kompetenz).

Barricelli, Michele: Schüler erzählen Geschichte. Narrative Kompetenz im Geschichtsunterricht, Schwalbach/Ts. 2005; Baumgartner, Hans-Michael: Narrativität, in: Bergmann, Klaus u.a. (Hrsg.): Handbuch der Geschichtsdidaktik, 5. Aufl. Seelze-Velber 1997, S. 157-160; Danto, Arthur C.: Analytische Philosophie der Geschichte, Frankfurt/M. 1974 (Originalausgabe Cambridge 1965); Hasberg, Wolfgang: Klio im Geschichtsunterricht. Neue Perspektiven für die Geschichtserzählung im Unterricht?, in: GWU 48 (1997), S. 708-726

Michele Barricelli (Hannover)

Nationalgeschichte

Nationalgeschichte ist ein Gattungsbegriff für all diejenigen Geschichten, deren Sinnmitte eine einzelne, häufig die eigene Nation bildet. Die Entstehung moderner Nationalstaaten und die Professionalisierung der →Geschichtswissenschaft(en) waren weitgehend synchron verlaufende Prozesse, und sie führten zu dem Ergebnis, „dass nach europäischen und atlantischen Anfängen im 19. Jahrhundert erst im 20. Jahrhundert der Nationalstaat international zum wichtigsten organisatorischen Rahmen und seine Geschichte der mit Abstand meistbehandelte Gegenstand historischer Forschung wurde" (Raphael). Gleichwohl haben die Katastrophen des 20. Jahrhunderts, aber auch die Weiterentwicklung der Geschichtswissenschaft durch Aufnahme neuer Fragestellungen und Ausweitung der räumlichen Perspektiven (z.B. Alltags-, Umwelt-, Geschlechter-, Sozial- und Universalgeschichte) die lange Zeit fraglos gültige Dominanz der Nationalgeschichte obsolet werden lassen – auch und gerade in Deutschland. So betonen die Herausgeber der 10. Auflage des „Gebhardt. Handbuch der deutschen Geschichte", dass der „nationalgeschichtliche Zugang zur eigenen Geschichte" überall wichtig bleibe. Es komme darauf an, „ihn nicht zu verabsolutieren, sondern mit der Geschichte kleinerer Einheiten wie mit der Geschichte transnationaler Zusammenhänge zu vereinbaren" (Haverkamp u.a.).
Analoges gilt für das historische Lernen im schulischen Geschichtsunterricht. Auch hier kann es nicht mehr darum

gehen, nationale Identität durch gesinnungsunterrichtliche Unterweisung in der eigenen Nationalgeschichte zu bilden, wie dies in Deutschland zwischen 1871 und 1945 üblich war. Vielmehr kommt es heute darauf an, Nationalgeschichte als einen Perspektivrahmen neben anderen erkennbar zu machen und Ereignisse, Prozesse und Strukturen der Nationalgeschichte in ihren regionalen und transnationalen Verflechtungen zu zeigen.

Gebhardt. Handbuch der deutschen Geschichte, 10., völlig neu bearb. Aufl., hrsg. von Haverkamp, Alfred u.a., Stuttgart 2002 ff.; Raphael, Lutz: Geschichtswissenschaft im Zeitalter der Extreme. Theorien, Methoden, Tendenzen von 1900 bis zur Gegenwart, München 2003; Schönemann, Bernd: Nationale Identität als Aufgabe des Geschichtsunterrichts nach der Reichsgründung, in: Internationale Schulbuchforschung 11 (1989), S. 107-127

Bernd Schönemann (Münster)

O

Objektivität

Objektivität bedeutet strenge Sachlichkeit. Beim Streben nach Objektivität muss der Beobachter oder Forscher seine Subjektivität „ausschalten", also seine Gefühle, Interessen, Wertvorstellungen, Einstellungen, (Vor-)Urteile, und zwar zunächst bei der Ermittlung von empirischen Befunden (Tatsachen) wie auch bei der wissenschaftlichen Begriffs- und Theoriebildung.

Das Bemühen um Objektivität muss grundsätzlich mit einschränkenden Bedingungen rechnen, die sowohl durch die Informationsquellen und Forschungsthemen gesetzt werden, als auch durch die spezifischen Erwartungen der Informationsempfänger, durch die methodischen Möglichkeiten wie insgesamt durch die Tatsache, dass Lehrer oder Historiker und ihre Adressaten dem Handlungssystem Gesellschaft angehören und von diesem Handlungssystem geprägt sind, das wiederum zugleich Gegenstand der lehrenden oder forschenden Arbeit ist.

Die These von der Wertfreiheit (→Werturteile) reklamiert für sich eine Objektivität der historischen und sozialwissenschaftlichen Erkenntnis auf Grund des methodischen Verfahrens, das zwar das Problem der Standortgebundenheit nicht grundsätzlich aufheben, wohl aber eine formale, intersubjektive Stimmigkeit der Aussagen beanspruchen kann. Die Objektivität ist also gebunden an die gewählte Methode. Marxistisch inspirierte Theoretiker verweisen demgegenüber auf die grundsätzliche Parteilichkeit historischer Aussagen: Erst die Wahl eines begründeten Standpunktes ermögliche eine Auseinandersetzung mit der Geschichte auf eine Weise, die im Interesse der heute handelnden und leidenden Menschen stehe.

In der fachdidaktischen Diskussion hat das Problem der Objektivität bislang kaum Aufmerksamkeit gefunden, sieht man von Rüsens wenig rezipiertem Ansatz ab. Geschichtsdidaktisch scheint Objektivität nicht einlösbar zu sein. (Vgl. demgegenüber Rüsens Forderung einer „narrativen Triftigkeit": „Die durch die Geschichte als Wissenschaft eröffneten Objektivitätschancen des historischen Denkens bestehen darin, dass die Orientierung handelnder und leidender Menschen in der Zeit durch Geschichten erfolgt, die immer anders erzählt werden müssen – im Sinne einer Steigerung ihres Erfahrungs-, Bedeutungs- und Sinngehaltes.")

In Unterrichtswerken und bei der Quellenauswahl wird versucht, dem Anspruch der Ojektivität dadurch Rechnung zu tragen, dass man die Prinzipien der →Multiperspektivität und Kontroversität beachtet und die Relativität von Objektivität thematisiert.

Heil, Werner: Das Problem der Erklärung in der Geschichtswissenschaft. Ein Beitrag zum Selbstverständnis und zur Objektivität der Geschichtswissenschaft, Frankfurt/M. 1988; Koselleck, Reinhart/Mommsen, Wolfgang J./Rüsen, Jörn (Hrsg.): Objektivität und Parteilichkeit, München 1977; Rüsen, Jörn: „Objektivität", in: Bergmann, Klaus/Kuhn, Annette u.a. (Hrsg.), Handbuch der Geschichtsdidaktik, 5. Aufl. Seelze-Velber 1997, S. 160-163

Hartmann Wunderer (Wiesbaden)

P

Personalisierung

Seit den siebziger Jahren versteht man unter „Personalisierung" zum einen die Darstellung historischer Sachverhalte anhand der Biografie großer und deswegen bedeutender Persönlichkeiten, die „Geschichte mach(t)en" (Heinrich von Treitschke), zum anderen die Darstellung historischer Verläufe und Ereignisse aus der Perspektive dieser „großen" Männer (z.B. Karl der Große, Napoelon, Bismarck, Hitler etc.) und – eher selten und marginal – „großer" Frauen.

Die Personalisierung diente in früheren Zeiten der Herrschaftslegitimation Einzelner oder dem Machterhalt kleinerer Gruppen und stand gerade deswegen im schulischen Geschichtsunterricht und in der außerschulischen →Geschichtskultur (Festkultur, Gedenktage, Schulbücher etc.) im Vordergrund. Seit den siebziger Jahren schien der personalisierende Geschichtsunterricht unvereinbar zu sein mit einer kritischen und sich emanzipatorisch verstehenden →Geschichtsdidaktik und den sich aus ihr ergebenden Forderungen an einen modernen Geschichtsunterricht (→Multiperspektivität, Alterität etc.) und mit der Förderung eines reflektierten →Geschichtsbewusstseins. Hauptpunkt der Kritik war und ist, dass die Perspektive der „einfachen" Menschen fehle und so ein einseitiges Geschichtsbild vermittelt werde. Dieses laufe in seiner monoperspektivischen Ausrichtung der geschichtswissenschaftlichen Absicht zuwider, nach der die Vergangenheit als ein Zusammenhang von Strukturen und Prozesse zu verstehen sei, in den alle Menschen als handelnde Subjekte eingebunden sind. Diese Kritik aufgreifend rückte seit Mitte der 1980er Jahre unter dem Einfluss der →Mentalitäts- und Mikrogeschichte, der →Oral-History und einer alternativen Geschichtsbewegung (lokale Geschichtswerkstätten etc.) das individuelle Erlebnis und die kollektive Erfahrung einzelner gesellschaftlicher Gruppen, z.B. Arbeiter, in den Mittelpunkt einer am Alltag der „kleinen Leute" orientierten „Geschichte von unten". Diese Personifizierung von Geschichte läuft aber ebenso Gefahr, geschichtsdidaktische Prämissen auszublenden wie die personalisierende Darstellung, wenn sie als isolierte Gegengeschichte verstanden und monoperspektivisch gelehrt wird.

Nach wie vor wird Geschichte mit Personen verbunden und manifestiert sich dabei in wirkungsvollen Personalisierungen (z.B. Helmut Kohl als „der Kanzler der Einheit"). Gerade weil aber diese Form der personalisierenden und personifizierenden Geschichtsdeutung die außerschulische →Geschichtskultur (z.B. „Hitler – Aufstieg des Bösen" etc.) als Darstellungsprinzip dominiert, sollte sie wiederum selbst zum Gegenstand historischen Lernens werden. Dadurch sollen die Lernenden auf die Gefahren dieser monoperspektivischen und vereinfachenden Betrachtungsweise aufmerksam gemacht werden.

Bergmann, Klaus: Personalisierung, Personifizierung, in: Ders. u.a. (Hrsg.): Handbuch der Geschichtsdidaktik. 5.

Aufl. Seelze-Velber 1997, S. 298ff.; ders.: Personalisierung im Geschichtsunterricht – Erziehung zu Demokratie? Stuttgart 1972; Rohlfes, Joachim: Ein Herz für die Personengeschichte? Strukturen und Persönlichkeiten in Wissenschaft und Unterricht, in: GWU 50 (1999), S. 305-320

Christian Heuer (Freiburg)

PISA

Das Programme for International Student Assessment (PISA) untersucht im Auftrag der OECD seit 2000 im Abstand von drei Jahren mit unterschiedlichen Schwerpunkten die Lesekompetenz sowie die mathematische und die naturwissenschaftliche Grundbildung von 15-Jährigen.

PISA ist eine anspruchsvolle und forschungsmethodisch ausgereifte Large-Scale-Schulleistungsstudie; sie soll den teilnehmenden Staaten verlässliche Indikatoren zur Verbesserung ihrer nationalen Bildungssysteme vom Kindergarten bis zur Lehrerbildung zur Verfügung stellen. Dafür misst PISA output-orientiert inhaltsunabhängige Schülerkompetenzen an international mehrfach überprüften Standards, um so indirekt die Qualität des Schulsystems und des Unterrichtens zu beurteilen. Die deutsche PISA-Stichprobe umfasst jeweils etwa 5000 Schüler und 220 Schulen; dabei werden die internationalen Untersuchungsgegenstände um Erhebungen zur Kommunikation und Kooperation im Unterricht, zu fächerübergreifenden Problemlösungsfähigkeiten, zur Mediennutzung, zum Freizeitverhalten und zu sozialen und schulischen Hintergrundmerkmalen erweitert. Außerdem enthalten die deutschen PISA-Studien nationale Ergänzungstests, die stärker auf die deutschen Lehrpläne und Unterrichtstraditionen bezogen sind. Im Auftrage der →Kultusministerkonferenz (KMK) werden die PISA-Ergänzungsstudien (PISA-E) mit rund 50 000 Schülern der 9. Klassen an mehr als 1000 Schulen durchgeführt, die bundeslandbezogen ausgewertet werden. Die zusätzlichen deutschen Daten erlauben eine differenzierte Beurteilung der Schüler- und Schulleistungen, auch wenn die Öffentlichkeit sie überwiegend nur als Ranking wahrnimmt.

Für den Geschichtsunterricht werden bisher keine vergleichenden Schulleistungsstudien geplant. Obwohl in der internationalen empirischen Forschung der Begriff historical literacy (historische Grundbildung) inzwischen eingeführt ist, wäre es im Gegensatz zu den „internationalen" Naturwissenschaften zum einen sehr schwierig, valide Testinstrumente für den stark nach nationalen Traditionen, Schulformen und Schulfächern differierenden Unterricht zur Geschichte zu entwickeln. Nationale Versuche dazu gibt es z.B. in England, in den USA und in der Schweiz. Zum anderen können historische Kompetenzen fast nur an sprachlichen Äußerungen untersucht werden, d. h. nicht nur mit Papier-und-Bleistift-Tests. Wie im DESI-Projekt (Deutsch Englisch Schülerleistungen International) der →Kultusministerkonferenz (KMK) müssten videogestützte Unterrichtsbeobachtungen und Zweipunktmessungen der Schülerleistungen ein besonderes Gewicht erhalten, um die Qualität des gegenwärtigen Geschichtsunterrichts zu beurteilen und zu verbessern.

Günther-Arndt, Hilke: Literacy, Bildung und der Geschichtsunterricht nach PISA 200, in: GWU 56 (2005), S. 668-683; Pandel, Hans-Jürgen: Geschichtsunterricht nach PISA, 2. Aufl. Schwalbach/Ts. 2007

Hilke Günther-Arndt (Oldenburg)

Plakat

Das Medium Plakat lässt sich als reines Textplakat und ohne Bildelemente seit dem 16. Jahrhundert („Plakate" im Zusammenhang mit dem Ablasshandel; zur Ankündigung von Theaterveranstaltungen; Bekanntmachung obrigkeitlicher Anordnungen) nachweisen. Als Mittel der Kommunikation dient es der Verbreitung einer meist auf das Wesentliche reduzierten Botschaft, einer Information oder Ankündigung eines Einzelnen oder einer Gruppe. Die Erfindung der Farblithographie förderte den Trend zum Bildplakat. Seit dem späten 19. Jahrhundert wurde das Plakat zum künstlerisch gestalteten Ausdrucksmittel im öffentlichen Raum. Mit Plakaten, die von einem neuen Berufszweig, den Graphikern und Designern, aber auch von Malern geschaffen wurden, wurde für Ausstellungen, Messen, Filme, Sport- und Kulturveranstaltungen usw. geworben; die Tourismusbranche und die Wirtschaftswerbung insgesamt bedienten sich ebenfalls der Plakate als Werbemittel (Produkt- und Imagewerbung). Daneben dienten und dienen sie – etwa in Wahlkämpfen – als politisches Agitationsmittel. Als solche werden sie seit den späten fünfziger Jahren auch als Unterrichtsmedium verwendet. Plakate geben Auskunft über Geschmacksorientierungen in Kunst und Film; als Wahlplakate dokumentieren sie politische Ziele und geben dabei Aufschluss über Ideologie und Ziele der Parteien; als Werbeplakate ermöglichen sie Rückschlüsse auf das Freizeit- und Konsumverhalten der Bevölkerung. Sie sind damit eine hervorragende Quelle für den Geist ihrer Entstehungszeit. Da Plakate gängiger Bestandteil der Lebenswelt der Schüler sind und oft als Schmuck oder auch als Demonstration politischer Gesinnung in deren Zimmern hängen, kann bei ihrer Verwendung im Geschichtsunterricht mit großer Akzeptanz gerechnet werden. Die Schwierigkeit, die Schüler mit diesem Medium haben, liegt meist darin, dass die im Plakat enthaltenen künstlerisch-ästhetischen und aktuell-politischen Aspekte sich einer leichten Entschlüsselung entziehen. Manche Text- oder Bildbezüge sind mit größerem zeitlichem Abstand zu ihrer Entstehungszeit oft nicht mehr entschlüsselbar. Die Arbeit mit Plakaten im Unterricht braucht daher Zeit.

Plakate aus all diesen Bereichen sind heute im Geschichtsunterricht als zeit- und kulturgeschichtliche Quelle ersten Ranges gängiges Unterrichtsmedium. Vielfach werden sie zur Illustration eines historischen Sachverhalts herangezogen. Vor allem, wenn im Geschichtsunterricht Plakate mit kontroverser Aussage gegenüber gestellt werden, können sie Schüler auch in die Lage versetzen, einen historischen Sachverhalt selbstständig zu erarbeiten. Plakate, die eine zugespitzte Text- oder Bildaussage enthalten, lassen sich besonders gut in der Einstiegsphase als Motivationsmittel nutzen. Daneben können Plakate (vor allem solche mit größeren Textanteilen) oder Plakatsequenzen und -vergleiche auch als Arbeitsmittel in der Arbeitsphase verwendet werden. In der Transfer- bzw. Anwendungsphase kann an der Art und Weise, wie Schüler ein ihnen vorgelegtes unbekanntes Plakat interpretieren, erkannt werden, ob bzw. inwieweit sie sich den Lernstoff angeeignet haben. In bestimmten Fällen kann es ertragreich sein, dass Schüler auf der Basis von Textquellen selbst ein Plakat entwerfen. Dabei gewinnen sie Einblicke in die Konsequenzen, die sich aus der Reduktion einer (politischen) Aussage zu einer möglichst knappen Botschaft ergeben. Erwägungen über die Rezeption von Plakaten können sich anschließen.

Schneider, Gerhard: Das Plakat, in: Pandel, Hans-Jürgen/Schneider, Gerhard (Hrsg.): Handbuch Medien im Geschichtsunterricht, 4. Aufl. Schwalbach/Ts. 2007, S. 277-338

Gerhard Schneider (Freiburg)

Politische Bildung

Die Geschichtserfahrung des bis heute im Grunde unvorstellbaren Zivilisationsbruchs während der Jahre 1933-1945 hat die Politische Bildung in der Bundesrepublik Deutschland geprägt. Das Verhalten der meisten Deutschen im deutschen Obrigkeitsstaat nach 1870/71 zeigt, in welche Katastrophe die Unfähigkeit zum selbstständigen und wertgeleiteten politischen Denken und Handeln führen kann. In einer Demokratie besteht die Aufgabe staatlicher Herrschaft darin, den Fundamentalwert Menschenwürde und damit die Freiheit der Menschen zu schützen. Freiheit setzt Mündigkeit voraus. Sie verlangt von den Bürgerinnen und Bürgern, sich ihres „Verstandes ohne Leitung eines anderen zu bedienen" (Kant). Die Fähigkeit und Bereitschaft dazu anzubahnen ist die Aufgabe von Schule und Unterricht. Der Sozialkunde- oder Politikunterricht bereitet auf das selbstständige politische Denken und Handeln vor. Die Jugendlichen sollen zur Wahrnehmung ihrer Bürgerrolle in der Demokratie befähigt werden. Notwendig dazu sind (1) Kenntnisse über das Wesen von Politik und über den Aufbau und die Aufgaben von Institutionen und Organisationen in Staat und Gesellschaft. Politisches Handeln in einer Demokratie setzt (2) Wissen und Erfahrung in der Analyse und Beurteilung von Politik, d.h. von politischen Problemen, Prozessen und Strukturen, voraus. Die Didaktik des Politikunterrichts hat dazu Kategorien und Urteilskriterien entwickelt, die sich – mutatis mutandis – auch im Geschichtsunterricht bei der Behandlung von politischer Geschichte anwenden lassen. Vor allem aber ist (3) der Aufbau einer an den Grundwerten „Freiheit, Gleichheit/Gerechtigkeit, Solidarität" sowie „Leben" und „Frieden" orientierten Verhaltensdisposition wichtig. Das Eintreten für Grundwerte sollen die Schülerinnen und Schüler beim Sozialen Lernen verinnerlichen, einem Anliegen aller Schulfächer. Hier soll es ihnen zur Gewohnheit werden, mit anderen gewaltfrei umzugehen, die anderen als prinzipiell gleichwertig und gleichberechtigt anzusehen und ihnen fair, tolerant und solidarisch zu begegnen. Im Politikunterricht soll es den Jugendlichen darüber hinaus zur Selbstverständlichkeit werden,

- sich für Politik zu interessieren und sich über Politik zu informieren,
- die Verbindlichkeit von Regeln anzuerkennen und die Erhaltung der demokratischen Grundordnung als notwendig für den Bestand der eigenen Freiheit anzusehen,
- fremden Positionen und auch spontan gebildeten eigenen Meinungen mit Skepsis zu begegnen und sich durch Denkanstrengungen politische Unabhängigkeit zu bewahren,
- die Mitmenschen wahrzunehmen, an ihrem Schicksal Anteil zu nehmen und sich für sie mitverantwortlich zu fühlen und
- prinzipiell zur politischen Beteiligung bereit zu sein.

Gegenwärtig ist der Politikunterricht an den Schulen in Gefahr. In einigen Bundesländern ist das Schulfach bereits abgeschafft und durch ein neues Fach „Wirtschaft und Politik“ ersetzt worden. Vor dieser Entwicklung muss gewarnt werden. Eine Demokratie braucht Demokraten; Demokratie braucht Politische Bildung.

Weißeno, Georg (Hrsg.): Lexikon der politischen Bildung. 3 Bde. Schwalbach/Ts. 1999, 2000; Gagel, Walter: Geschichte der politischen Bildung in der Bundesrepublik Deutschland 1945-1989. 2. Aufl. Opladen 1995; Zeitschrift „Politische Bildung“ (hrsg. von Uwe Andersen, Gotthard Breit, Peter Massing, Wichard Woyke), Schwalbach/Ts. (erscheint 2009 im 42. Jg.)

Gotthard Breit (Braunschweig)

Portfolio

Im Bildungsbereich bezeichnet man mit „Portfolio“ eine Mappe, in der Blätter zusammengetragen und aufbewahrt werden können. Die Kernidee des Geschichtslernens mit dem Portfolio ist einfach: Es geht darum, dass die Lernenden in der eigenständigen Auseinandersetzung mit Vergangenem selber gute Produkte wie Texte, Grafiken, Collagen entwickeln, diese sammeln, und einige davon in einer Lern- und Qualifikationsmappe, dem Portfolio, Anderen zugänglich machen.

Geschichtslernen mit dem Portfolio hat einen Wert an sich und dient vor allem dem Aufbau und der Ausdifferenzierung von →Kompetenzen für historisches Lernen. Geschichtslernen mit dem Portfolio trägt darüber hinaus zur Vorbereitung des wissenschaftlichen Umgangs mit Vergangenheit bei: Die Schülerinnen und Schüler lernen, das historische Universum systematisch wahrzunehmen und zu erkunden, ihr Vorgehen und die Erkenntnisse zu dokumentieren und die Dokumentation öffentlich zu machen.

Das Geschichtslernen mit dem Portfolio kann sowohl Ergänzung eines instruktiven Vermittlungsunterrichts als auch Zentrum einer offenen rekonstruktiven →Erarbeitung sein. In beiden Akzentuierungen bringt das Geschichtslernen mit dem Portfolio eine Reihe von didaktischen Herausforderungen mit sich: Es braucht zuerst genaue Anweisungen. Diese so genannten Portfolioaufträge sind allerdings nur die ersten Anstöße für das Geschichtslernen mit dem Portfolio. Sie können das Lernen einleiten, garantieren es aber keineswegs. Vor allem in der Anfangsphase brauchen die Schülerinnen und Schüler eine Beratung zum Anlegen der Portfolios und wenn immer möglich auch gute Beispiele von bereits entwickelten Produkten zur entsprechenden Aufgabenstellung. Diese Beispiele tragen mindestens so viel zur Standardsetzung bei wie die ebenfalls notwendigen Beurteilungskriterien, die von Anfang an klar sein müssen (→Evaluation).

Das Geschichtslernen mit dem Portfolio ist kein Selbstläufer: Es ist für die Lernenden anspruchsvoll, das Thema zu klären, das Material zu finden, adäquat damit umzugehen, Beziehungen und Verknüpfungen herzustellen, selber Schlüsse zu ziehen und das Gelernte darzustellen. Lernen mit dem Portfolio ist dann wirksam, wenn anhand der von den Lernenden selber erstellten Dokumentationen eine Reflexion des Gelernten und Geleisteten sowie ein Dialog darüber stattfindet.

Adamski, Peter: Portfolio im Geschichtsunterricht. Leistungen dokumentieren – Lernen reflektieren, in: GWU, Heft 1/2003. S. 32-50; Gautschi, Peter: Geschichte lehren. Lernwege und Lernsituationen für Jugendliche. 3. Aufl. Buchs (Schweiz) 2005, S. 163-164

Peter Gautschi (Aarau/Schweiz)

Praktika

Über die Notwendigkeit berufspropädeutischer Studienanteile in der zweiphasigen Lehrausbildung besteht seit langem Konsens. In der Ausbildungspraxis hingegen existieren auf Grund unterschiedlicher Festlegungen in den Lehramtsstudienordnungen der Bundesländer erhebliche Unterschiede in Umfang und Qualität fachbezogener praktischer Studienanteile.

Die Praktika sind Bestandteile der Geschichtsdidaktik (und nicht der Pädagogik) und müssen auch von deren Vertretern betreut werden. Es lassen sich drei Grundformen unterscheiden: semesterbegleitende schulpraktische Übungen, mehrwöchige (mindestens vier Wochen) angeleitete Fachpraktika in der vorlesungsfreien Zeit in der Schule und fakultative Praktika in geschichtskulturellen Bereichen (Museen, Geschichtsvereinen, Archiven, Fernseh- und Rundfunkhäusern). In diesen Institutionen können Studierende Einblicke in Themen, Methoden und Strukturen gewinnen, die sich für forschendes Lernen und historische →Projektarbeit eignen. Zum eigentlichen Praktikum gehört eine semesterbegleitende Vorbereitungsveranstaltung sowie ein Auswertungskolloquium.

In den schulpraktischen Übungen geht es um die Einführung der Studierenden in die Schulpraxis des Faches und demgemäß um die Anbahnung von Professionalität. Unter Anleitung von Geschichtsdidaktikern oder Lehrertutoren erweitern die Studierenden ihre fachspezifischen Kenntnisse und Erfahrungen in den Bereichen Unterrichtsbeobachtung, Unterrichtsplanung, Unterrichtsanalyse und Reflexion von Geschichtsunterricht. Die vorerst nur theoretischen Kenntnisse über grundlegende Ziele, Inhalte und Methoden historischen Lernens werden praxisbezogen erweitert und vertieft. Die Studierenden erwerben Grundlagen für Planungskompetenz. Neben Erfahrungen in der Stoffpla-

nung geht es vor allem um formalisierte Stundenentwürfe mit den Bausteinen: Bedingungsanalyse, Sachanalyse, didaktische Analyse, Lernzielsetzung sowie die detaillierte didaktische, inhaltliche und methodische Planung des Stundenablaufs. Der herausragende Anspruch von Praktika besteht in der Bewältigung komplexer Anforderungen: fachwissenschaftliche Kompetenz, didaktische und Methodenkompetenz (Vermittlungskompetenz), Diagnosekompetenz, Sozialkompetenz, Medienkompetenz, Innovationsbereitschaft.
Bei den Schulpraktika handelt es sich um Ausbildungssequenzen, die es ermöglichen, die erworbenen Erfahrungen aus den schulpraktischen Übungen durch selbstständige, aber von Tutoren begleitete Planung und Umsetzung von Stunden seriell über ca. vier Wochen durchzuführen. Zeitgleiche Hospitationen ermöglichen Einblicke in den Stand professioneller Unterrichtspraxis.
Da schulpraktische Studien ein Zwischenglied zwischen Berufspraxis und Studium darstellen, sollten sie in Form des „forschenden Lehrens" betrieben werden. Sinnvoll erweisen sich Erprobungen neuer Ansätze, schülerorientierte Erkundungen zu didaktischen Einzelthemen sowie kleine empirische Erhebungen, deren Auswertung im Rahmen von Praktikumsdokumentationen oder thematisch akzentuierten Auswertungsveranstaltungen erfolgen kann.

Kretschmer, Horst/Stary, Joachim: Schulpraktikum. Eine Orientierungshilfe zum Lernen und Lehren, Berlin 1998; Mayer, Ulrich/Pandel, Hans-Jürgen: Fachpraktikum, in: Bergmann, Klaus u.a. (Hrsg.): Handbuch der Geschichtsdidaktik, 3. Aufl. Düsseldorf 1985, S. 688-690

Christina Böttcher (Halle)

Problemorientierung

Problemorientierung ist ein didaktisches Prinzip, historische Darstellungen (schriftlich oder mündlich) nicht als Ketten von aufeinander folgenden Ereignissen zu organisieren, sondern an bestimmten Problemen auszurichten. Ein Problem ist ein Ereignis (oder Ereigniszusammenhang), das einem bestimmten Sollzustand (Erwartung, Regelmäßigkeit, Normalität) zuwiderläuft. Diese Diskrepanz, durch die ein Ereignis als Problem konstituiert wird, verlangt nach einer Lösung. Ein Sachverhalt ist erst dann ein Problem, wenn eine Lösung nicht durch Anwendung bereits bekannter Routine herbeigeführt werden kann, sondern sich bei der Zielerreichung Widerstände entgegenstellen. Sprachliches Analogon von „Problem und Lösung" ist „Frage und Antwort".
Problemorientierter Geschichtsunterricht ist ein Gegenbegriff zum (herkömmlichen) →chronologischen Geschichtsunterricht. Nicht dass der problemorientierte Geschichtsunterricht ohne Chronologie auskäme, aber er reiht nicht Ereignis an Ereignis, sondern gruppiert Ereignisse (bzw. Ereignisaspekte) um Probleme, die die einzelnen Aspekte von Ereignissen zusammen halten. Die Problemorientierung ist keine fakultative methodische Variante, sondern sie ist grundlegend für historisches Denken und geschichtlichen Unterricht. Jeglicher Unterricht sollte problem-

orientiert sein. Lerntheoretisch hat der problemorientierte Unterricht den Vorteil, dass der Behaltenseffekt nachhaltiger ist (→Nachhaltigkeit), weil das Problemlernen größeren geistigen Aufwand erfordert als die bloße Reproduktionsleistung.
Die für den Geschichtsunterricht relevanten Probleme entstammen vier verschiedenen Bereichen: Probleme können aus der heutigen politisch-gesellschaftlichen Gegenwart (Gegenwartsprobleme) stammen (z.B. Arbeitslosigkeit, →Migration). Im Rückgriff auf Geschichte wird gefragt, wo in der Vergangenheit gleiche oder ähnliche Problemlagen auftauchten, die ähnliche, analoge oder kontroverse Lösungsmöglichkeiten wie in der Gegenwart erkennen lassen. Auch die einzelnen Epochen werden von Problemen durchzogen, die für ihre Zeit typisch waren (epochen- und situationsspezifische Probleme). Die Zeitgenossen versuchten sich an ihrer Lösung, etwa: Erster Weltkrieg: Lässt sich ein Krieg verhindern? Reformation: Kann die katholische Kirche sich reformieren? Jede Forschung beginnt mit Problemen (Forschungsprobleme), die aus der Spannung von Wissen und Nichtwissen resultieren. Nicht gelöste Forschungsprobleme äußern sich in Kontroversen (DDR: „Guter Anfang" oder „Diktatur von Anfang an"?). Probleme können schließlich auch durch didaktisch-methodische Problematisierung entstehen. Zur Planungskompetenz der Unterrichtenden gehört die Fähigkeit, sich nicht nur die Gegenwarts-, Epochen- und Forschungsprobleme zu Nutzen zu machen, sondern auch jeden Sachverhalt in ein motivierendes Problem für die Schülerinnen und Schüler umzuformulieren.

Bauerkämper, Arnd u.a. (Hrsg.): Kontroversen um die Geschichte, Darmstadt 2002 ff. (mehrere Bände); Bergmann, Klaus: Der Gegenwartsbezug im Geschichtsunterricht, Schwalbach/Ts. 2002; Uffelmann, Uwe: Problemorientierung beim historischen Lernen, in: GWU 43 (1992) S. 613-629

Hans-Jürgen Pandel (Halle)

Projektarbeit

Unter Projektarbeit versteht man aus geschichtsdidaktischer Perspektive ein Lernverfahren, in dessen Verlauf die Schülerinnen und Schüler selbst- und eigenständig geschichtliche Themen und Fragestellungen bearbeiten. Sie gehen dabei von problemhaltigen und gesellschaftsrelevanten Fragen der Zeit aus (→Gegenwartsbezug), wenden fächerübergreifend wissenschaftliche Prinzipien und fachspezifische Methoden der Erkenntnisgewinnung an (→Entdeckendes Lernen), und präsentieren ihre Ergebnisse der Öffentlichkeit (Ausstellungen, Broschüren, CD-ROM, Video etc.). Ursprünglich und konzeptionell nicht an ein spezifisches Fach gebunden, wird dieses Lernverfahren als historische Projektarbeit („Spurensuche") innerhalb der Geschichtsdidaktik spätestens seit Beginn der achtziger Jahre breit rezipiert und gilt seitdem – zumindest theoretisch – als eine Standardmethode des modernen Geschichtsunterrichts. Gerade die Ergebnisse des Schülerwettbewerbs Deutsche Geschichte (→Geschichtswettbewerbe) haben gezeigt, welche Lernpotenziale dieses Lernverfahren für Schülerinnen und Schüler bereithält, auch wenn empirische Untersuchungen die Projektarbeit nicht als „Königsweg“ des historischen Lernens in der Schule ausweisen. Bei der historischen Projektarbeit steht nicht mehr der vom Bildungs- und Lehrplan (→Curriculum/Lehrplan) vorgegebene Lerninhalt im Vordergrund, sondern die problem- und handlungsorientierte Lösung einer Frage (→Problemorientierung, →Handlungsorientierung). Projektarbeit dient also mehr als andere Lernverfahren der „Vorbereitung für das soziale Leben“ (Dewey). Bei ihr können die Schüleraktivitäten vom Einüben der sogenannten Schlüsselqualifikationen (Teamarbeit, vernetztes Denken etc.) bis hin zur Veränderung der gesellschaftlichen Praxis reichen (z.B. „Stolpersteine“, Gedenktafeln, Straßenumbenennungen). Durch Projektarbeit können fachspezifische Kompetenzen (→Kompetenz) gefördert bzw. die bereits erworbenen Kompetenzen vertieft und an konkreten Beispielen selbstständig erprobt werden. Methodenorientiertes und wissenschaftspropädeutisches Arbeiten (→Wissenschaftspropädeutik) und historisches Lernen bekommen dadurch einen höheren Stellenwert im Geschichtsunterricht (Quellenarbeit, →Oral History, Arbeit im →Archiv, Umgang mit →Statistiken, Bildern, Sachüberresten etc.). Somit sollte sich das Projekt an realen Problemen und Bedürfnissen der gesellschaftlichen Praxis orientieren und dabei die Lebenswelt der Schülerinnen und Schüler nicht außer acht lassen (Gesellschafts- und Lebensweltbezug). Arbeit mit historischen Projekten erfolgt in mehreren Phasen, die sich zusammensetzen aus

- Projektinitiative (Was?),
- Projektplanung (Wie?),
- Projektdurchführung,
- anschließender Präsentation der hergestellten Produkte (Produktorientierung) und
- abschließender Bewertung und Reflexion der Ergebnisse und des Projektverlaufs.

Dittmer, Lothar/Detlef, Siegfried (Hrsg.): Spurensucher. Ein Praxisbuch für historische Projektarbeit, Weinheim und Basel 1997; Emer, Wolfgang: Projektarbeit, in: Mayer, Ulrich/Pandel, Hans-Jürgen/Schneider, Gerhard (Hrsg.): Handbuch Methoden im Geschichtsunterricht. 2. Aufl. Schwalbach/Ts. 2007, S. 544-557

Christian Heuer (Freiburg)

Q

Quellen, schriftliche

Geschichte existiert nur als ein geistiges Konstrukt im Bewusstsein von Menschen. Quellen sind die einzigen authentischen Relikte aus einer vergangenen Realität, die in der Gegenwart noch greifbar sind. In ihnen haben alle →Imaginationen über Vergangenes und alle Rekonstruktionsversuche von Geschichte ihren Ursprung. Auf das Unterrichtsfach Geschichte bezogen entsprechen sie in ihrer fundamentalen Bedeutung den Experimenten in den naturwissenschaftlichen Fächern und den literarischen Werken im Sprach- und Literaturunterricht. Gerade die schriftlichen Quellen sind für das historische Lernen sehr ergiebig, weil sie auf Grund ihrer sprachlichen Verfasstheit den Zugang zu den ausgedrückten Inhalten erleichtern und damit eine unmittelbare Sinnentnahme, Kontextvermutung und Deutung ermöglichen – anders als bildliche (→Bild/Bildquelle) und gegenständliche Quellen (→Sachquelle), die erst verbalisiert werden müssen. Schriftliche Quellen sind deshalb für den Geschichtsunterricht unverzichtbar. Schriftliche Quellen sind zudem oft detailreich, konkretisierend und individualisierend und somit anschauungsgesättigt. Von der Gegenwartssprache abweichende Sprachfiguren und Begriffsbildungen vermitteln das Fluidum einer vergangenen Zeit und können aufgrund dieser auratischen Wirkung lernmotivierend wirken.

Die sprachliche Verfasstheit schriftlicher Quellen bedeutet aber nicht, dass Schüler mit ihnen problemlos umgehen können. Schon wegen ihrer oft komplexen und gegenüber dem gegenwärtigen Sprachgebrauch andersartigen Sprachform oder bislang unbekannter Begriffe (Archaismen bzw. Historismen) bereiten sie mitunter schon Schwierigkeiten beim formalen Textverstehen auf der linguistischen Oberflächenstruktur. Hinzu kommt die durch den jeweiligen Zeithorizont bedingte andersartige und wechselnde Semantik von Begriffen, die aus der Gegenwartssprache scheinbar vertraut sind (wie etwa „Staat"). Die größten Barrieren bilden wohl das häufig schwache epochale Kontextwissen und fehlende Alteritäts- und Historizitätserfahrungen. Nur aus ihnen heraus können Intentionen und Perspektivität der Quellenaussagen erschlossen und das jeweilige Abstraktionsniveau inhaltlich gefüllt werden (→Interpretation). Empirische Untersuchungen zum Quellenverständnis belegen diese Probleme vielfältig.
Zur Arbeit mit schriftlichen Quellen im Unterricht werden verschiedene Strategien angeboten. Sie reichen von verschieden reduzierten Adaptionen der philologisch-heuristischen Methode zur Erschließung und Interpretation von Texten über didaktische Modelle, die den Weg über begrifflich-inhaltliche Rezeption und Analyse zur Sach- und →Ideologiekritik vorschlagen, bis hin zu sehr offen gehaltenen Vorgehensvorschlägen. Diese orientieren sich jeweils neu an der Quellenart, am Quelleninhalt, am Vorwissen der Schüler zum epochalen Kontext, an der Unterrichtssituation bzw. -phase und

an den angestrebten Lernzielen. Neben historischen Erkenntniszielen, die sich aus der Inhaltlichkeit der Quellen ergeben, fordern alle modernen Lehrpläne, dass den Schülern das Wesen der „Quelle“ als Gegenpol zu allen Formen von „Geschichtsdarstellung“ und als Basis für eine stets offene, bruchstückhafte, perspektivisch-standortbezogene, ideologisch anfällige und permanent revisionsbedürftige Konstruktion von Vergangenheit bewusst wird.

Langer-Plän, Martina: Problem Quellenarbeit. Werkstattbericht aus einem empirischen Projekt, in: GWU 54 (2003), S. 319-336; Pandel, Hans-Jürgen: Quelleninterpretation. Die schriftliche Quelle im Geschichtsunterricht. 2. Aufl. Schwalbach/Ts. 2003; Rohlfes, Joachim: Arbeit mit Textquellen, in: GWU 46 (1995), S. 583-590

Helmut Beilner (Regensburg)

R

Raum

Eine einheitliche Definition des Begriffes Raum fehlt, da sich verschiedene Disziplinen wie Philosophie, Geographie, Soziologie, Psychologie usw. mit ihren unterschiedlichen Konzepten mit dem Phänomen Raum auseinandersetzen. Grundlegend ist die Unterscheidung zwischen dem relationalen („Relativraum“) und dem absoluten Raum. Jedes historische Denken ist grundsätzlich raumgebunden; Raum-, Zeit- und Historizitätsbewusstsein sind eng aufeinander bezogen („im Raume lesen wir die Zeit“). Historische Raumvorstellungen entstehen in einem Konstruktionsprozess (Mental Maps), der eng mit anderen fundamentalen Bereichen der eigenen Vorstellungswelt (Hierarchisierung, Weltbild) und der Bildung von →Identitäten zusammenhängt. Da sich das Raumbewusstsein früher als das Zeitbewusstsein entwickelt, bilden Raumvorstellungen die Brücke für andere Konzepte historischen Denkens wie z.B. das Temporalbewusstsein. Räume sind identitätskonstitutiv für soziale Wechselbeziehungen und kollektive Identitäten. Raumdimensionen stellen Erinnerungsrahmen dar, die den Geschichtsunterricht in Orts-, →Regional-, →National-, Europa-, und →Weltgeschichte strukturieren. Die Akzentuierung bestimmter Raumdimensionen im Geschichtsunterricht kann ideologische, politische, didaktische oder pädagogische Intentionen verfolgen. Pädagogische Konzepte des 19. Jahrhunderts banden Raumdimensionen nach dem biogenetischen Prinzip in den Gang der Geschichte ein („vom Nahen zum Fernen"). Im Kaiserreich wurde die Nationalgeschichte politisch-ideologisch zur Gesinnungsbildung genutzt. Aktuell gibt es Forderungen nach stärker europäisch oder weltgeschichtlich orientierten Curricula ausgehend vom europäischen Einigungs- oder vom Globalisierungsprozess.

Weitere Raumaspekte im historischen Lernen basieren auf Theorien zum Wechselverhältnis von Raum und Gesellschaftlichkeit. Soziale Phänomene in der Geschichte stehen im Verhältnis zum Raum: Einerseits entstehen Raumordnungen als Produkt, Ausdruck und Spiegelbild sozialer Ordnungen (z.B. Grenzen, Gebäudetypen wie Paläste usw.). Andererseits wirkt der Raum mit seinen naturräumlichen Gegebenheiten auf die Entwicklung von Gesellschaften ein (z.B. Entstehung von Flusstalkulturen). Ideologische Raumargumente erweisen sich als äußerst wirksame Konstrukte. Das Konzept der „natürlichen Grenze" etwa instrumentalisiert naturräumliche Bedingungen als unabweisbar.

Ziel des Geschichtsunterrichts muss es sein, ein naives geschichtliches Raumdenken in ein historisches Raumbewusstsein zu überführen. Eine erste Vorstellung von Historizität bildet sich durch die Betrachtung der Wandlung von Orten in der Zeit. Auf dem Weg von der Anschauung zur Vorstellung muss sich die Idee des räumlich Zusammengehörigen wie der Zusammengehörigkeit des räumlich Getrennten (z.B. Transnationalität, -lokalität) entwickeln. Wesentlich ist das Verständnis der Subjektivität und Konstruktivität und somit der historischen Gebundenheit des Raumdenkens, wie es etwa für die Genese der Moderne zentral ist (vom ptolomäischen zum kopernikanischen Weltbild). Da Sprache räumlich Paralleles nur sukzessive abbilden kann, ist zur Herstellung von historischen Raumvorstellungen das graphische Medium Geschichtskarte (→Karten) unabdingbar. Die Anwendung historischer Verfahren wie etwa des paradigmatischen oder des Vergleichs bettet historische Räume in den Kontext allgemeiner historischer Prozesse ein.

Schieder, Theodor: Der geschichtliche Raum und die geschichtliche Zeit; in: Ders.: Geschichte als Wissenschaft, Wien 1965, S. 61-88; Schlögel, Karl: Im Raume lesen wir die Zeit. Über Zivilisationsgeschichte und Geopolitik, München/Wien 2003

Vadim Oswalt (Gießen)

Realbegegnung/ Originale Begegnung

Beide Begriffe werden in der Schulpraxis, aber sehr häufig auch in der allgemeindidaktischen und geschichtsdidaktischen Literatur fälschlicherweise synonym gebraucht. Ursprünglich und eigentlich meinen sie zwei sehr verschiedene methodische Prinzipien.

Realbegegnung ist eine Methode, bei der die Erkenntnisse der Lernenden in der direkten Konfrontation mit realen Gegenständen oder mit realen Orten gewonnen werden oder Erkenntnisse an der Wirklichkeit überprüft wer-

den sollen. Unmittelbare Begegnung und Auseinandersetzung mit der Wirklichkeit soll Grundlage der Erfahrungsbildung werden. Begegnung mit der historischen Realität ist nicht möglich, da diese ja vergangen und nicht zurückholbar ist. So zielt Realbegegnung im Geschichtsunterricht auf die Begegnung mit Relikten der Vergangenheit, vor allem mit →Zeitzeugen, mit →Sachquellen und mit realen →außerschulischen Lernorten (Museen, Archive, historische Orte).
Realbegegnung ist als schulische Methode notwendig, da aus vielerlei Gründen lebensweltliche selbstständige →Erfahrungen der Lernenden aus erster Hand kaum mehr möglich sind.
Im Gegensatz dazu hat das Prinzip der Originalen Begegnung nichts mit Begegnungen am Originalort historischen Geschehens oder mit Originalgegenständen aus der Vergangenheit zu tun. Vielmehr soll nach H. Roth (1949) das „originale Kind" auf seiner je gegenwärtigen Verständnisebene mit dem „originalen Gegenstand" in seiner eigentlichen und ursprünglichen Form in Verbindung gebracht werden.
Im Idealfall fragt der Lernende, „weil ihm der Gegenstand Fragen stellt", und erzeugt der Gegenstand Fragen, weil in ihm bereits eine Antwort für den Lernenden steckt.
Methodisch geht es darum, tote Sachverhalte in lebendige Handlungen zurückzuversetzen, zum Beispiel: „Gegenstände in Erfindungen und Entdeckungen, Werke in Schöpfungen, Pläne in Sorgen, Verträge in Beschlüsse, Lösungen in Aufgaben, Phänomene in Urphänomene".

Mayer, Ulrich: Historische Orte als Lernorte, in: Ders./Pandel, Hans-Jürgen/Schneider, Gerhard (Hrsg.): Handbuch Methoden im Geschichtsunterricht, 2. Aufl. Schwalbach/Ts. 2007, S. 389-407; Roth, Heinrich: Zum pädagogischen Problem der Methode, in: Die Sammlung (1949); später als: Die „originale Begegnung" als methodisches Prinzip, in: ders.: Pädagogische Psychologie des Lehrens und Lernens, 1. Aufl. Hannover 1957

Ulrich Mayer (Kassel)

Regionalgeschichte

Regionalgeschichte ist ein in den 1970er Jahren im deutschsprachigen Raum neu entstandener Begriff. Die Hinwendung zur historischen Betrachtung des regionalen Raumes ist grundgelegt in einer umfassenden theoretischen Geschichtskonzeption, die erstmals in Frankreich in den 1960er Jahren von der →„Annales-Schule" formuliert wurde und mit dem Anspruch an eine „histoire totale" auftrat. Diese verfolgt das Ideal einer Geschichtsschreibung, die sich von der traditionellen Begrenzung auf das Politische freimacht und den Versuch unternimmt, möglichst alle Bereiche des menschlichen Lebens und seiner Umwelt in die Erforschung und Darstellung früherer Epochen einzubeziehen.
Von diesem fundamentalen Perspektivwechsel ausgehend entwickelten sich verschiedene neue Disziplinen (→Mentalitätsgeschichte, →Alltagsgeschichte, Volkskultur- und Soziabilitätsforschung, Geschichte von unten, soziale Milieuuntersuchungen).
Die regionalgeschichtliche Betrachtungsweise ist deshalb eng mit den

methodischen Implikationen einer modernen →Sozialgeschichte verbunden. Denn nur ein kleines, begrenztes Untersuchungsfeld wie eine Kommune, maximal eine Region, bietet dem Historiker die Möglichkeit, die Gesamtheit der historischen Prozesse zu betrachten, den netzartigen Verknüpfungen von Politik, Ökonomie, Kultur und sozialer Struktur hart an der Empirie nachzuspüren und deren Zusammenhänge aufzudecken.

Regionalgeschichte unterscheidet sich folglich fundamental von Heimatgeschichte, die an einer emotional beladenen Beschönigung und Glorifizierung der „eigenen Scholle" interessiert ist. Für eine sinnvolle Einbeziehung der Regionalgeschichte in den Geschichtsunterricht scheinen folgende Punkte wichtig:

1. Regionalgeschichtlicher Unterricht sollte sich nicht auf die Dimension der historischen Rekonstruktion beschränken, sondern unter allen Umständen auch die gegenwarts- und zukunftsbezogene politische Dimension in den Unterricht einbeziehen. Gerade in der Geschichte vor Ort werden von den Schülern viele konkrete Gegenwartsbezüge leichter erkannt als anderswo.
2. Regionalgeschichtlicher Unterricht stellt eine konkrete Themenstellung unter einer multiperspektivischen Betrachtungsweise in den Mittelpunkt.
3. Eine Didaktik der Regionalgeschichte ist an einem möglichst intensiven Explorationsverhalten der Schüler interessiert und an entdeckungsoffenen Methoden und →Handlungsorientierung ausgerichtet. Deshalb ist ein ergebnisorientiertes Arbeiten im →Projekt zu bevorzugen.
4. Der regionalgeschichtliche Unterricht sollte nicht in der Region verharren, sondern über den „regionalen Tellerrand" hinausblicken und eine transregionale und auch transnationale Position einnehmen.

Brakensiek, Stefan (Hrsg.): Regionalgeschichte in Europa. Methoden und Erträge der Forschung zum 16. bis 19. Jahrhundert, Paderborn 2000; Kramer, Ferdinand: Strategien und Perspektiven moderner Landesgeschichtsschreibung, in: Schreiber, Waltraud (Hrsg.): Erste Begegnungen mit Geschichte. Grundlagen historischen Lernens, Bd. 1, Neuried 2004, S. 335-364; Plattner, Irmgard: Regionalgeschichte im Geschichtsunterricht, in: Materialien zur Geschichtsdidaktik, hrsg. von der Konferenz für Geschichtsdidaktik Österreich, Bd 1., Wien 1998, S. 64-69; Zang, Gert (Hrsg.): Die unaufhaltsame Annäherung an das Einzelne. Reflexionen über den theoretischen und praktischen Nutzen der Regional- und Alltagsgeschichte, Konstanz 1985.

Irmgard Plattner (Innsbruck)

Relevanz

Relevanz bedeutet Wichtigkeit, Erheblichkeit. Es ist das Stichwort, unter dem in der geschichtstheoretischen Debatte der frühen 1970er Jahre über die Bedeutsamkeit der Historie für Gegenwart und Gesellschaft diskutiert wurde.

Die Theoriedebatte und die Relevanzdiskussion waren Krisenphänomene – Ausdruck einer äußeren und inneren Krise, in die die Geschichte als Wissenschaftsdisziplin und auch als Unterrichtsfach geraten war. Die äußere Krise resultierte vor allem aus dem verstärkten Konkurrenzdruck, der von den systematischen Sozialwissenschaften und den mit ihnen korrespondierenden Schulfächern Politik und Sozialkunde ausging: Sie schienen besser als die Geschichte in der Lage zu sein, die Gegenwarts- und Zukunftsprobleme einer dynamisch sich wandelnden Gesellschaft zu lösen. Hinzu kam eine innere Krise: Der disziplininterne Konsens über die Grundlagen des Faches, der bis zum Ende der 1960er Jahre bestand, war zerbrochen. Das machte eine theoretische Neuorientierung unausweichlich.

Die Diskussion über die Relevanz der →Geschichtswissenschaft zerfiel in zwei Teile. Im ersten Teil, der sich mit der Geschichtswissenschaft insgesamt beschäftigte, herrschte weitgehende Übereinstimmung: Die prinzipielle Notwendigkeit historischer Erkenntnis für die Orientierung in der Gegenwart und das Handeln in der Gesellschaft war ebenso unstrittig wie die zeitliche und soziale Standortgebundenheit des Historikers, welche nicht als Beschränkung, sondern umgekehrt als Möglichkeit verstanden wurde, Aussagen zu treffen und Erklärungen anzubieten, die die Zeitgenossen des Historikers für relevant halten. Erst im zweiten Teil der Diskussion, der sich mit disziplinspezifischen Fragestellungen, Themen und Methoden befasste, wurde der Relevanzbegriff zum „Kampfbegriff" (Nipperdey); denn der Versuch, wissenschaftsinterne Probleme nach Maßgabe wissenschaftsexterner Kriterien wie dem der gesellschaftlichen Relevanz zu lösen, stieß auf Widerspruch und Gegenwehr – nicht zuletzt deshalb, weil es auch um Definitionsmacht und Ressourcenverteilung ging.

Nipperdey unterscheidet drei Varianten des Relevanzbegriffs, denen er jeweils ein „partielles Recht" zugesteht, die er aber dann verwirft, wenn sie verabsolutiert werden. Dem präsentistischen Relevanzbegriff zufolge ist Geschichte nur dann relevant, wenn sie einen unmittelbaren Gegenwartsbezug aufweist. Das ist insofern einleuchtend, als das Bedürfnis nach historischer Orientierung stets die Frage nach der Entstehung gegenwärtiger Verhältnisse aufwirft, wird aber inakzeptabel, wenn Geschichte auf eine „Vorgeschichte" der Gegenwart reduziert wird und dadurch an diachroner Tiefe, Andersartigkeit und Fremdheit verliert. Anders der politisch-pädagogische Relevanzbegriff, der Geschichte für relevant hält, sofern sie unsere gesellschaftliche Werteordnung stützt und stabilisiert. Das ist insofern verständlich, als Gesellschaften stets bestrebt sind, die nachwachsenden Generationen auch normativ zu sozialisieren, wird aber zum Problem, weil man aus der Geschichte in dem angestrebten Sinne nichts lernen kann, denn die Situationen und Normen bleiben nicht identisch, sondern unterliegen stetigem Wandel. Schließlich der futuristische Relevanzbegriff, der nur die Geschichte als relevant einstuft, die „der gegenwart- und weltverändernden Praxis dient". Das ist lediglich insofern nachvollziehbar, als vergangene Gegenwarten immer auch eine Zukunft hatten, wird aber zum strukturellen Dilemma, wenn die „notwendigen Konflikte innerhalb einer Gesellschaft über ihre Zukunft" mit den

Mitteln der Geschichtswissenschaft gelöst werden sollen: Parteilichkeit und Wissenschaftlichkeit schließen einander aus.
Geschichte als Wissenschaft und Geschichte als Unterricht unterscheiden sich beträchtlich: auf der einen Seite eine verfassungsrechtlich autonome, sich immer wieder selbst organisierende Veranstaltung von unabsehbarer Dauer mit einer prinzipiell unbegrenzten Vielfalt an Inhalten und Fragestellungen, auf der anderen Seite ein zeitlich streng limitiertes Unternehmen, das staatlicher Kontrolle unterliegt und unter ständig wachsendem Stoffdruck leidet. Schon dieser grundlegende Unterschied brachte es mit sich, dass die →Geschichtsdidaktik der 1970er Jahre die Relevanzdiskussion sozusagen unter verschärften Bedingungen führte: als eine Diskussion über die Auswahl der Inhalte und die Reform der Lehrpläne. Dabei konnte sie ihre Kategorien des Gegenwarts- und Zukunftsbezuges und ihre Sensibilität für die Bedeutsamkeit historischer Unterweisung für die politische Bildung schärfen, weil sie die Erfahrungs- und Entwicklungsperspektiven der Schülerinnen und Schüler in ihre Überlegungen einbezog. Anders als die historische Forschung, die kein wissenschaftlich begründetes, immanentes Urteil über die gesellschaftliche Relevanz ihrer eigenen Arbeit abgeben konnte, zeigte sich die Geschichtsdidaktik in der Lage, belastbare Aussagen über die Bedeutsamkeit historischer Inhalte zu machen, weil sie – und allein sie – die Kompetenz entwickelt hatte, die Sach- und die Lernerperspektive systematisch aufeinander zu beziehen und miteinander zu vermitteln. Vor diesem Hintergrund überrascht es, dass die gegenwärtige Geschichtsdidaktik das Relevanzproblem so zögerlich und zurückhaltend diskutiert.

Mommsen, Wolfgang J.: Gesellschaftliche Bedingtheit und gesellschaftliche Relevanz historischer Aussagen, in: Jäckel, Eberhard/Weymar, Ernst (Hrsg.): Die Funktion der Geschichte in unserer Zeit, Stuttgart 1975, S. 208-224; Nipperdey, Thomas: Über Relevanz, in: GWU 23 (1972), S. 577-596

Bernd Schönemann (Münster)

Revisionismus

Seit dem Ende des NS-Regimes tauchen in Europa und in den USA immer wieder Stimmen auf, die mit publizistischem Aufwand die Massenverbrechen des Nationalsozialismus leugnen. Sie möchten das bestehende Geschichtsbild revidieren und nennen sich deshalb Revisionisten. Der Kern ihrer Aussagen ist die Leugnung des millionenfachen Mordes an den europäischen Juden. Im einzelnen werden von ihnen u.a. in Frage gestellt: die Zahl der Ermordeten, die Echtheit einzelner Dokumente und Abbildungen, die Orte der Vernichtungsstätten und die Existenz der Gaskammern. In den Jahren 1993 und 1994 waren das Bundesverfassungsgericht und der Bundesgerichtshof mit der Leugnung der Massenmorde befasst, die seitdem unter Strafe steht. Das Relativieren, Verharmlosen und Leugnen der nationalsozialistischen Verbrechen umfasst eine weitgefächerte Bandbreite, Übergänge von Relativierung zu Leugnung sind fließend. Man relativiert z.B. die

deutschen Verbrechen durch Betonen der Kriegsverbrechen der Alliierten und rechnet diese gegenseitig auf. Oder: Die Judenverfolgung wird zugegeben; sie sei allerdings nur eine völkerrechtlich gestattete kriegsbedingte Abwehrmaßnahme gegen Spione und Partisanen gewesen. Oder: Die Verbrechen, auch die Gaskammermorde, werden nicht geleugnet, aber die Juden würden die Zahlen übertreiben, um aus dem deutschen Volk Wiedergutmachungsleistungen herauszupressen. Oder: Die Verbrechen werden zwar zugegeben, seien aber nicht von der Führungsspitze der Nationalsozialisten angeordnet worden. Zu finden ist zunehmend eine kategorische Leugnung der Judenvernichtung. Der Holocaust sei ein Komplott des „Weltjudentums". Die europäischen Juden seien ausgewandert und lebten heute als Kern einer jüdischen Weltverschwörung hauptsächlich in New York.
In der Literatur der „Revisionisten" finden sich teilweise abstruse, oft mystische Verschwörungstheorien. Im Mittelpunkt der politischen Auseinandersetzung der letzten Jahre stand jedoch die Leugnung der Massentötungen in Gaskammern: Es habe keine Gaskammer gegeben, die Todesfälle in Auschwitz seien durch Hunger und Seuchen verursacht. Dies war u.a. auch Gegenstand des Londoner Prozesses, den der Leugner David Irving gegen die amerikanische Wissenschaftlerin Deborah Lipstadt und den Verlag Pinguin Books anstrengte und 2001 verlor. Das Gericht überführte Irving als Holocaustleugner, Antisemiten und Rassisten.

Ayaß, Wolfgang/Krause-Vilmar, Dietfrid: Die Leugnung der nationalsozialistischen Massenmorde. Eine Herausforderung für Wissenschaft und politische Bildung? Hrsg. von der Hessischen Landeszentrale für politische Bildung, 2. Aufl. Wiesbaden. 1998; Benz, Wolfgang: Legenden, Lügen, Vorurteile. München 1992

Dietfrid Krause-Vilmar (Kassel)

Rollenspiel

Im methodischen Arrangement Rollenspiel sollen Schülerinnen und Schüler angeregt werden, auf der Grundlage einer Rollenvorgabe und/oder einer historischen Situation unter angemessener Berücksichtigung ihres Vorwissens ihre Vorstellung eines entsprechenden Geschichtsausschnitts zusammen mit anderen Spielern in Szene zu setzen. Dabei ist es in Abgrenzung zu anderen Formen des darstellenden Spiels wichtig, dass im Rollenspiel die Rollen- oder Situationsvorgaben das Spielverhalten nicht vollständig determinieren: Vielmehr handelt es sich beim Rollenspiel um eine Verarbeitungsform von Geschichte, die den Spielern relativ viel Freiheit bei der Wahrnehmung ihrer Rolle lässt. Diese Freiheit macht das historische Rollenspiel erst lebendig, bringt aber auch ganz grundsätzliche Probleme mit sich, die mit der Dynamik dieser besonderen Aktionsform zusammenhängen: Es ist durchaus möglich, dass neben historischen Interessen Rollenspieler auch ganz andere Motive in der Wahrnehmung ihrer Rolle aufscheinen lassen: etwa die Lust am Klamauk oder die Orientierung am Prinzip des Gewinns.
Mit Rollenspielen verbindet sich ein breites Spektrum von Erwartungen. Auf

der einen Seite gibt es die hinsichtlich dieser Methode optimistische Position, die im Rollenspiel eine Möglichkeit sieht, ein Stück Geschichte nachzuerleben oder zu erfahren (Schulz-Hageleit, 1982). Auf der anderen Seite steht die skeptische Position (Bernhardt 2003), die den Erkenntniswert von Rollenspielen eher bezweifelt und seine Bedeutung streng an den inhaltlichen Aneignungsprozess anbinden will. Eine mittlere Position betont besonders die Bedeutung des Spiels für Motivation, Lebendigkeit und Schülerorientierung (Meier 2002).
Neben der Frage nach der Zielsetzung müssen bei Planung, Durchführung und Auswertung von Rollenspielen im Geschichtsunterricht weitere Fragen geklärt sein, die für die erfolgreiche Durchführung von Rollenspielen von entscheidender Bedeutung sind: Welche Lernvoraussetzungen sind bei den Spielern vorhanden (Spielerfahrung, historisches Vorwissen)? An welcher Stelle des historische Lernprozesses findet das Spiel statt (Hypothesenbildung, Erarbeitung, Ergebnissicherung)? Welche Erfahrungen hat der Spielleiter (Hinführung zum Spiel, Krisenintervention, Interpretation, Anerkennung)?

Bernhardt, Markus: Das Spiel im Geschichtsunterricht, Schwalbach/Ts. 2003; Meier, Klaus-Ulrich: Rollenspiel, in: Mayer, Ulrich/Pandel, Hans-Jürgen/ Schneider, Gerhard (Hrsg.): Handbuch Methoden im Geschichtsunterricht, 2. Aufl. Schwalbach/Ts. 2007, S. 325-341; Schulz-Hageleit, Peter: Geschichte: erfahren – gespielt – begriffen, Braunschweig 1982

Klaus-Ulrich Meier (Fulda)

S

Sachquelle

Unter Sachquellen versteht man Objekte der materiellen Kultur vergangener Zeiten. In Ermangelung einer Systematik unterscheidet die Forschung die Vielzahl möglicher Sachquellen grob in mobile und immobile Objekte, was insbesondere für die unterrichtliche Einbindung (Unterricht im Klassenzimmer oder Unterricht „vor Ort“) eine wichtige Unterscheidung ist. Sachquellen können wie alle Quellen nur über die Zeit Auskunft geben, der sie entstammen. In einer späteren Zeit hergestellte Replikate, →Modelle, Spielzeuge u. Ä., die auch gewinnbringend im Geschichtsunterricht eingesetzt werden können, stellen zwar gegenständliche Medien dar, nicht aber Sachquellen.
Sachquellen besitzen besondere Qualitäten, die ihren Einsatz als Medium im Unterricht sinnvoll machen: Sie stammen direkt aus der Vergangenheit, vermitteln also einen unmittelbareren Zugriff auf die Geschichte und besitzen daher einen hohen Grad an historischer →Authentizität, vielleicht sogar eine „Aura“. Sie verkörpern die ästhetische Dimension der Geschichte und können Gefühle wecken. Sie sprechen viele Sinne an, denn sie sind (an)fassbar. Man kann sie daher nicht nur lesen (wie Textquellen) oder sehen (wie →Bildquellen), sondern auch berühren, wiegen, vermessen, durchschreiten. Ihre Größe und materielle Beschaffenheit sind erschließbar; dadurch liefern

sie andere, zusätzliche Informationen über die Vergangenheit. Schließlich sind sie im Regelfall nicht „zubereitet" wie Medien im Schulbuch, sondern durch ihre Entkontextualisierung wecken sie Neugier, Faszination und Forscherdrang, ermöglichen, ja erfordern geradezu →entdeckendes Lernen, weil weitere Nachforschungen (in der Literatur, in Museen, in Behörden, mit der Befragung von Experten etc.) notwendig sind, um die Sachquelle zu entschlüsseln und in den historischen Zusammenhang zu stellen.

Trotz dieser unbestreitbaren Vorteile werden Sachquellen wohl nur selten im Unterricht verwendet. Dies liegt zum einen an den Schwierigkeiten, Sachquellen für den eigenen Unterricht zu beschaffen (weshalb Lehrern empfohlen wird, in der Schule eine Sammlung anzulegen), zum anderen erzählen sie von sich aus noch keine Geschichte, sondern müssen erst noch durch weitere Informationen und andere Quellen kontextualisiert werden. Dies ist aber auch ein Vorteil – fordern sie doch vom Lehrer eine stärkere Offenheit, ein Sich-Einlassen auf nur bedingt planbare Fragen und Interessen der Schüler.

Im unterrichtlichen Umgang mit Sachquellen hat sich ein Dreischritt bewährt: genaues Untersuchen; Erkunden der früheren Funktionen; Erschließen der Bedeutung (einschließlich der Überlieferung des Gegenstandes bis heute), wobei zunehmend auch handlungsorientierte Verfahren zum Tragen kommen.

Heese, Thorsten: Vergangenheit „begreifen". Die gegenständliche Quelle im Geschichtsunterricht, Schwalbach/Ts. 2007; Reeken, Dietmar von: Gegenständliche Quellen und museale Darstellungen, in: Günther-Arndt, Hilke (Hrsg.): Geschichts-Didaktik. Praxishandbuch für die Sekundarstufen I und II, Berlin 2003, S. 137-150; Schneider, Gerhard: Sachüberreste und gegenständliche Unterrichtsmedien, in: Mayer, Ulrich/Pandel, Hans-Jürgen/Schneider, Gerhard (Hrsg.): Handbuch Methoden im Geschichtsunterricht, 2. Aufl. Schwalbach/Ts. 2007, S. 188-207

Dietmar von Reeken (Oldenburg)

Sachunterricht

Der Sachunterricht ist das zentrale Sachfach in der deutschen Grundschule. Er strebt an, „Schülerinnen und Schüler darin zu unterstützen, sich die natürliche, soziale und technisch gestaltete Umwelt bildungswirksam zu erschließen und dabei auch Grundlagen für den Fachunterricht an weiterführenden Schule zu legen" (GDSU 2002, S. 2). Damit integriert der Sachunterricht natur- und sozialwissenschaftliche Perspektiven. Der moderne, wissenschaftsorientierte Sachunterricht löste um 1970 die Heimatkunde ab.

Zu den wichtigen Perspektiven des Sachunterrichts gehört auch die historische. Historisches Lernen geschieht hier allerdings zumindest vom Anspruch her nicht in eigenständiger (Lehrgangs-)Form, sondern integriert in vernetzte Themen. Wie umfangreich der Anteil historischen Lernens ist, ist aufgrund fehlender Forschungen zur Unterrichtswirklichkeit unbekannt. Analysen von Lehrplänen und Schulbüchern lassen aber vermuten, dass er

bei ca. 5 bis 10 Prozent der Unterrichtszeit liegt, mit dem Schwerpunkt in der dritten und vierten Jahrgangsstufe.
Es gibt zwar kaum empirische Untersuchungen über die Lernvoraussetzungen und das Geschichtsverständnis von Kindern im Grundschulalter, aber die neuere Forschung geht davon aus, dass die Beschäftigung mit Geschichte für sie sinnvoll und notwendig ist, auch wenn die Voraussetzungen sehr heterogen sein dürften. Die Erfahrungen von Lehrerinnen und Lehrern zeigen, dass das Interesse der Kinder an historischen Themen sehr groß ist. Der Bewahrung und Förderung dieses Interesses an Geschichte kommt daher große Bedeutung zu, auch im Hinblick auf den folgenden Geschichtsunterricht. Anders als im Geschichtsunterricht gibt es im Sachunterricht keinen chronologischen Durchgang und keine durch starre →Curricula festgelegten Themen, die Variationsbreite der darin behandelten Inhalte ist daher sehr groß und vielfach von den Interessen der Lehrkraft abhängig: Das Spektrum reicht zeitlich von der Steinzeit über das Mittelalter bis zur Zeitgeschichte, inhaltlich von der Kindheits- und Familiengeschichte über die Technikgeschichte bis hin zur Sozial- und Alltagsgeschichte. Ziel historischen Lernens in der Grundschule ist die Anbahnung und Förderung eines reflektierten →Geschichtsbewusstseins; angeknüpft wird dabei an die kindlichen Erfahrungen mit Geschichte in der eigenen Biographie, der Familie, der räumlichen Umwelt und der →Geschichtskultur. Angestrebt wird darüber hinaus im Einklang mit Forderungen zum Geschichtsunterricht auch die Förderung historischer Methodenkompetenzen durch die Arbeit mit – den Lernvoraussetzungen angemessenen – Text-, Bild- und Sachquellen, Zeitzeugenbefragungen, Erkundungen vor Ort und in Museen und lokalen Archiven.

Gesellschaft für Didaktik des Sachunterrichts (GDSU): Perspektivrahmen Sachunterricht, Bad Heilbrunn 2002: Reeken, Dietmar von: Historisches Lernen im Sachunterricht. Eine Einführung mit Tipps für den Unterricht, Baltmannsweiler 2004; Schreiber, Waltraud (Hrsg.): Erste Begegnungen mit Geschichte. Grundlagen historischen Lernens, 2 Teilbde., 2. Aufl. Neuried 2004

Dietmar von Reeken (Oldenburg)

Schulbuch

Schul(geschichts)bücher sind eine „Literaturgattung sui generis“ (Joachim Rohlfes), speziell für Kinder und Jugendliche hergestellte Bücher, die in der Regel in Jahrgangsbänden lehrplanorientiert Themen der Geschichte behandeln. Sie werden von privaten Verlagen produziert, für den Unterrichtsgebrauch bedürfen sie einer staatlichen Genehmigung.
Schulbücher wurden jahrhundertelang Lehrbücher genannt; der Begriffswechsel reflektiert den Funktionswechsel. Lehrbücher dienten der Einprägung und Wiederholung des von der Lehrkraft vermittelten „Stoffes“, die Methodentrias bestand aus Lehrervortrag, fragend-entwickelndem Unterrichtsgespräch und Wiederholungsfragen zu dem in häuslicher Arbeit repetierten Lehrbuchtext. Die neueren Schulbücher für die Sekundarstufe I (seit etwa 1985, mit Vorläufern seit etwa 1965)

sind dagegen Lern- und Arbeitsbücher. Sie enthalten in der Regel zu jedem Kapitel fünf didaktische Elemente, deren Bezug aufeinander und didaktische Begründung variiert: 1. Auftaktseiten mit Bild(ern) und Text(en) zur Motivierung und Vorstrukturierung; 2. Darstellungsteile (Autorentexte); 3. Arbeitsteile (Quellenausschnitte und Lernmaterialien wie Geschichtskarten oder Schaubilder); 4. Methodenteile zur Einübung von fachspezifischen Erkenntnismethoden, Kulturtechniken oder unterrichtsbezogenen Arbeitstechniken; 5. Zusammenfassungen in unterschiedlichen Formen und Hinweise zur Weiterarbeit außerhalb des Unterrichts. Ein weiteres Merkmal sind Arbeitsaufgaben zu einzelnen, seltener mehreren Materialien. Die Einzelelemente und ihre Kombination erlauben vielfältige Arbeitsformen von der Einzelarbeit, auch im Stationenlernen, bis zum lehrergesteuerten Frontalunterricht und unterstützen die Funktionen Lesen, Untersuchen, Üben/Wiederholen und Nachschlagen. Die Schulbücher seit etwa 2000 portionieren zudem die Unterthemen eines Kapitels häufig in Doppelseiten für eine Unterrichtsstunde und erleichtern damit besonders fachfremden Lehrkräften die →Unterrichtsplanung. Die Schulbücher für die Sekundarstufe II folgen entweder den Prinzipien der Lern- und Arbeitsbücher auf einem wissenschaftspropädeutischen Niveau oder sind als reine Arbeitsbücher mit Quellenausschnitten und Materialien zu einem Kursthema konzipiert.

Die wissenschaftliche Schulbuchkritik bezieht sich zum einen auf fachwissenschaftliche Richtigkeit und Vollständigkeit, zum anderen auf politische und soziale Einstellungen, die mit dem Schulbuch vermittelt werden (underlying assumptions), und schließlich auf die Verständlichkeit der Texte. Hier reichen die Urteile von „großen Lesehürden“ (Bodo von Borries) bis zu „gnadenloser Banalisierung“ (Hans-Jürgen Pandel).

Borries, Bodo von u.a. (Hrsg.): Schulbuchverständnis, Richtlinienbenutzung und Reflexionsprozesse im Geschichtsunterricht, Neuried 2005; Teepe, Renate: Umgang mit dem Schulbuch, in:, Mayer, Ulrich/Pandel, Hans-Jürgen/Schneider, Gerhard (Hrsg.): Handbuch Methoden im Geschichtsunterricht, 2. Aufl. Schwalbach/Ts. 2007, S. 255-268

Hilke Günther-Arndt (Oldenburg)

Schülerorientierung

Schülerorientierung ist der Sammelbegriff für alle unmittelbar auf den Unterricht bezogenen methodischen Maßnahmen, die die Voraussetzungen, Interessen und Bedürfnisse der Schüler und Schülerinnen in besonderer Weise berücksichtigen und sogar in den Mittelpunkt des Unterrichts stellen (→Handlungsorientierung, Formen des Spielens, insbesondere →Rollenspiel, →entdeckendes Lernen).

Im Rahmen des didaktischen Dreiecks, das Beziehungen zwischen den Eckpunkten Lehrer, Schüler und Sachverhalt grafisch verdeutlicht, bilden die Schüler und Schülerinnen mit ihren Voraussetzungen, Interessen, Bedürfnissen einen vom geschichtlichen Sachverhalt getrennten Punkt des Dreiecks, und Aufgabe der Lehrenden im dritten Punkt ist es, Sachverhalt und Lernende aufeinander zu beziehen und die Distanzen zwischen ihnen zu verringern.

Je stärker in der →Geschichtsdidaktik die Wissenschaftsorientierung favorisiert wurde, desto notwendiger wurde gleichzeitig die Beachtung der Schülerseite, vor allem aus Gründen der →Motivation. Dies hatte Folgen in dreierlei Hinsicht:

- Konzepte der Allgemeinen Didaktik, die eine Optimierung des Lernens und der Motivation versprachen, wurden in den Geschichtsunterricht übernommen, ohne sie jedoch genau genug nach ihrer Zweckmäßigkeit für das spezifisch historische Lernen zu befragen.
- Schülerorientierung wurde gleichsam als didaktische Alternative zum wissenschaftsorientierten Lernen gesehen, was partiell zu Fehlentwicklungen führte, da für Konzepte der Allgemeinen Didaktik lediglich geschichtliche Inhalte verwendet, aber nicht wirklich historisch spezifiziert wurden, wie etwa bei Unterrichtsprojekten der Art „Töpfern in der Jungsteinzeit".
- Andererseits wird gerade in den letzten Jahren versucht, mit der Herstellung übergeordneter Bezugspunkte (Ziel der Demokratisierung, Ausgestaltung zu geschichtsdidaktischen Prinzipien) die oft fehlenden Verbindungen zwischen dem historischen Lernen und Konzepten der Allgemeinen Didaktik herzustellen.

Als Ergebnis findet sich in der →Geschichtsdidaktik ein buntes Gemisch von Prinzipien und Methoden ohne klares theoretisches Konzept in Bezug auf das historische Lernen. Die Ziele des Geschichtsunterrichts (Geschichtsbewusstseins- und fachspezifische →Kompetenzen) können mit den angewendeten schülerorientierten Maßnahmen oft nur zufällig und auch nur in Ansätzen entwickelt werden. In jedem Unterricht muss daher die Tauglichkeit schülerorientierter Maßnahmen für historisches Lernen neu bedacht und begründet werden.

Bergmann, Klaus/Rohrbach, Rita: Kinder entdecken Geschichte. Schwalbach/Ts. 2001; Schulz-Hageleit, Peter: Erfahren – gespielt – begriffen, 2. Aufl. Aachen-Hahn 1995; Völkel, Bärbel: Handlungsorientierung im Geschichtsunterricht, Schwalbach/Ts. 2005

Brigitte Dehne (Berlin)

Schülervortrag

Der Schülervortrag ist eine geschlossene, zeitlich begrenzte mündliche Präsentation von Ergebnissen aus Literatur- und Quellenauswertung, forschendem Lernen oder historischer →Projektarbeit. Die für den →Lehrervortrag gebräuchlichen Grundformen wie Erzählung, Schilderung, Bericht etc. besitzen auch für den Schülervortrag Relevanz. Während ihres Vortrags nehmen Schüler den Status eines „Lehrenden" ein, da sie eigenständig Phasen der Vermittlung, Vertiefung, Reflexion oder Anwendung gestalten.

Als Gegenstände für den Schülervortrag eignen sich alle richtlinienrelevanten historischen Ereignisse und Abläufe, Strukturen und Problemsituationen. Neben der Auswertung von Fach- und Sachliteratur sowie →Quellen bieten sich Ausstellungen, →Museen, →Archive und insbesondere auch →historische Orte als Recherchefelder an. Zeitzeugen und Experten sind für Befragungen und →Oral History als Partner geeignet. Der Schülervortrag kann sowohl in Einzel-, aber auch in arbeitsteiliger Partner- oder Gruppenarbeit erstellt und präsentiert werden.

Die Qualität des Schülervortrags ist in hohem Maße von der Planungs- und Beratungskompetenz des Lehrers sowie von der Schülermitbeteiligung bei Themenfindung, Themenformulierung und Präsentationsstrategie abhängig. Im Gegensatz zum wissenschaftlichen Vortrag sind beim Schülervortrag Materialbasis und Recherchefeld sachlich, räumlich und zeitlich begrenzt. Die wesentlichen Beratungsakzente des Lehrers sind Schwerpunktsetzung, Basisliteratur, Mediennutzung und methodische Aspekte. Beachtet werden sollte, dass die Erfahrungen der Schüler mit Lehrervorträgen für die Gestaltung ihrer Vorträge maßstabsbildend und vorbildhaft ist.

Der Schülervortrag erfordert selbstständige forschungsähnliche Strategien. Das betrifft das Auswerten von Fachliteratur, unterschiedlichen Quellenarten, Karten und Atlanten, chronologischen Übersichten, Experten- und Zeitzeugenberichten und das Heranziehen von Nachschlagewerken und digitalen Angeboten. Grundlegende methodische Kompetenzen sind Problemerfassen, quantitatives und qualitatives Analysieren, Synthetisieren, Systematisieren, Vergleichen, Deuten, Interpretieren, Perspektivenwechsel, kritisches Werten, Reflexion, →Gegenwartsbezug etc. Die Ergebnisse der Erarbeitungsphase sollten im ersten Schritt zu einer schriftlichen Darstellung verarbeitet, im zweiten Schritt als weitgehend freier Vortrag präsentiert werden. Die Einbeziehung geeigneter Medien kann die Nachhaltigkeit des Schülervortrags verstärken. Aufgaben, Arbeitsblätter, Thesenpapiere etc. intensivieren die Rezeptions- und Auswertungsphase. Es empfiehlt sich, zum Schülervortrag einen protokollartigen Arbeitsbericht erstellen zu lassen, der den Verlauf von Recherche, Arbeitsaufwand und Probleme einsichtig macht. Der Schülervortrag bietet durch seine Komplexität gute Chancen für Leistungsdiagnose, Bewertung bzw. Zensierung. Kriterien für den Schülervortrag sind u.a. Gliederung, Frage- bzw. Problemstellung, sachliche Richtigkeit, methodisches, sprachliches und gestalterisches Niveau. Auch die Informationen des Arbeitsberichts sollten einbezogen werden. Um die Schüler aktiv in den Bewertungsprozess einzubeziehen, müssen die jeweiligen Bewertungsmaßstäbe bekannt und von ihnen anerkannt sein (→Evaluation).

Gautschi, Peter: Geschichte lehren – Lernwege und Lernsituationen für Jugendliche, 3. Aufl. Buchs 2005, S. 58-61; Henke-Bockschatz, Gerhard: Referat, in: Lernbox Geschichte. Das Methodenbuch, Seelze-Velber 2000, S. 98-100; Meyer, Hilbert: Unterrichtsmethoden. Praxisband II, Berlin 1987, S. 299-301

Christina Böttcher (Halle)

Simulation/ Simulationsspiel

Simulationen sind der Versuch, die historische Realität, einen Ausschnitt, einen Vorgang oder eine geschichtliche Interaktion möglichst ähnlich nachzubilden. Damit soll im Prozess des historischen Lernens die Möglichkeit eröffnet werden, im Rahmen eines solchen Arrangements etwa einen handwerklichen Vorgang aus der Jungsteinzeit zu erproben, die Belastungen der Beteiligten in einer historischen Entscheidungssituation nachzuempfinden oder einen historischen Konflikt genauer aus verschiedenen Perspektiven zu beobachten. Eine methodisch kontrollierte Simulation kann klären, wie lange es z.B. braucht, bis eine Handvoll Körner mit einem jungsteinzeitlichen Mahlstein zu Mehl verarbeitet werden kann, welche Wurfweite ein Schleuderspeer erreicht oder unter welchen Bedingungen eine nachgebaute ägyptische Wasseruhr ihre optimale Genauigkeit erreicht.

Jede historische Simulation strebt zwar Ähnlichkeit an, muss aber den nachgebildeten Prozess oder Vorgang immer stark reduzieren. Gerade für simulierte technische Vorgänge spielt zusätzlich die Vereinfachung eine wichtige Rolle sowie das Erfordernis, zumindest Teile des Vorgangs zu substituieren: Das Gefäß für die ägyptische Wasseruhr ist nicht Resultat von Steinmetzarbeit, sondern ein aufgebohrter Wassereimer, in den eine Skala eingeklebt wird.

Die Nutzung spielerisch-dynamischer Elemente kann eine Simulation zum Simulationsspiel entwickeln. Stärker als etwa bei →Rollenspielen bleiben hier die Spieler an die modellierte historische Ausgangssituation gebunden. Die Einführung formaler Spielvorgaben (Spielrunden o.ä.) nähert die spielerische Simulation dem Planspiel an. Stark entwickelt hat sich in den letzten Jahren der Bereich der computergestützten Simulationsspiele. Die dabei häufig feststellbare Vermischung zwischen Fiktionalität (→Fiktion) und Geschichte weist dem Geschichtsunterricht der Zukunft eine wichtige medienkritische Aufgabe zu. Diese Aufgabe kann unterrichtlich unterstützt werden, wenn Simulationen im hohen Maß für alle Beteiligten transparent sind, also die didaktische Absicht, aber auch Gesichtspunkte der Konstruktion von Simulationen nachvollziehbar bleiben. Besonders effektiv kann dies gewährleistet werden, wenn Simulationen im Rahmen eines forschend-entdeckenden Unterrichts stattfinden.

Bernhardt, Markus: Das Spiel im Geschichtsunterricht, Schwalbach/Ts. 2003; Meier, Klaus-Ulrich: Rollenspiel, in: Mayer, Ulrich/Pandel, Hans-Jürgen/Schneider, Gerhard: Handbuch Methoden im Geschichtsunterricht, 2. Aufl. Schwalbach/Ts. 2007, S. 325-341

Klaus-Ulrich Meier (Fulda)

Sinnbildung

Historische Sinnbildung ist ein Denkprozess, der die Isoliertheit von Ereignissen und die Widersprüchlichkeit von Quellen in zeitlicher Perspektive zu einer sinnvollen Einheit verbindet. Veränderungsprozesse in der Zeit sind keine bloßen Additionsketten von Ereignissen. Auf sprachlicher Ebene drückt sich historische Sinnbildung in Erzählungen aus. Es geht nicht darum, dass „die“ Geschichte „an sich“ einen Sinn hat, sondern um eine Ordnung, die wir retrospektiv, nachträglich in

→Ereignisse hineintragen und sie zu Verläufen (Verlaufsvorstellungen) ordnen. Es geht um den narrativen Sinn von Erzählungen (→Narrativität). Die Ereignisse einer historischen Situation ereignen sich durcheinander und gleichzeitig (diachron und synchron) und bilden von sich aus keinen Zusammenhang. Dieser wird erst durch die denkende Tätigkeit späterer Betrachter hergestellt. Deshalb liegt Geschichte nicht in den →Quellen vor und kann somit nicht widerspiegelnd abgeschrieben werden. Diese den Ereignissen unterlegte Sinnstruktur muss plausibel und schlüssig sein. Deshalb dürfen in der durch Sinnbildung entstandenen Geschichte keine Ereignisse vorkommen, die dem Sinn der Geschichte widersprechen. Da über einen Ereigniskomplex mehrere unterschiedliche Sinnbildungen möglich sind, haben wir von Historikern Werke, die unterschiedliche, konkurrierende narrative Sinnbildungen enthalten. Didaktisch unerlässlich ist es deshalb, in den Unterricht neben den Quellen auch geschichtswissenschaftlicher Fachliteratur (in Auszügen) einzubeziehen.
Geschichte ist eine Disziplin, die nicht nur Sinn versteht (Quellen), sondern auch Sinn herstellt (Geschichtsschreibung). Es ist einmal derjenige Sinn, den die Menschen der Vergangenheit den Ereignissen ihrer Gegenwart und ihrer Vergangenheit zuschrieben und der in den Quellen zum Ausdruck kommt. Zum zweiten besteht Sinn in dem Sinn, den wir von heute aus dem vergangenen Geschehen unterlegen. Die Verkettung von Ereignissen zu einem Veränderungsprozess, von Quellenaussagen zu Erzählungen, ist eine kreative Leistung. Sie produziert Erkenntnisse, die über die Quellenaussagen weit hinausgehen. Sinnspender für narrativen Sinn waren in der Vergangenheit Religion, Ideologien, Moral, Ideen (Fortschritt) etc. Für die moderne Geschichtsschreibung sind Theorien (Imperialismus-, Modernisierungstheorien etc.) Sinnquellen.
In der Geschichtsdidaktik sind historische „Sinnbildung“ und (quasi) theologische „Sinnstiftung“ zu unterscheiden. Da es keine administrative Erzeugung von Sinn gibt, kann kein Gremium, kein Minister festlegen, welchen Sinn Schülerinnen und Schüler in historischen Prozessen sehen sollen. Insofern ist jede „Sinnstiftung“ ein didaktisch unerlaubtes Mittel. Historische Sinnbildungen sind dagegen Sinnangebote und ein Geschichtsunterricht in der pluralen Gesellschaft beteiligt Schülerinnen und Schüler an der Sinnbildung. Obwohl die →Einheitlichen Prüfungsanforderungen (EPA) „narrative Kompetenz“ als Ziel formulieren, hat narrative Sinnbildung z. Zt. noch einen geringen Stellenwert im Geschichtsunterricht, da Konzepte kaum entwickelt sind, die zeigen, wie Sinnbildung methodisch angeleitet wird.

Müller, Klaus/Rüsen, Jörn (Hrsg.): Historische Sinnbildung, Reinbek 1997; Rüsen, Jörn: Historische Sinnbildung durch Erzählen, in: Internationale Schulbuchforschung 18 (1996) S. 501-544; ders.: Zerbrechende Zeit. Über den Sinn der Geschichte, Köln 2001; Wehler, Hans-Ulrich, Geschichtswissenschaft: Aufklärung oder Sinnstiftung, in: Niess, Frank (Hrsg.): Interesse an der Geschichte, Frankfurt/M. 1989, S. 124-134

Hans-Jürgen Pandel (Halle)

Sozialformen

Unter Sozialformen (auch „Kooperationsformen") versteht man die verschiedenen Modi der Schüler-Lehrer-Interaktion/Kommunikation im Unterricht. Sie werden durch den altershomogenen, aber leistungsheterogenen Klassenverband bedingt. Sozialformen sind ein Moment der →Unterrichtsplanung, da im Hinblick auf →Lernziele entschieden werden muss, bei welchen Lernvorgängen der Klassenverband beibehalten bzw. aufgelöst wird.

Für den Geschichtsunterricht sind vier Sozialformen zu nennen: Klassen-, Gruppen-, Partner- und Einzelarbeit. Weitere Formen lassen sich auf diese Grundformen zurückführen. Einzelarbeit heißt in der Regel exzerpierende Lektüre von Lehrbuchtexten und Quellen oder Anfertigen eigener Darstellungen. Diese Aufgaben vollziehen die Haupttätigkeiten des Historikers nach. Gruppen- und Partnerarbeit laufen prinzipiell ähnlich ab. Bei Gruppenarbeit wird die Klasse in Gruppen zu mindestens drei Schülern eingeteilt, die ein Gemisch aus individuellen und gemeinsamen Tätigkeiten vollführen. Dies bietet sich insbesondere zur Bearbeitung umfangreicher Quellen, zur Erarbeitung einer größeren Präsentation historischer Sachverhalte oder zur Diskussion strittiger historischer Fragen an. Darüber hinaus kann diese Sozialform →Multiperspektivität fördern. Gruppenarbeit gilt als besonders kooperativ und wird deshalb entsprechend geschätzt. In jüngster Zeit werden aber auch ihrer Probleme stärker herausgestellt, insbesondere die Gefahren von Hierarchie und Konformität sowie das unterschiedliche Arbeitspensum innerhalb der Gruppe.

Die Partnerarbeit als Spezialfall der Gruppenarbeit meint eine zeitlich begrenzte sachbezogene Kooperation zweier Lernender. Gegenüber der Gruppenarbeit besteht dabei eine größere Chance der Gleichstellung der Partner. Vorteilhaft ist auch der geringe organisatorische Aufwand. Mitunter gerät Partnerarbeit jedoch zu verkappter Einzelarbeit.

In der Unterrichtspraxis dominiert der Klassenunterricht. Dabei steuert der „vor der Klassenfront" befindliche Lehrer den Lernprozess. Der Klas-senunterricht eignet sich besonders zur Darbietung und Festigung größerer Informationsmengen. Typisch ist seine Koppelung mit →Lehrervortrag und Unterrichtsgespräch (→Arbeitsformen, →Gespräch).

Der Frontalunterricht hatte zeitweise einen schlechten Ruf. Man unterstellte ihm, dass er Lehrerdiktat und Passivität der Schüler fördere. Diese Kritik erweist sich aber angesichts der empirischen Befunde als unzutreffend. Sinnvoller erscheint die Suche nach effektivem Klassenunterricht, der Präsentiertes problematisiert, Meinungspluralität zulässt und Rezeptionserfolg prüft. Generelle Vorzüge einzelner Sozialformen konnten empirisch nicht nachgewiesen werden. Alle Sozialformen besitzen das Potenzial, symmetrische, d.h. tendenziell gleichgewichtige Schüler-Lehrer-Kommunikation zu erzeugen. Es gilt, für jede Unterrichtsphase eine der jeweiligen Lerngruppe angemessene Sozialform zu finden.

Grosch, Waldemar: Klassenunterricht, in: Mayer, Ulrich/Pandel, Hans-Jürgen/

Schneider, Gerhard (Hrsg.): Handbuch Methoden im Geschichtsunterricht, 2. Aufl. Schwalbach/Ts. 2007, S. 463-480; Meyer, Hilbert: Unterrichtsmethoden I, Theorieband, 10. Aufl. Frankfurt 2002; Rohlfes, Joachim: Geschichte und ihre Didaktik, 3. Aufl. Göttingen 2005; Voit, Hartmut: Partnerarbeit, in: Mayer, Ulrich/Pandel, Hans-Jürgen/Schneider, Gerhard (Hrsg.): Handbuch Methoden im Geschichtsunterricht, 2. Aufl. Schwalbach/Ts. 2007, S. 481-496

Andreas Slowig (Halle)

Sozialgeschichte

Sozialgeschichte kann auf dreifache Art und Weise verstanden werden:
Erstens (und traditionell) wird damit in Deutschland die Beschäftigung mit einem Teilbereich der Geschichtswissenschaft bezeichnet. Zu nennen ist vor allem die „Sozial- und Wirtschaftsgeschichte", die relativ früh an Lehrstühlen universitär institutionalisiert wurde und im Grunde ihren Kern in sozioökonomischen Interessen und deren Gestaltungskraft verortete (Gründung der Zeitschrift „Vierteljahresschrift für Sozial- und Wirtschaftsgeschichte", VSWG, 1903). Soziale Gruppen und Organisationen (traditionell vor allem die Arbeiterschaft und die Arbeiterbewegung) gehören seit dem späten 19. Jahrhundert ebenfalls zu ihrem Kernbestandteil. Sozialgeschichte bezog sich hier auf einen engen Begriff von Gesellschaft und „Sozialem". Seit den 1960er Jahren befand sich Sozialgeschichte „in der Erweiterung" (Conze, 1974), und es bildeten sich immer neue Gegenstände mit zum Teil eigenen Methoden aus (Historische Demographie, Agrargeschichte, Umweltgeschichte, Migrationsforschung (→Migration), Alltagsgeschichte etc.) – vor allem in den USA und England. Die prägenden Persönlichkeiten in der Bundesrepublik wurden Werner Conze und Gerhard A. Ritter.
Zweitens wurde seit den 1960er Jahren zunehmend dafür plädiert, das Soziale (Gesellschaft) im Sinne von sozialökonomisch vermittelten Bedürfnissen und Interessen als maßgebliches Teilsystem zu verstehen, durch das andere gesellschaftliche Teilsysteme (Politik, →Kultur, Religion etc.) mehr geprägt wurde als umgekehrt.
Drittens beschreibt Sozialgeschichte einen spezifischen methodischen Zugriff und ein Theorieverständnis, die nicht auf einen Gegenstandsbereich eingeschränkt sind. Sozialgeschichte als Methode beansprucht, durch die Analyse der Regelmäßigkeiten menschlichen Handelns, durch die Erforschung sozialer Strukturen und Prozesse Bedingungen möglicher Ereignisse bestimmen und somit historische Gegebenheiten erklären zu können. Insbesondere Vertreter dieser zweiten Richtung haben sich immer wieder gegen ältere Traditionen abgegrenzt und – unter Verweis auf Max Weber – eine Geschichtswissenschaft „jenseits des Historismus" beansprucht (Wolfgang J. Mommsen, 1971). Im Zentrum der theoretischen Überlegungen stand die Überzeugung, Menschen und menschliche Gruppen in den Formen und Bedingungen ihres Zusammenlebens, ihrer Vergesellschaftung zu sehen, und nicht als Individuen.
In der Bundesrepublik sind zwei

durchaus unterschiedliche Traditionen zu unterscheiden, die sich gleichermaßen auf Sozialgeschichte als Methode beriefen: zum einen die von Otto Brunner geprägte Richtung, zum anderen die „Historische Sozialwissenschaft" von Hans-Ulrich Wehler und Jürgen Kocka. Seit den 1970er Jahren stellte Sozialgeschichte als „Historische Sozialwissenschaft" eine fest etablierte und einflussreiche Variante der Geschichtswissenschaft dar, die sich politisch mit einem sozialstaatlichen Gestaltungsanspruch verband. Seit den 1990er Jahren verlor die Sozialgeschichte indes ihren Geltungsanspruch als Leitwissenschaft und wurde heftig angegriffen – vor allem von der →Kulturgeschichte.

Brunner, Otto: Das Problem einer europäischen Sozialgeschichte (1954), in: Ders.: Neue Wege der Verfassungs- und Sozialgeschichte, 3. Aufl. Göttingen 1980, S. 80-102; Kocka, Jürgen: Sozialgeschichte, Göttingen 1977; Schieder, Wolfgang/Sellin, Volker (Hrsg.): Sozialgeschichte in Deutschland, 5 Teile, Göttingen 1986 ff.

Manfred Hettling (Halle)

Spiel/Spielen

Ein Spiel kann als eine Art Parallelwelt mit eigenen Regeln beschrieben werden. Spielhandlungen haben daher keine Konsequenzen für das wirkliche Leben. Vielmehr eröffnen sie dem Spieler einen spezifischen Raum, der es ihm ermöglicht, „anders" zu sein als im Alltag, ohne dass dieses Anderssein sanktioniert wird.

Es liegt auf der Hand, dass in einem solchen Spielraum auch Lernen als Probehandlung ermöglicht werden kann. Auf diese Weise können Erfahrungen gesammelt werden, die ein textbasierter Unterricht in der Regel nicht zu vermitteln vermag. Gleichwohl sind die Lernmöglichkeiten im Spiel dadurch eingeschränkt, dass das Spiel eigentlich von (Zweck-)Freiheit lebt und sich dadurch einer Funktionalisierung durch →Unterrichtsplanung entzieht. Werden die Spieler zu sehr eingeschränkt, macht das Spiel keinen Spaß mehr, was aber konstitutiv ist. Der Spaß wird beim Spiel dadurch bewirkt, dass irgendetwas „glücken" muss. Deswegen haben Spiele häufig Wettkampfcharakter.

Im Geschichtsunterricht können je nach didaktischem Ziel unterschiedliche Spielformen angewandt werden. Die verschiedenen Klassifizierungsversuche lassen sich auf zwei Grundformen zurückführen: Lernspiele und szenische Spiele. Lernspiele sind zumeist nach den Regeln von Gesellschaftsspielen gestaltet. Lerneffekte ergeben sich über das Zuordnen und Anwenden historischer Fakten. Szenische Spiele werden unterteilt in →Rollenspiele, Imitationen, →Simulationen und Planspiele, bei denen der Schüler als handelnder Akteur auftritt. Historisches Lernen soll in der handelnden Auseinandersetzung mit der historischen Situation bewirkt werden. Dabei besteht allerdings die Gefahr, dass Wertvorstellungen von Gegenwart und Vergangenheit vermischt werden.

Eine Sonderrolle nehmen Computerspiele ein. Diese können als Lernspiele oder szenische Spiele (besonders Simulationen) konstruiert sein. Die handelnde Auseinandersetzung findet in einem geschlossenen, vom Autor des Spiels konstruierten Modell statt. Dessen Lernqualität hängt von den Fähigkeiten des Konstrukteurs ab, historische Zusammenhänge sachlich möglichst richtig zu modellieren.

Bernhardt, Markus: Das Spiel im Geschichtsunterricht, Schwalbach/Ts. 2003; Hank, Elisabeth: Spiele im Geschichtsunterricht. Verführung zum Genuß oder problembewußte Anschaulichkeit?, in: GWU 42 (1991), S. 355-368; Jahn, Friedrich: Geschichte spielend lernen, Frankfurt/M. 1992

Markus Bernhardt (Freiburg)

Sprache

Mit der Sprache organisieren Individuen Wissen und Bedeutung (Sinn) und teilen Sinn (→Sinnbildung) im Sprechen oder Schreiben mit. Die Sprache wird daher seit der Antike als *differentia specifica* des Menschen gegenüber anderen Lebewesen angesehen. Sprache als System vermittelt zwischen der gedanklichen „Innenwelt" und der lautlichen oder schriftlichen „Außenwelt".

Da Geschichte in Wissenschaft und Unterricht nur über Sprache vergegenwärtigt werden kann, sind die linguistischen Teildisziplinen Semantik, Pragmalinguistik und Textlinguistik wichtige Bezugsdisziplinen der →Geschichtsdidaktik. Für die kommunikativen und funktionalen Aspekte von Sprache sind besonders die Sprechakttheorien von Bedeutung, für den Geschichtsunterricht können sprachpsychologische Forschungsergebnisse zum Textverständnis und zur Textverständlichkeit Anregungen bieten. Die →Geschichtsdidaktik wendet sich der Sprache als Forschungsgegenstand erst in jüngster Zeit zu.

Historisches →Verstehen als mentale Operation und als Ziel des Geschichtsunterrichts ist primär eine sprachliche Leistung; das System Sprache begrenzt das Denken und Wissen von Individuen über Geschichte. Sprachliches Verstehen ist Grundlage historischen Verstehens zum einen beim Lesen von →Quellen und darstellenden Texten und beim Zuhören im Unterricht (Sprachrezeption), zum anderen beim Sprechen und Schreiben über Geschichte (Sprachproduktion). Das ist bei jüngeren Schülern mit noch begrenztem lexikalischen Wissen und grammatischen Fähigkeiten zu bedenken. Bei Jugendlichen kann darüber hinaus der Gebrauch der Jugendsprache das Verstehen hochsprachlicher Darstellungs- und Quellentexte behindern. Als ein besonderes Problem beim historischen Verstehen sind die historischen Begriffe anzusehen.

Die Sprachverarbeitung wird in der kognitiven Linguistik und in der Sprachpsychologie heute als ein konstruktiver Akt angesehen, bei dem die Aufnahme sprachlicher Informationen mit dem Vorwissen verbunden und konstruktive Schlussfolgerungen gezogen werden. Verstehen kann sich auf die Wort-, Satz- und Textebene beziehen. Für die Analyse von Wort- und Satzebene hat Chomskys Unterscheidung von Oberflächen- und Tiefenstruktur bahnbrechend gewirkt, wobei die Tiefenstruktur den Sinn des Satzes repräsentiert. Für das historische Lernen und Lehren wahrscheinlich noch bedeutsamer ist die Textebene, also komplexe sprachliche Einheiten, mit denen Individuen Deutungen durch Verknüpfungen zwischen Satzfolgen zum Ausdruck bringen. Eines dieser Verknüpfungsmuster ist die Chronologisierung, die in erzählenden Texten dominiert und auch für historische Narrative charakteristisch ist.

Langer-Plän, Martina/Beilner, Helmut: Zum Problem historischer Begriffsbildung, in: Günther-Arndt, Hilke/Sauer Michael (Hrsg.): Geschichtsdidaktik empirisch, Berlin 2006, S. 215-250; Linke, Angelika/Nussbaumer, Markus/ Portmann, Paul R.: Studienbuch Linguistik, 5. Aufl. Tübingen 2004

Hilke Günther-Arndt (Oldenburg)

Stationenlernen

Das Stationenlernen ist eine Unterrichtsform, bei der ein geschichtlicher Inhalt in unterschiedliche Themen unterteilt wird. Diese Inszenierung erlaubt, dass Schülerinnen und Schüler selbstständig Geschichte lernen können, weil sie sich (1.) mit unterschiedlichen Themen (2.) auf einem ihnen angepassten Niveau (3.) mit den von ihnen bevorzugten →Medien (4.) in der gewählten →Sozialform und (5.) in individuellem Lerntempo befassen.

Stationenlernen erfordert von Lehrpersonen einen zusätzlichen Arbeitsaufwand und ein differenziertes Rollenverständnis. Stationenlernen funktioniert dann gut, wenn Lernenden eine Methodenkompetenz aufgebaut haben, die es ihnen erlaubt, aus Materialien eigenständig eine Analyse zu erarbeiten sowie ein Sach- und ein Werturteil zu entwickeln. Stationenlernen ist nur dann möglich, wenn sich der Inhalt gut sequenzieren lässt und wenn die einzelnen Teilsequenzen relativ unabhängig voneinander bearbeitet werden können und trotzdem einen Lernerfolg versprechen. Stationenlernen tritt in unterschiedlichen Formen auf, die man nach den didaktischen Funktionen, den zu erarbeitenden Produkten oder den Zielen unterscheiden kann.

Die theoretische Abstützung und Begründung erfuhr das Stationenlernen durch die „kognitive Wende" in der Lernpsychologie ab etwa 1960. Der so genannte →Konstruktivismus grenzte sich ab von Lernen als Verhaltensübernahme und von Auswendiglernen und forderte neu und verstärkt ein Lernen als individuelles, in sozialen Kontexten stattfindendes Konstruieren und Rekonstruieren von inneren Welten. Dieses Verständnis passt gut zu aktuellen Modellen von historischem Lernen.

Auch Stationenlernen vollzieht sich in Phasen: In der Anfangsphase bekommen die Lernenden in der Regel im Plenum einen Überblick über das Thema. In einer nächsten Kurzphase planen die Lernenden ihre Lernschritte anhand des Arbeitspasses und unter Berücksichtigung der vorgegebenen obligatorischen Stationen. Dann beginnt die eigentliche und individuelle Arbeit an den Stationen, die von Zeit zu Zeit unterbrochen wird durch Plenumsrunden, in denen die Schülerinnen und Schüler über den Lerninhalt und die Organisation sowie über das Lernen selber sprechen. Am Schluss inszeniert die Lehrperson eine Finissage, um das Lernen sicht- und erlebbar abzuschließen, oder sie überprüft und beurteilt den Lernerfolg der einzelnen Schülerinnen und Schüler.

Gautschi, Peter: Lernen an Stationen, in: Mayer, Ulrich/Pandel Hans-Jürgen/ Schneider, Gerhard (Hrsg.): Handbuch Methoden im Geschichtsunterricht, 2. Aufl. Schwalbach/Ts. 2007, S. 515-531

Peter Gautschi (Aarau/Schweiz)

Statistiken

Statistiken eignen sich besonders gut zur Darstellung wirtschaftlicher und sozialer Verhältnisse und Entwicklungen. Text- und Bildquellen geben uns in der Regel nur Auskunft über einzelne Ereignisse und Fälle. Statistiken dagegen fassen eine größere Zahl von Einzelangaben zusammen und vermitteln uns ein Gesamtbild von den Lebensbedingungen, von den Tätigkeiten und den Einrichtungen vieler Menschen. Umgekehrt reduzieren sie jedoch die vielfältigen Erscheinungsformen der Wirklichkeit. Geschichtsdidaktisch bedeutsam ist, dass es bei den Zahlenangaben nicht um einzelne Zeitpunkte geht, sondern um die Stellung dieser Zahlen in Zeitreihen. So sind Kontinuitäten, Veränderungen und plötzliche Umschwünge erkennbar.

Die Qualität einer Statistik hängt davon ab, wie sorgfältig die Daten erhoben worden sind und ob die Zahlenangaben wirklich miteinander vergleichbar sind. Grundsätzlich unterscheiden muss man zwischen absoluten und relativen statistischen Werten. Die Zahl der Industriearbeiter Deutschlands im Jahre 1890 ist ein absoluter Wert. Ihr Prozentanteil an der Gesamtzahl aller Erwerbstätigen ist ein relativer Wert. Der relative Wert stellt also einen Bezug zu anderen Größen her und ist damit oft aussagekräftiger als der absolute Wert. Neben Prozentangaben (der Quote) sind Indexwerte eine wichtige Form relativer Zahlenangaben. Man setzt den absoluten Zahlenwert eines bestimmten Jahres gleich Hundert und berechnet (im Dreisatz) für andere Jahre die relative Steigerung oder Abnahme.

Eine Statistik kann als Tabelle, aber auch als Diagramm dargestellt werden. Jede Art von Diagramm bringt bestimmte Sachverhalte besonders gut zur Darstellung: Linien- oder Kurvendiagramme verdeutlichen besonders gut Entwicklungen und Verläufe, z.B. die Entwicklung von Preisen oder Löhnen nach Jahren; Kreisdiagramme eignen sich besonders für die Darstellung von Verteilungen und Anteilen innerhalb einer Gesamtheit, z.B. der prozentualen Stimmanteile von Parteien bei Wahlen; Säulen- oder Balkendiagramme erleichtern vor allem den punktuellen Vergleich von Häufigkeiten, z.B. des Stimmenanteils einer Partei in verschiedenen Wahljahren.

Diagramme können viele Sachverhalte deutlicher zeigen als Tabellen. Die Aussage springt dem Betrachter gleichsam ins Auge. Deshalb sind Diagrammdarstellungen in den Medien so beliebt. Aber Diagramme bilden statistische Sachverhalte nicht einfach neutral ab. Je nachdem, wie man die Maßstäbe auf den beiden Achsen wählt, kann der optische Eindruck bei gleichen Messwerten ganz unterschiedlich ausfallen und dem Betrachter eine völlig andere Deutung des Sachverhalts nahelegen.

Floud, Roderick: Einführung in quantitative Methoden für Historiker, Stuttgart

1980; Krämer, Walter: So lügt man mit Statistik, Frankfurt/M. 1991; Mayer, Ulrich: Umgang mit Statistiken, in: Mayer, Ulrich/Pandel, Hans-Jürgen/ Schneider, Gerhard (Hrsg.), Handbuch Methoden im Geschichtsunterricht, 2. Aufl. Schwalbach/Ts. 2007, S. 208-224; Riedwyl, Hans: Graphische Gestaltung von Zahlenmaterial, 3. Aufl. München 1987

Michael Sauer (Göttingen)

Struktur

Von Struktur (lat. structura = Schichtung, Zusammenfügung, Aufbau) spricht man ganz allgemein, wenn eine Mehrzahl von Elementen in einer nicht zufälligen Weise miteinander verbunden ist, sodass sich Regelmäßigkeiten zeigen. In den Sozial- und Kulturwissenschaften bezeichnen Strukturen solche Muster und Zusammenhänge in Gesellschaft und Wirtschaft, in Politik und Kultur, die von größerer Dauerhaftigkeit und Stabilität sind. Strukturen lassen sich in Regeln und Regelmäßigkeiten unterteilen. Sie sind dann als Regeln zu bezeichnen, wenn die Handelnden sie kollektiv und bewusst selbst verwenden, wie das etwa für Konventionen, Werte, Normen, Weltbilder oder das Recht gilt. Als Regelmäßigkeiten dagegen sind solche Strukturen zu beschreiben, die dem sinnhaften Gebrauch der Handelnden entzogen sind und erst ex post von einem wissenschaftlichen Beobachter erkannt bzw. konstruiert werden können; Beispiele hierfür sind demographische Größen oder die Verteilung materieller Ressourcen.

Während in der traditionellen Geschichtsschreibung politische Ereignisse und handelnde Personen im Vordergrund standen, rückten mit dem Vordringen sozialgeschichtlicher Fragestellungen zunehmend die „tieferliegenden" Strukturen: das Gefüge der mittel- und langfristig wirksamen gesellschaftlichen, ökonomischen und kulturellen Handlungsbedingungen, in den Fokus der geschichtswissenschaftlichen Forschung. International von erheblichem Einfluss war zunächst die französische Schule der →Annales. Sie widmete sich mit Hilfe des von Fernand Braudel entwickelten Konzeptes der longue durée (langen Dauer) jenen geographischen und kulturgeschichtlichen Bedingungsfaktoren, die sich nur ganz langsam und daher hinter dem Rücken der Zeitgenossen veränderten, aber dennoch deren Leben grundlegend mitbestimmten. In Deutschland stellten die „Strukturgeschichte" (Werner Conze, Otto Brunner) und dann – weit einflussreicher – die „Historische Sozialwissenschaft" (→Sozialgeschichte) die gesellschaftlichen Strukturen und ganz besonders den Prozess ihres Wandels im Zeitalter der Industrialisierung ins Zentrum ihres Erkenntnisinteresses. Vermehrt ist in den letzten Jahren der Strukturbegriff der herkömmlichen Sozialgeschichte kritisiert worden. Die Kritik richtet sich dagegen, dass sie Strukturen oft als objektive Tatsachen betrachtet hatte, die jenseits des menschlichen Handelns existierten und dieses im Sinne von geschichtsmächtigen Handlungszwängen bestimmten. Theoretisch überlegen scheint demge-genüber ein Strukturbegriff zu sein, welcher der „Dualität von Struktur" (Anthony Giddens) gerecht wird: Auf der einen Seite bilden Strukturen die Voraussetzung und Bedingung für das Handeln der Menschen, in das sie als Handlungschancen und -restriktionen eingehen. Auf der anderen Seite manifestieren sich Strukturen als gesellschaftliche Wirklichkeit erst durch das Handeln der Menschen. Sie können nur dadurch geschaffen, reproduziert, variiert oder verändert werden, dass mit Handlungswissen ausgestattete und zur Reflexion fähige Akteure ihr Handeln an ihnen orientieren. Strukturen sind dem Handeln also nicht „äußerlich".

Giddens, Anthony: Die Konstitution der Gesellschaft. Gründzüge einer Theorie der Strukturierung, 3. Aufl. Frankfurt/M. 1997; Reckwitz, Andreas: Struktur. Zur sozialwissenschaftlichen Analyse von Regeln und Regelmäßigkeiten, Opladen 1997; Suter, Andreas/Hettling, Manfred (Hrsg.): Struktur und Ereignis, Göttingen 2001

Cornelius Torp (Halle)

Subjektorientierung

Subjektorientierung im Geschichtsunterricht fragt danach, inwiefern historisches Lernen einen Beitrag zur Ich-Entwicklung der Schülerinnen und Schüler (verstanden als Erweiterung des bewussten Ichs) leisten und – umgekehrt – inwiefern historisches Lernen individualisiert werden kann. Ziel ist, dass die Schüler/innen sich je eigene Vorstellungen von der Geschichte machen können, vorausgesetzt, es handelt sich um einen kontrollierten und kontrollierbaren Umgang mit der Vergangenheit. Daraus folgt:

1. Die Subjektperspektive der Schülerinnen und Schüler wie auch die der Menschen in der Vergangenheit rückt ins Zentrum. Die lebensgeschichtlichen Erfahrungen, Perspektiven und Sinnbezüge der Schülerinnen und Schüler werden nicht nur als Voraussetzung sondern auch als konstitutiver Bestandteil des Unterrichts verstanden. Da sie Geschichte in ihren Wahrnehmungs- und Bearbeitungsprozessen zugleich aktiv mitgestalten, gilt die verstärkte Aufmerksamkeit in Forschung und Unterricht ihren individuellen Denk- und Sichtweisen sowie ihren Deutungsmustern im Prozess der Auseinandersetzung mit historischen Personen und Sachverhalten.
Entsprechendes gilt für die Menschen in der Vergangenheit. Deren subjektive Erfahrungen und Erzählungen verschwinden nicht in allgemeinen gesellschaftlichen Strukturen und Erzählungen, sondern werden in ihrer Eigenbedeutung als subjektive Konstruktionen zu diesen in Beziehung gesetzt und ggf. mit ihnen verbunden (z.B. persönliche Erinnerungen als verbindende Konstruktion gesellschaftlicher und individueller Bedürfnisse, Erfahrungen und Deutungen).
2. Subjektorientierung bedeutet keine fachliche Beliebigkeit. Sie erfordert vielmehr ein hohes Maß an Objektivität, also an Wissenschaftsorientierung und fachmethodischer Stringenz (im Unterschied zu manchen Ansätzen der →Schülerorientierung). Beide Bereiche sind jedoch keine einander ausschließenden Gegensätze. Ihr Verhältnis wird als ein stets aufeinander bezogenes, einander ergänzendes und bedingendes Spannungsverhältnis verstanden. Subjektive Geschichten dür-

fen den Zugang zu wissenschaftlichen Kriterien nicht verwehren, wie auch Wissenschaftsorientierung subjektives Erleben und Erfahren nicht von vornherein ausschließen darf (Beispiel: Verhältnis von Lebensgeschichten und Systemgeschichte).

3. Für die Verbindung subjektiver Sinnbezüge mit historischem Lernen werden Methoden, Verfahren und Arbeitstechniken angewendet, welche die Schülerinnen und Schüler in ihrer Ich-Entwicklung fördern (Probehandeln), ohne geschichtsdidaktische Prinzipien und Methoden zu vernachlässigen. Subjektorientierung erfordert in allen Bereichen historischen Lernens und in allen Phasen des Unterrichts individualisierte Verfahren und Praktiken.

Dehne, Brigitte: Schülerfragen als konstitutiver Bestandteil des Geschichtsunterrichts, in: GWU H. 11 (2000), S. 661-680; dies.: Zeitzeugenbefragung im Geschichtsunterricht, in: GWU H. 7/8 (2003), S. 440-451; dies.: „Mit eigenen Augen sehen" oder „Mit den Augen des anderen sehen"? Eine kritische Auseinandersetzung mit den geschichtsdidaktischen Konzepten der Perspektivenübernahme und des Fremdverstehens. In: Bauer, Jan-Patrick/Meyer-Hamme, Johannes/Körber, Andreas (Hrsg.): Geschichtslernen – Innovationen und Reflexionen. Geschichtsdidaktik im Spannungsfeld von theoretischen Zuspitzungen, empirischen Erkundungen, normativen Überlegungen und pragmatischen Wendungen. Festschrift für Bodo von Borries zum 65,. Geburtstag. Kenzingen 2008, S. 121-144.

Brigitte Dehne (Berlin)

T

Tafelbilder

Unter „Tafelbild" versteht man – im Unterschied zum fertigen Schaubild (oder dessen Surrogate wie Powerpoint) – den „dynamischen Tafelanschrieb", der während des Unterrichts fortlaufend an der Tafel oder am Tageslichtprojektor entsteht. Tafelbilder sind das wichtigste Medium zur Visualisierung von Unterricht. Sie erfüllen in der Regel drei Funktionen: Sie gliedern die Thematik einer Stunde; sie fördern als eine Art Modell den Lernfortschritt, indem sie durch ihre Anlage auf noch Offenes, Fragwürdiges verweisen; und sie dokumentieren schließlich das Stundenergebnis. Daraus folgt zweierlei: Tafelbilder sollten alle kognitiven Lernziele einer Unterrichtsstunde enthalten. Und die Sequenz der Tafelbilder sollte wiederum möglichst lückenlos die Sinnstruktur einer Unterrichtseinheit abbilden. Aus letzterem ergibt sich, dass der Lehrer bereits bei deren Planung über Tafelbilder mitentscheiden sollte.

Man unterscheidet folgende Typen von Tafelbilder:

a) Ikonographischer (= „bildhafter") Typ: Die Grundform bildet ein Bild oder Symbol, das den Schülerinnen und Schülern bekannt ist und in einem klar erkennbaren Zusammenhang mit den vermittelten Inhalten steht (z.B. Pyramide für gesellschaftliche Schichtung, Baum für langanhaltende Entwicklungen). Dieser Typ eignet sich besonders für die Unter- und Mittelstufe.

b) Schematischer Typ: Dieser besteht aus Begriffen, deren gegenseitiger kognitiver Bezug durch Pfeile verdeutlicht wird. Damit lassen sich Beziehungen, Tendenzen oder Entwicklungen differenziert und als weitläufiges Netzwerk darstellen. Dieser Typ eignet sich besonders für die Mittel- und Oberstufe.
c) Antithetischer Typ: Dieser will durch gegensätzliche Begriffspaare Sachverhalte gegeneinander abgrenzen. Sie eignen sich deshalb vor allem für Vergleiche (z.B. „vorher – nachher"), zum Ausdruck gegensätzlicher Interessenlagen, Überzeugungen usw. und sind wegen der damit verbundenen komplexen Begriffsarbeit in der Regel der Oberstufe vorbehalten.
d) „Mind-map": Diese will Begriffsnetze assoziativ aneinander fügen, ohne damit ihre logische Interdependenz zu beschreiben. In der Mitte steht grundsätzlich der Zentralbegriff, das Thema. Von hier aus verzweigen sich Äste, auf denen Begriffe in zunehmender Konkretheit angeordnet werden.
e) Für arbeitsteilige Gruppenarbeit hat sich eine der „Meta-Plan-Technik" nachempfundene Methode bewährt. Die einzelnen Arbeitsgruppen schreiben ihre Ergebnisse auf Papierbögen, die sie dann – je nach vermutetem Zusammenhang – an der Tafel befestigen. Im ausdeutenden Unterrichtsgespräch können dann diese Bögen umgehängt oder mit Kreidestrichen und zusätzlicher Beschriftung aufeinander bezogen werden.

Dörr, Margarete: Tafelarbeit, in: Pandel, Hans-Jürgen/Schneider, Gerhard (Hrsg): Handbuch Medien im Geschichtsunterricht, 4. Aufl. Schwalbach/Ts. 2007, S. 87-145; Engelhardt, Werner: Tafelbilder Geschichte, 3 Bde., München 1998

Wolfgang Günter (Freiburg)

Text

Ein Text (lexikalisch der „Wortlaut" eines Vortrags, einer Bühnenrolle, einer Bibelstelle, zu lat. texere = „weben, flechten, kunstvoll zusammenfügen") ist die nicht-zufällige, sondern sinn- und bedeutungshaltige Zusammenstellung von Wörtern (Sätzen), mit denen sich Menschen über ihre Welt verständigen. Der qualitativen Sozialforschung zufolge werden Texte daher als Produkte bzw. Protokolle sozialen Handelns begriffen. Der *linguistic turn* in der analytischen Sprachphilosophie hat zu der Auffassung begeitragen, dass auch Geschichte bzw. vergangenes Geschehen ausschließlich als textuelles Gebilde gefasst, vermittelt und verhandelt werden kann („Geschichte ist [ein] Text"). Die Texte, mit denen sich die in Geschichtswissenschaft beschäftigt, also „primäre" schriftliche →Quellen und „sekundäre" (historische) Darstellungen, sind gegenüber den äußerlich ununterscheidbaren rein literarischen Texten durch →Narrativität spezifisch bestimmt; daher sei Geschichtsschreibung nach Hayden White „a verbal structure in the form of a narrative prose discourse". Die Frage, wie sich historische Texte auf „reale" Gegenstände beziehen (Problem der Referentialität), wird von postmodernen Theoretikern damit beantwortet, dass Texte immer nur auf andere Texte verweisen könnten, etwa durch Zitat, Imitation, Plagiat, Kommentar, Ironie (Intertextualität).

Insofern Geschichte eine Textwissenschaft ist, bedeutet historisches Lernen im Wesentlichen den methodisch kontrollierten, immer kompetenteren Umgang mit Texten. Auch die dementsprechende Praxis des Geschichtsunterrichts, den man selbst als kommunikativen Text verstehen kann, und seine methodischen Formen sind in der Terminologie der Texttheorie beschreibbar: als sprachanalytische Verfahrensweisen (Bestimmung formaler, d.h. linguistischer, rhetorischer, tropologischer Textmerkmale), Kategorisierung von Textgattungen, Bearbeitung von Quellen oder Darstellungen durch →Kontextualisierung („Textkritik"), schließlich als Sinnbildung durch semantische Identifikation bzw. Dekonstruktion der „social logic of texts". Der Einwand, Geschichte könne etwa auch durch Bilder (Gemälde, Fotografien etc.) oder Sachquellen zur Anschauung gebracht werden, ist nicht begründet, da eine Kommuniktion über diese Medien wiederum nur in verbaler Form, also in Texten, erfolgt. So kann man z.B. ein Historiengemälde zumeist nicht durch eine andere bildliche Darstellung kommentieren oder interpretieren. Vor diesem Hintergrund ist die vermeintlich schülerorientierte Verwandlung geschichtlicher Unterrichtswerke (englisch „textbooks"!) in bunte Bilderbücher bedenklich, da sie die Ausbildung von Text- und narrativer Kompetenz (→Narrativität, →Kompetenz) tendenziell erschwert.

Ankersmit, Frank R.: Sprache und historische Erfahrung, in: Müller, Klaus E./Rüsen, Jörn (Hrsg.): Historische Sinnbildung. Problemstellungen, Zeitkonzepte, Wahrnehmungshorizonte, Darstellungsstrategien, Reinbek 1997, S. 388-407; Kiesow, Rainer Maria/ Simon, Dieter (Hrsg.): Auf der Suche nach der verlorenen Wahrheit. Zum Grundlagenstreit in der Geschichtswissenschaft, Frankfurt/M. 2000; Stierle, Karlheinz: Geschehen, Geschichte und Text der Geschichte, in: Koselleck, Reinhart/Stempel, Wolf-Dieter (Hrsg.): Geschichte, Ereignis und Erzählung, München 1973, S. 530-534

Michele Barricelli (Hannover)

Tradition

In der historischen Quellenkunde steht „Tradition" (lat. traditio: Übergabe, Überlieferung) im Gegensatz zum „Überrest" (Droysen, Bernheim) und bezeichnet eine bewusst als „Botschaft für die Nachwelt" konzipierte Quelle. Seit Max Weber dient der Begriff zur Bildung sozialwissenschaftlicher Kategorien, die Tradition sowohl beschreiben wie auch erklären sollen. In der Literaturwissenschaft versteht man unter Tradition meist den Prozess der mündlichen Weitergabe von Texten, in der Kunst die Gesamtheit der als normativ angesehenen Formen.

In einem allgemeineren Sprachgebrauch meint Tradition die Übernahme und Weitergabe von Konventionen, Erfahrungen, Wissen oder Institutionen über Generationen hinweg. Sie bezeichnet sowohl den Prozess des Weitergebens und des Empfangens wie auch seine Gegenstände oder

Inhalte. Damit stellt Tradition eine zentrale Kategorie menschlicher Kultur dar: statt alles Wichtige von Anfang an selbst ermitteln zu müssen, kann der Mensch auf den überlieferten (Wissens-)Beständen aufbauen. Erst Tradition ermöglicht die Entwicklung kultureller Identität, doch kann sie nur wirksame Orientierung bieten, wenn sie an die aktuelle Situation angepasst wird.

In den großen Religionen basiert Tradition auf einer nicht in Frage stehenden göttlichen Offenbarung, die es zu bewahren und auszudeuten gilt – jede Veränderung wäre ein Sakrileg. Die eigene Tradition wird dabei als einleuchtend akzeptiert, fremde jedoch als nicht begründungsfähig verworfen. Ein solcher unkritischer Traditionsbegriff wurde schon von der antiken Philosophie in Zweifel gezogen: Tradition müsse sich vor der menschlichen Vernunft rechtfertigen. Die Aufklärung empfand Tradition zunehmend als Hindernis auf dem Weg des Menschen zu sich selbst (Locke): Die von ihr wie Schutt angehäuften unfundierten und unwandelbaren Überzeugungen der Vergangenheit seien erst wegzuräumen, um verlässliche Fundamente errichten zu können. Andererseits sah man gerade im Verlust von Tradition auch eine Ursache für historische Umbrüche (Burke). Besonders Herder betonte die Ambivalenz des Phänomens: Tradition schaffe erst den Zusammenhang der Menschheitsgeschichte und bilde deshalb die Bedingung menschlicher Entwicklung, sie sei aber auch Festlegung und Fessel des Menschen. Ihre Funktion als Manipulationsinstrument wurde von den großen Gesellschaftstheorien des 19. Jahrhunderts verstärkt erkannt und genutzt. Im 20. Jahrhundert neigten nahezu alle politischen Strömungen dazu, eigene Traditionen „zu erfinden" (Hobsbawm), um ihre Ansprüche zu begründen und auf ihre Anhänger Einfluss zu nehmen.

In der modernen, sich als fortschreitend verstehenden Gesellschaft wurde Tradition grundsätzlich in Frage gestellt, da ihr Rationalität, plurale Wertvorstellungen und die Erfahrung des Wandels zu widersprechen schienen. Noch bestehende „traditionale" Gesellschaften wurden deshalb als rückständig betrachtet, und von der Aufgabe eigener Tradition erhoffte man sich eine gegenseitige Annäherung (Konvergenzthese). Doch ist Tradition ein universelles anthropologisches Phänomen, dessen Funktionen (Handlungsorientierung, Identitätsstiftung) weiter erfüllt werden müssen. Fehlen herkömmliche Orientierungsmöglichkeiten, so treten „Erfindungen" an ihre Stelle (Vorurteile, Geschichtsmythen). Deshalb nimmt das Interesse an Tradition wieder zu, und sie wird von kleinen Gruppen (bei Volksfesten, in Traditionsvereinen), aber auch von Parteien und Staaten (nicht nur in antimodernen oder totalitären Systemen) wiederbelebt – häufig im Rückgriff auf reale oder konstruierte alte Traditionen. Selbst die Traditionskritik ist inzwischen zur Tradition geworden. Auch Wandel muss tradiert werden, weil Ethos und Rationalität nicht von jedem Individuum neu geschaffen werden. Der Gegensatz von Tradition und Moderne hat inzwischen eine zentrale Funktion für die Selbstdeutungen moderner Gesellschaften erlangt. So sind politische Veränderungen oft mit Traditionsbrüchen verbunden, wobei sich um die Tiefe solcher Brüche häufig Kontroversen entwickeln (→Historikerstreit).

Postmoderne Positionen lehnen heute weniger die Orientierungsfunktion von Tradition ab, sondern betonen ihre jeweils nur eingeschränkte Geltung und interessengeleitete Entstehung. Dies ist aber gerade für die →Geschichtswissenschaft interessant: Inhalt und Relevanz der vielen einzelnen Traditionen werden zum Forschungsgegenstand, da sie stets Ausdruck geistiger Strömungen und Bedürfnisse der Zeit sind, welche sie hervorgebracht oder gepflegt hat.

Für den Geschichtsunterricht folgt daraus, dass Tradition als anthropologische Konstante nicht ausgeblendet werden kann, aber gleichzeitig kritisch zu hinterfragen ist. Traditionsaneignung soll das Ergebnis einer bewussten Entscheidung sein, nicht Bewahrung um ihrer selbst willen.

Auerochs, Bernd: Tradition als Grundlage und kulturelle Präfiguration von Erfahrung, in: Jaeger, Friedrich/Liebsch, Burkhard (Hrsg.).: Handbuch der Kulturwissenschaften, Bd. 1. Stuttgart/ Weimar 2004, S. 24-37

Waldemar Grosch (Weingarten)

Transfer

Unter Transfer (lat.-engl.: Übertragung) versteht man die Reaktivierung und Übertragung von bereits Gelerntem und das An- und Verwenden von in anderen Zusammenhängen bereits erworbenen Kenntnissen, Einsichten, Fähigkeiten, Fertigkeiten auf neue Lernzusammenhänge. Am einfachsten zu praktizieren ist der Methodentransfer. Auf dem Feld der Lern- und Sozialformen sowie der Unterrichtsmethoden kann aufeinmal eingeübte Praktiken etwa des Gruppenunterrichts, der Quellen- und Bildinterpretation, des Lesens und Interpretierens einer Graphik oder Karte immer wieder zurückgegriffen und diese können ggf. verfeinert und intensiviert werden. Schwieriger sind ereignisbezogene Transfers zu organisieren, da die Einmaligkeit historischer Vorgänge allenfalls Analogien und Vergleiche (→Vergleich) zulässt, nicht aber die deckungsgleiche Übertragung von Gelerntem. So sind z.B. Auseinandersetzungen zwischen Staat und Kirche in der Geschichte häufig (z.B. Investiturstreit, „Kulturkampf"), sie sind aber nie identisch, verlaufen unterschiedlich, lassen unterschiedliche Trägergruppen und Interessenlagen erkennen und haben unterschiedliche Folgen. Trotz dieser Schwierigkeiten sollte im Geschichtsunterricht auf ereignisbezogene Transfers nicht verzichtet werden. Bei der Behandlung des Grundgesetzes von 1949 wird man auf die Paulskirchenverfassung oder die Verfassung von 1919 zurückverweisen können, um das damals Gelernte in Beziehung mit dem neuen Lerninhalt zu reaktivieren und zu wiederholen. Man verbindet damit zugleich die Hoffnung, dass der Transfer des „älteren" Wissens das Erlernen des neuen Unterrichtsinhalts erleichtern und ggf. beschleunigen könnte. Dies gilt auch für einmal gelernte Begriffe wie etwa Revolution, Herrschaft, Verfassung, mit deren leichterem Verständnis bei ihrem Wiederauftauchen im Unterricht gerechnet werden darf.

Man spricht vom Transfer begrifflich-kategorialen Wissens, wenn etwa die an einer konkreten Revolution (z.B. der Französischen Revolution von 1789) gewonnenen Einsichten und Erkenntnisse auf spätere Revolutionen übertragen werden. Da ein solches Unterfangen aber meist Hinweise auf beträchtliche Unterschiede vonnöten macht, ist fraglich, ob ein solcher Transfer überhaupt gerechtfertigt und ertragreich ist. Von großer Bedeutung ist der Transfer des im Geschichtsunterricht Gelernten in die Lebenswelt der Schülerinnen und Schüler, um dort Anwendung zu finden. Hier, in ihrer Lebenswelt, sollen Schülerinnen und Schüler (auch noch als Erwachsene) auf jene Wissensbestände und Fertigkeiten zurückgreifen können, die sie sich einst im Geschichtsunterricht angeeignet haben (→Gegenwartsbezug). Bis zu welchem Maß dies gelingt, ist bislang noch nicht hinreichend erforscht worden.

Schneider, Gerhard: Transfer, in: Mayer, Ulrich/Pandel, Hans-Jürgen/Schneider, Gerhard (Hrsg.): Handbuch Methoden im Geschichtsunterricht, 2. Aufl. Schwalbach/Ts. 2007, S. 649-674; Schneider, Gerhard: Transfer, Schwalbach/Ts. i.E. (2009)

Gerhard Schneider (Freiburg)

U

Unterrichtsplanung

Unterrichtsplanung ist ein Verfahren, das Unterricht strukturiert und auf ein Ziel hin organisiert. Unter Planung versteht man allgemein eine komplexe Tätigkeit, die aus einer Reihe von Aktivitäten besteht. Unterricht muss einen gegliederten, einsichtigen und auch für die Schüler nachvollziehbaren Aufbau haben. Der Anspruch jeder Unterrichtsplanung muss es sein, die in der Theorie erhobenen Forderungen der →Geschichtsdidaktik in die Unterrichtspraxis zu transformieren. Dies muss jedoch so stattfinden, dass die Planung einer Kontrolle standhält.

Geplant wird der Unterricht auf drei Ebenen und für unterschiedlich lange Zeiträume. Wenn die Planung sich auf ein ganzes Schuljahr bezieht, nimmt sie den Charakter eines „Stoffverteilungsplanes" an. Er enthält dann eine Übersicht, welche Themen in den ca. 36 Schulwochen des Jahres behandelt werden sollen. Die zweite Ebene stellt die Planung von Unterrichtseinheiten dar (z.B. Stadt im Mittelalter, Holocaust), die sich auf mehrere Stunden bezieht. Der Schwerpunkt der Unterrichtsplanung liegt allerdings auf der Planung einer einzelnen Unterrichtsstunde. Die Planungsaktivität von Lehrerinnen und Lehrern besteht in einzelnen Entscheidungsakten unterschiedlicher Reichweite. Die in der Unterrichtsplanung zu treffenden Entscheidungen betreffen grundsätzlich die Strukturmomente des Unterrichts:

Lehr- und Lernziele (Inhalt, Thematik, Erkenntnisweisen), Variablen (Medien, Methoden, Sozialformen und Strategien) und Bedingungen (das bereits vorhandene →Geschichtsbewusstsein der Schülerinnen und Schüler sowie das Wissen, das sie aus der sie umgebenden →Geschichtskultur mitbringen). Diese Strukturmomente müssen so in Beziehung zueinander gesetzt werden, dass sie an den Zielsetzungen des Faches gemessen werden können. Zu den Entscheidungen über das Beziehungsgefüge der Strukturmomente kommt die planerische Vorwegnahme des Unterrichtablaufs. Sie gliedert den Unterricht in →Artikulationsformen und antizipiert das für die einzelnen Lernschritte vorzusehende Zeitbudget. Nur eine Planung, die diese Punkte beinhaltet, lässt eine anschließende Reflexion des Lehrers bzw. der Lehrerin zu und befähigt sie, Änderungen kontrolliert vorzunehmen.
Von der Allgemeinen Didaktik bzw. Schulpädagogik liegen aus bildungs- und lerntheoretischer sowie konstruktivistischer Sicht Planungsschemata vor, die den Anspruch erheben, auf alle Fächer anwendbar zu sein. Da in ihnen die fachspezifischen Prinzipien, Grundsätze und Kategorien (z.B. →Gegenwartsbezug, →Multiperspektivität, →Narrativität) keinen strukturellen Stellenwert haben, sind sie für die geschichtsdidaktische Unterrichtsplanung unbrauchbar.

Dörr, Margarete: Unterrichtsplanung, in: GWU 46 (1995), S. 96-100; Kuhn, Annette: Unterrichtsplanung, in: Bergmann, Klaus u.a. (Hrsg.): Handbuch der Geschichtsdidaktik, Seelze-Velber 1997, S. 457-463; Pandel, Hans-Jürgen: Artikulationsformen, in: Mayer, Ulrich/Pandel, Hans-Jürgen/Schneider, Gerhard (Hrsg.): Handbuch Methoden im Geschichtsunterricht, 2. Aufl. Schwalbach/Ts. 2007, S. 577-594; ders.: Geschichte im Unterricht, in: Bergmann, Klaus u.a. (Hrsg.): Handbuch der Geschichtsdidaktik, Seelze-Velber 1997, S. 379-385

Nicky Born (Halle)

V

Verdrängung

Das Wort Verdrängung hat wie viele andere Wörter zwei Geltungsbereiche: einen allgemeingegenständlichen, z.B. Verdrängungswettbewerb in der Wirtschaft, und einen spezifisch-metaphorischen, z.B. Verdrängung eines peinlichen Sachverhalts, der dadurch aus der bewussten Erinnerung verschwindet. Seit der Begründung der Psychoanalyse durch Sigmund Freud (1856-1939) gewinnt diese zweite Bedeutung historisch-politisch und geschichtswissenschaftlich kontinuierlich an Bedeutung, denn: Geschichte und Gegenwart sind voll von Verdrängungen – auch und gerade in der psychologisch-metaphorischen Bedeutung des Wortes, um die es hier geht.

Im Unterschied zum bewussten Auswählen von Fakten, das angesichts der unübersehbaren, ja unendlichen Fülle der historischen Tatsachenwelt unumgänglich ist, und im Unterschied zum Vergessen, das den biologisch begrenzten Kapazitäten unseres →Gedächtnisses geschuldet ist, ist Verdrängen ein vor- oder unbewusstes Aussortieren von Wirklichkeiten, die das betroffene Individuum oder Kollektiv aus dem bis dahin erreichten inneren Gleichgewicht zu bringen drohen. Ein klassischer Fall von historisch-politischer Verdrängung, der geschichtswissenschaftlich inzwischen weitgehend aufgearbeitet wurde, ergab sich beispielsweise nach dem Ersten Weltkrieg, als weder die militärische Niederlage als solche (Dolchstoßlegende), noch die entscheidende Mitschuld Deutschlands und schon gar nicht die einseitigen Schuldzuweisungen der Alliierten (Kriegsschuldparagraph) akzeptiert werden konnten. Die damaligen Historiker waren an diesem Verdrängungsprozess maßgeblich beteiligt.

Geschichtsdidaktisch können Verdrängungen relativ leicht bearbeitet werden, indem beispielsweise ältere Schulbücher im Hinblick auf das untersucht werden, was sie enthalten und was sie nicht enthalten. Dazu käme selbstverständlich die jeweilige Perspektive der Darstellung. Der Protest „arischer" Frauen in der Berliner Rosenstraße zur Befreiung ihrer jüdischen Männer, die 1942/43 verhaftet worden waren und deportiert werden sollten, wurde beispielsweise nicht nur von den Nationalsozialisten totgeschwiegen, sondern bis in die 1980er Jahre kaum erwähnt (doppelte Verdrängung). Von diesem Tatbestand ausgehend lassen sich weitere Verdrängungen in Geschichte und Gegenwart ermitteln, was freilich nur die Objektebene des Unterrichts (Themen, Inhalte) betrifft. Verdrängungen auf der Subjektebene des Unterrichts (Lehrerinnen und Lehrer, Schülerinnen und Schüler) sind kein Gegenstand der →Geschichtsdidaktik im engeren schulbezogenen Sinn, da diese sich mit dem bewussten Lernen und nicht mit unbewussten Prozessen beschäftigt.

Trotz ihrer Bedeutung für Geschichte, →Geschichtswissenschaft und Geschichtsdidaktik im weiteren gesellschaftlichen Kontext gibt es bisher keine systematisierten Forschungen über Verdrängungen, was einer tief sitzenden Skepsis gegenüber der Psychoanalyse geschuldet ist. Einzelne Vorstöße und gelegentliche interdisziplinäre Symposien verweisen auf ein Aufgabenfeld der Zukunft.

Hohls, Rüdiger/Jarausch, Konrad H. (Hrsg.): Versäumte Fragen. Deutsche Historiker im Schatten des Nationalsozialismus, Stuttgart 2000; Rüsen, Jörn/Straub, Jürgen (Hrsg.): Die dunkle Spur der Vergangenheit. Psychoanalytische Zugänge zum Geschichtsbewußtsein, Frankfurt/M. 1998; Schulz-Hageleit, Peter: Grundzüge geschichtlichen und geschichtsdidaktischen Denkens, Frankfurt/M. 2002

Peter Schulz-Hageleit (Berlin)

Vergleich

In den Kultur- und Sozialwissenschaften bezeichnet der Vergleich ein methodisches Verfahren, in dem zwei oder mehr Untersuchungsgegenstände systematisch und methodisch kontrolliert gegenübergestellt werden. Ziel des Verfahrens ist es, über die Betrachtung eines Einzelfalls hinaus zu generalisierten Erkenntnissen zu gelangen oder aber die besonderen Merkmale eines der Vergleichsgegenstände präziser zu erfassen.

Es ist strittig, ob der Vergleich neben dem Experiment, der Fallstudie und der statistisch-quantifizierenden Methode ein „striktes" Verfahren (Nohlen) darstellt. Das Vergleichen ist zunächst einmal eine kognitive Operation. Der Ausbau des Vergleichens zu einem wissenschaftlichen Verfahren orientierte sich am Vorbild der Naturwissenschaften. In seinen „Regeln der soziologischen Methode" (1895) definierte Emile Durkheim den Vergleich als eine Methode, deren Zweck die Beweisführung einer Aussage sei. Der Vergleich erfüllt demnach in den Textwissenschaften die Funktion, die das Experiment in den Naturwissenschaften besitzt. Jedoch bestehen auch methodische Vorbehalte gegen den Vergleich. Aus der Sicht der →Geschichtswissenschaft wird moniert, dass sich die Geschichte nicht für den Vergleich in Variablen isolieren lässt, wie es in der empirischen Sozialforschung üblich ist, oder dass (historische) Vergleiche ihre Gegenstände künstlich isolieren und nicht die Transfers berücksichtigen würden, die zwischen ihnen bestehen. In der Regel sind das Ansehen wie die methodische Genauigkeit des Vergleichs in den empirischen Sozialwissenschaften höher als in den Wissenschaften, in denen der Umgang mit Texten im Vordergrund steht.

Dem Vergleich werden in den Kultur- und Sozialwissenschaften verschiedene Funktionen zugesprochen. Dabei handelt es sich um den Beitrag des Vergleichs zu generalisierten Aussagen bzw. Begriffsbildungen, ferner um seine heuristische Funktion, die darin besteht, neue Fragestellungen aufzuwerfen sowie um die kritische Option, im Vergleich allgemeine Aussagen bzw. Hypothesen zu überprüfen. Dabei hängt die Machbarkeit wie die Qualität des Vergleichs u.a. davon ab, wie viele Fälle in die Untersuchung einbezogen werden und inwieweit es gelingt, die Variablenvielfalt zu kontrollieren.

Es sind verschiedene Vergleichsformen zu unterscheiden. Zu nennen sind der generalisierende Vergleich, der Regelwissen anstrebt, oder der individualisierende Vergleich, der die Unterschiede zwischen den Gegenständen betont. Vergleiche können synchron und diachron angelegt sein. Sie können qualitative oder quantifizierende Verfahren bevorzugen, wobei die Quantifizierbarkeit des Gegenstands als vorteilhaft für das Vergleichsverfahren gilt. Schließlich bleiben fachspezifische Besonderheiten zu berücksichtigen. In der Geschichtswissenschaft ist insbesondere der Zeitfaktor zu nennen, weil in historischen Vergleichen über kulturbedingte Differenzen hinaus Prozesse, zeitversetzte Entwicklungen sowie der semantische Wandel der Begrifflichkeit zu berücksichtigen sind.

Haupt, Heinz-Gerhard/Kocka, Jürgen (Hrsg.): Geschichte und Vergleich. Ansätze und Ergebnisse international vergleichender Geschichtsschreibung, Frankfurt/M., New York 1996; Kaelble, Hartmut: Der historische Vergleich – eine Einführung zum 19. und 20. Jahrhundert, Frankfurt/M., New York 1999; Stichwort Vergleichende Methode, in: Nohlen, Dieter: Lexikon der Politik, Bd. 2, München 1994, S. 507-517

Michael Riekenberg (Leipzig)

Verstehen/Erklären

Für Geschichte ist charakteristisch, dass zu ihrer Erkenntnis grundsätzlich zwei unterschiedliche, gleichermaßen berechtigte und notwendige, wechselseitig aufeinander bezogene Zugangsweisen beitragen: das geisteswissenschaftlich-hermeneutische Verstehen und das sozialwissenschaftlich-analytische Erklären. Beide Denkweisen haben als prinzipielle Methoden historischer Erkenntnis den Charakter geschichtsdidaktischer →Kategorien. Sie sind nicht voneinander ablösbar und deshalb nicht gegeneinander auszuspielen.

In allem menschlichen Handeln sind und waren schon immer subjektive Faktoren (individuelle Sinngebungen, an Werten und Normen orientierte Motive) mit objektiven Faktoren (überindividuelle Verhältnisse, Gegebenheiten und Bedingungen) untrennbar verschränkt. Es gibt menschliche Stellungnahmen und Bestrebungen aus bestimmten Motiven und mit bestimmten Absichten (→Fremdverstehen) sowie relativ unveränderbare objektive Konstellationen sozialer, politischer, ökonomischer, geografischer Art, in die Menschen gleichsam hineingeboren werden. Menschen reagieren auf die gegebenen Verhältnisse und verändern sie. So haben wir es immer zugleich mit sinnstiftenden Prozessen und strukturdeterminierenden Wandlungsprozessen zu tun. Deshalb sind die herausfordernden, hemmenden oder fördernden Umstände genau so zu beachten wie deren subjektive Ursachen oder auch deren Auswirkungen im Bewusstsein der Beteiligten und Betroffenen.

Wenn die Lernenden diese Doppelkategorie begreifen sollen, so müssen sie zum Verstehenlernen und zum Erklärenlernen hingeführt werden. Einmal müssen sie lernen, von Äußerungen (in Schrift, Wort, Bild, Kunst) auf Inneres zu schließen, zum anderen, die kollektiven Bedingungen sachgerecht zu erfassen. Es geht um Sinnbezüge und Sachbedingungen in ihren Verschränkungen.

Lucas, Friedrich J.: Geschichte als engagierte Wissenschaft. Zur Theorie einer Geschichtsdidaktik, Stuttgart 1985; Mayer, Ulrich: Qualitätsmerkmale historischer Bildung. Geschichtsdidaktische Kategorien als Kriterien zur Bestimmung und Sicherung der fachdidaktischen Qualität des historischen Lernens, in: Hansmann, Wilfried/Hoyer, Timo (Hrsg.): Zeitgeschichte und historische Bildung. Festschrift für Dietfrid Krause-Vilmar, Kassel 2005, S. 223-243; Sandkühler, Thomas: Hermeneutik, Verstehen, in: Bergmann, Klaus u.a. (Hrsg.): Handbuch der Geschichtsdidaktik, 5. Aufl. Seelze-Velber 1997, S. 144-146

Ulrich Mayer (Kassel)

W

Weltgeschichte

Weltgeschichte ist eine nicht allein in der europäisch-westlichen Kultur überlieferte, sehr alte Gattung der Geschichtsschreibung (vgl. Herodot), die Anspruch auf eine möglichst umfassende Darstellung der Geschichte erhebt – in räumlicher Hinsicht (z.B. die Ökumene), teilweise zugleich in zeitlicher Hinsicht (z.B. ab Schöpfung bzw. Evolutionsbeginn; „big history“: „Urknall“) oder auch in philosophischem bzw. religiösem Sinne (z.B. Bestimmung des Menschen, „Gang der Geschichte“). Man findet sowohl die additive Reihung einzelner Kulturen, Völker etc. als auch Synthesen auf einer generellen Ebene, oft verbunden mit geschichtsphilosophisch-spekulativen Deutungen. Die wechselnden Konjunkturen der Gattungsgeschichte dokumentieren epochalen Wandel von Welt- und Menschenbildern, Geschichtsvorstellungen, geographischem Wissen, Chronologien etc., aber auch die Unvermeidlichkeit eines, allenfalls reflexiv zu bewältigenden „provinziellen“ Betrachterstandpunktes sowie die Tendenz, das je eigene Welt- und Selbstverständnis, positiv oder kritisch gewendet, zum zentralen Betrachtungsmaßstab zu erheben (vgl. z.B. Euro- oder Sinozentrismus). Im Deutschen werden „Weltgeschichte“ und „Universalgeschichte“ häufig synonym gebraucht; der Begriff „Menschheitsgeschichte“ schließt zumeist an den aufgeklärten „Menschheits“-Begriff an.

In expliziter Abkehr von älteren „universalhistorischen Denkstilen" (Jürgen Osterhammel) und geschichtsphilosophischer Spekulation (z.B. Oswald Spengler, partiell Arnold J. Toynbee) versteht sich die „neue", von US-amerikanischer Forschung geprägte „world history" als fachwissenschaftliche Teildisziplin. Ausgehend von der weltgeschichtlichen Analyse des (früh-)neuzeitlichen „Aufstiegs des Westens" (vgl. Immanuel M. McNeill, The Rise of the West, 1963; Wallersteins „Weltsystemtheorie"), interessiert sich Weltgeschichte für Interaktionen zwischen verschiedenen Weltregionen (z.B. →Migration, Diffusion) und transregional bedeutsame langfristige Entwicklungsverläufe und arbeitet, häufig per Vergleich oder Transferforschung, an großen Strukturen oder regionalen Fallstudien in transregionalen Kontexten. Mit ihren Ergebnissen wollen „world history" und „global history" (oft speziell: Globalisierungsgeschichte) auch zur Erweiterung der nationalhistorischen Perspektive in Forschung und Geschichtsunterricht beitragen.

GWU 56 (2005), H. 9: Schwerpunkt Weltgeschichte (Osterhammel, Popp); Manning, Patrick: Navigating World History, New York 2003; Weber, W. E. J.: Universalgeschichte, in: Aufriss der historischen Wissenschaften, Bd. 2, Stuttgart 2001, S. 15-98

Susanne Popp (Augsburg)

Werturteile

Ein Werturteil stützt sich auf Sachaussagen bzw. Sachurteile und bewertet diese von einem persönlichen oder ideologischen Standpunkt aus. Wenn sich ein Historiker mit einer Thematik auseinandersetzt, so muss er zunächst auf der Grundlage von Quellen Sachaussagen formulieren. Dabei ist es unerheblich, welchen persönlichen Standpunkt er vertritt. Sachaussagen können von jedem, der sich ebenfalls mit den entsprechenden Quellen beschäftigt, leicht nachgeprüft werden. Durch möglichst viele Sachaussagen erhält man eine immer deutlichere Vorstellung von der untersuchten Thematik. Sachaussagen bilden die Grundlage für ein Sachurteil oder ein Werturteil. Ein Sachurteil beruht stets auf der Auswahl, Verknüpfung und Deutung von einzelnen Sachaussagen. Es kann daher bessere oder schlechtere Sachurteile geben, je nachdem, wie gut oder schlecht sie durch Sachaussagen abgesichert werden können. So eröffnet die Auswahl der Quellen bei Sachurteilen einen Spielraum für unterschiedliche Deutungen. Die wissenschaftliche Diskussion zwischen Historikern findet auf dieser Ebene statt. Das Werturteil hebt sich durch die Einbeziehung von persönlichen Urteilen und Wertungen von Sachaussage und Sachurteil ab. Wie historische Ereignisse oder Entwicklungen aus heutiger Perspektive beurteilt werden, ist dementsprechend keine historische, sondern eine politisch-ethische Frage. Besonders bei umstrittenen Themen (vgl. →Historikerstreit, Goldhagen-Debatte) ist es notwendig, unterschiedliche Werturteile zu analysieren. Eine eigene, kritische Meinung kann sich nur bilden, wer die persönlichen Überzeugungen und Wertmaßstäbe eines Autors erkennt. Darum ist es wichtig, in Texten, die sich mit historischen Themen beschäftigen, Sachaussagen, Sachurteile und Werturteile zu unterscheiden. Um zu einer vielschichtigen Sicht auf historische Sachverhalte zu kommen, bedarf es einer grundlegenden Unterscheidungskompetenz (→Kompetenz), die im Geschichtsunterricht erlernt werden sollte. Dabei muss den Schülern die Voreingenommenheit jedes Urteils, auch des eigenen, bewusst werden. Für eine auswählende und deutende Rekonstruktion von Vergangenheit (→Geschichtsbewusstsein) ist die Fähigkeit, Werturteile zu erkennen bzw. selbst zu formulieren, von enormer Bedeutung.

Rüsen, Jörn: Werturteile im Geschichtsunterricht, in: Bergmann, Klaus u.a. (Hrsg.): Handbuch der Geschichtsdidaktik, 5. Aufl. Seelze-Velber 1997, S. 304-308; Weymar, Ernst: Werturteile im Geschichtsunterricht, in: GWU 21 (1970), S. 198-215

Andreas Wunsch (Halle)

Wissenschaftspropädeutik

Wissenschaftspropädeutik meint das Ziel vor allem der gymnasialen Oberstufe, die Schülerinnen und Schüler zu wissenschaftlichem Arbeiten hinzuführen. Dieses Ziel formulierte 1972 und erneut 1997 die Konferenz der Kultusminister: „Verbindendes Merkmal des Unterrichts in der gymnasialen Oberstufe ist das wissenschaftspropädeutische Arbeiten, das exemplarisch in wissenschaftliche Fragestellungen, Kategorien und Methoden einführt. Dabei geht es um die Beherrschung eines fachlichen Grundlagenwissens als Voraussetzung für das Erschließen von Zusammenhängen zwischen Wissensbereichen, von Arbeitsweisen zur systematischen Beschaffung, Strukturierung und Nutzung von Informationen und Materialien, um Lernstrategien, die Selbstständigkeit und Eigenverantwortlichkeit sowie Team- und Kooperationsfähigkeit unterstützen."

Wissenschaftspropädeutik ist dabei von Wissenschaftsorientierung abzugrenzen, die vom Lehrenden fordert, dass er in seinem Unterricht (bei aller Notwendigkeit der didaktischen Elementarisierung) sich am Stand der Wissenschaft orientiert bzw. nicht etwas vermitteln darf, das diesem widerspricht. Wissenschaftsorientierung bedeutet aber nicht, Schülerinnen und Schüler auf die Höhe der jeweiligen wissenschaftsinternen Fachdebatten und in die Breite eines differenzierten Kenntnisstands zu bringen, sondern sie in exemplarischer Weise mit wissenschaftlichen Kontroversen, Methodendiskussionen, mit Geschichte als Argument u.ä. zu konfrontieren. Wissenschaftspropädeutik zielt demgegenüber darauf ab, die Lernenden zur Praxis wissenschaftlichen Arbeitens hinzuführen. Wissenschaftspropädeutisches Arbeiten schließt daher die Auseinandersetzung mit fachspezifischen Methoden ein. Wissenschaftspropädeutik im Geschichtsunterricht heißt nicht, die Schülerinnen und Schüler auf ein Studium der →Geschichtswissenschaft vorzubereiten, sondern allgemein deren Studierfähigkeit zu fördern.

Wissenschaftspropädeutisches Lernen sollte die Alltagswelt der Schülerinnen und Schüler im Blick behalten, gleichsam eine Brücke zwischen Wissenschaft und Alltag herstellen, um eine Lebensdienlichkeit von Lernen und Forschen zu ermöglichen, um die Bedeutung dessen, was im Unterricht verhandelt wird, auch mit Blick auf die konkrete Alltagsrealität oder Lebenswelt der Schülerinnen und Schüler zu legitimieren. Wissenschaftspropädeutisches Lernen orientiert sich also nicht nur an gegenwärtigen wissenschaftlichen Standards, Methoden und Forschungsergebnissen, sondern auch an der Erfahrungswelt und an den lebenspraktischen Interessen der Lernenden.

Fölling, Werner: Wissenschaftspropädeutischer Unterricht, in: Enzyklopädie Erziehungswissenschaft Bd. 3: Ziele und Inhalte der Erziehung und des Unterrichts, Stuttgart 1986, S. 649-655; Habel, Werner: Wissenschaftspropädeutik. Untersuchungen zur gymnasialer Bildungstheorie des 19. und 20. Jahrhunderts, Köln 1990; Müller, Bernhard: Wissenschaftspropädeutisches Arbeiten, in: Mayer, Ulrich/Pandel, Hans-Jürgen/Schneider, Gerhard (Hrsg.): Handbuch Methoden im Geschichtsunterricht, 2. Aufl. Schwalbach/Ts. 2007, S. 308-324; Rüsen, Jörn: Wissenschaftspropädeutik im Geschichtsunterricht, in: Bergmann, Klaus u.a. (Hrsg.): Handbuch der Geschichtsdidaktik, Düsseldorf 1985, S. 246-249

Hartmann Wunderer (Wiesbaden)

Z

Zeiterfahrung

Grundlegend für historisches Denken ist die Unterscheidung der drei Zeitdimensionen von Vergangenheit, Gegenwart und Zukunft. Das Erleben von Zeit besteht in der Erfahrung vom Vorrücken der Gegenwart; das Gegenwärtige wird Vergangenheit, das Zukünftige Gegenwart. Diese Einteilung erfolgt von der Gegenwart aus. Danach ist Vergangenheit das, was einmal war und Zukunft das, was noch nicht ist. Anthropologisch betrachtet äußern sich diese Dimensionen in Erfahrung, Wahrnehmung und Erwartung.

Für das Erfassen vergangener Gesellschaften („vergangener Zeiten") ist dieses Koordinatensystem aber anders zu justieren. Was für uns Vergangenheit ist, war für die Menschen früherer Epochen ihre Gegenwart, und deren Zukunft ist unsere Vergangenheit („vergangene Zukunft"). Zukunft nur mit unserer Zukunft zu identifizieren und Schülerinnen und Schülern über sie Spekulationen abzunötigen, fördert nicht →Geschichtsbewusstsein, sondern verhindert es geradezu. Dieser Kategorienfehler in der Verwendung des Zukunftsbegriffes wird besonders in der Unterrichtspraxis deutlich, wenn weit zurückliegende Epochen wie Neolithikum oder präkolumbisches Amerika behandelt werden. Hier sind Erfahrung und Erwartung für Schülerinnen und Schüler nicht symmetrisch. Die Begrifflichkeit von Erfahrung,

Wahrnehmung und Erwartung als Kennzeichnung von →Geschichtsbewusstsein ist folglich unpräzise. Historische Erfahrungen, die weit in der Vergangenheit liegen und zur (sekundären) Erfahrung gehören, lassen sich wohl kaum als Erwartung auf unsere Zukunft beziehen.

Der in der →Geschichtsdidaktik bisweilen gebrauchte Begriff „Zeiterfahrung" ist nicht ganz glücklich. Man erfährt nicht „Zeit", sondern man macht in ihr Erfahrungen. Es gibt Erfahrungen, die für ganze Generationen typisch sind: Biologische, soziale und politische Generationseinheiten (Kriegsgeneration, 68er). Darüber hinaus geht Geschichte nicht in den Erfahrungen auf, die Menschen in ihr machen, sondern sie besteht auch aus den Umständen, Strukturen und Ereignissen, die es erst ermöglichen, bestimmte Erfahrungen zu machen.

Da die Zeitreise noch nicht erfunden ist, lassen sich eigene Erfahrungen nur in der Gegenwart machen. Zur Kennzeichnung von Vergangenheit taugt der Begriff Zeiterfahrung wenig, da Vergangenheit uns unzugänglich ist. Insofern müssen wir zwischen Eigen- und Fremderfahrung unterscheiden. Geschichte beruht auf der kritisch geprüften und ausgewerteten Fremderfahrung. Wir prüfen die Erfahrungen vergangener Generationen, die sich in Quellen niedergeschlagen haben. Historische Erfahrungen werden stets in der Gegenwart gemacht (→Gegenwartsbezug), und zwar an Relikten der Vergangenheit (Urkunde, altes Lied, Gebäude etc.). Es gibt keinen unmittelbaren Kontakt zur vergangenen Realität. Die Verbindung mit ihr erfolgt immer über Sprache und Erzählen.

Bieri, Peter: Zeit und Zeiterfahrung. Exposition eines Problembereichs, Frankfurt/M. 1972; Günther, Horst: Zeit der Geschichte. Welterfahrung und Zeitkategorie in der Geschichtsphilosophie, Frankfurt/M. 1993; Koselleck, Reinhart: Zeitschichten, Frankfurt/M. 2000

Hans-Jürgen Pandel (Halle)

Zeitgeschichte

Acht Millimeter Altertum, zehn Millimeter Mittelalter, sechzehn Millimeter Neueste Geschichte seit 1945. Es ist „Der Große Ploetz", der uns die herausgehobene Behandlung der Zeitgeschichte als Epoche deutlich vor Augen führt. Die eigene, soeben vergangene Geschichte ist der Gegenstand der Zeitgeschichte. Begriffsgeschichtlich führt die Entwicklung über das Aufgreifen der chronologischen Ordnung und die Bezeichnung eines bestimmten Zeitabschnittes hin zur Präzisierung der unmittelbar erlebten Zeit, der „Epoche der Mitlebenden und ihre wissenschaftliche Behandlung" (Hans Rothfels).

Von Seiten der →Geschichtswissenschaft wurden der Teildisziplin bis Mitte des 20. Jahrhunderts wegen der mangelnden zeitlichen Distanz zum Geschehen, ihrer Beschäftigung mit „Geschichte, die noch qualmt" (Barbara Tuchman) große Bedenken entgegengebracht. Das Interesse an zeithistorischen Themen in der nichtakademischen Öffentlichkeit weckten vor allem die Laienhistoriker in den Geschichtswerkstätten und die Nachwuchsforscher beim Schülerwettbewerb Deutsche Geschichte. Sie stellten nicht mehr den NSDAP-Gaufürsten in den Mittelpunkt, sondern den braunen Mitläufer von nebenan.

Zunächst auf den Zeitraum der beiden Weltkriege begrenzt, wendet sich die Zeitgeschichte heute vor allem der Geschichte seit dem Ende des Zweiten Weltkriegs zu. Ihre unübersehbare Konzentration auf die deutsche Geschichte in ihrer westlichen wie östlichen Perspektive gerät zunehmend unter Druck, wie die Forderungen nach einer europäischen Zeitgeschichte und die Ansprüche einer sich zunehmend konstituierenden Welt- bzw. Globalgeschichte unterstreichen. Gleichzeitig erfährt die Zeitgeschichte damit eine Erweiterung um die transfergeschichtliche Dimension.

Ihre Ergebnisse und Erkenntnisse gewinnt „Zeitgeschichte als wissenschaftliche Aufklärung" (Christoph Kleßmann) unverändert zu einem großen Teil aus der Analyse veröffentlichter und unveröffentlichter staatlicher und amtlicher →Quellen. Doch haben neben der bereits etablierten Berücksichtigung der Methoden der mündlichen Geschichte nichtschriftliche Quellen wie visuelle (Fotografien) und audiovisuelle (Wochenschauen, Rundfunk- und Fernsehbeiträge wie auch Spielfilme) den zeithistorischen Quellenfundus enorm erhöht und damit die auch in der Zeitgeschichte bisher vorherrschende „Hegemonie der schriftlichen Kommunikation" (Thomas Lindenberger) beendet. Für den Geschichtsunterricht verlangt diese Veränderung nicht nur die Entwicklung neuer hermeneutischer Verfahren, sondern ebenso die Vermittlung medialer Kompetenzen zur Analyse des „Doku"- bzw. des „Histotainment"-Bereichs. Gerade in diesem Bereich von Geschichte und Öffentlichkeit erhalten Zeithistoriker in ihrem Bemühen, Aussagen über die jüngste Vergangenheit zu treffen, erhebliche Konkurrenz durch Medienakteure und „Historiker-Journalisten". Dass man sich den zeithistorischen Fragestellungen in regionaler, nationaler, europäischer und globaler Perspektive nicht verschließen darf, unterstreicht der stetig steigende Anteil zeithistorischer Themen in den Lehrplänen (→Curriculum).

Große Kracht, Klaus: Die zankende Zunft. Historische Kontroversen in Deutschland nach 1945, Göttingen 2005; Kleßmann, Christoph: Zeitgeschichte als wissenschaftliche Aufklärung, in: Sabrow, Martin/Jessen, Ralph/Große Kracht, Klaus (Hrsg.): Zeitgeschichte als Streitgeschichte. Große Kontroversen nach 1945, München 2003, S. 240-262; Lindenberger, Thomas: Vergangenes Hören und Sehen. Zeitgeschichte und ihre Herausforderung durch die audiovisuellen Medien, in: Zeithistorische Forschungen, (2004), 1, S. 72-85; Metzler, Gabriele: Einführung in das Studium der Zeitgeschichte, Paderborn 2004

Alfons Kenkmann (Leipzig)

Zeitleiste

Die Zeitleiste ist eine räumlich-abstrakte Darstellung des Zeitverlaufs. Sie vermittelt Schülerinnen und Schülern chronologische Orientierung. So können sie langfristige historische Zeitverhältnisse und -abläufe nachvollziehen und geschichtliche Vorgänge zeitlich einordnen. Besser als vorgefertigte, käufliche Zeitleisten erfüllt diesen

Zweck die Erarbeitung einer eigenen Zeitleiste in der Klasse.
Soll die Zeitleiste zu Beginn des Geschichtsunterrichts eine globale Orientierung über die Erd- oder Menschheitsgeschichte vermitteln, reicht eine reine Zahlenleiste mit Markierungen in großen Schritten aus. Da die Millionen Jahre der Erdgeschichte eine maßstäbliche Darstellung sprengen würden, stellt man den Anfang gern als Spirale oder Schnecke dar. In der Sekundarstufe I lässt sich unterrichtsbegleitend eine Zeitleiste entwickeln, die das Kernpensum des Geschichtsunterrichts von etwa 500 v. Chr. bis in die Gegenwart umfasst. Schließlich kann man spezielle Zeitleisten für besonders interessierende kürzere Zeitabschnitte anfertigen (z.B. Französische Revolution, Revolution 1848/49, Weimarer Republik).
Das Rückgrat jeder Zeitleiste bildet die (meist waagerechte) Zeitskala. Je nach Maßstab werden unterschiedliche Zeitabstände markiert und größere grafisch hervorgehoben. Epochen, Regierungszeiten von Herrschern oder die Existenz von Staaten können mit Linien oder Farbbändern bezeichnet werden. Um die Darstellung zu vertiefen, kann man auch einzelne Personen, Ereignisse, Schlüsselbegriffe und Epochen genauer erläutern. Zusätzlich kann die Zeitleiste mit Bildern, Symbolen, →Karten, Grafiken oder →Diagrammen ausgestaltet werden.
Neben dem chronologischen Ansatz ist auch der lebensgeschichtliche Zugang von der Familiengeschichte der Schülerinnen und Schüler her möglich. Sie tragen ihre Lebensdaten, die der Eltern und Großeltern oder andere wichtige Ereignisse aus der Familiengeschichte in eine zeitgeschichtliche Zeitleiste ein. So werden persönliche und allgemeine Geschichte miteinander verknüpft, und das chronologische Vorstellungsvermögen wird von der Gegenwart her entwickelt und erweitert.

Sauer, Michael: Die Zeitleiste, in: Hans-Jürgen Pandel/Gerhard Schneider (Hrsg.): Handbuch Medien im Geschichtsunterricht, 4. Aufl. Schwalbach/Ts. 2007, S. 197-210; ders./Garbe, Antje: Geschichte lernen – Zeitleisten. 5 Teile: 500 v. Chr. bis in die Gegenwart, Seelze 1995; Turk, Margareta: Zeitleiste und Geschichtsfries, in: Schreiber, Waltraud (Hrsg.), Erste Begegnungen mit Geschichte. Grundlagen historischen Lernens, Bd. 1, 2. Aufl. Neuried 2004, S. 647-663

Michael Sauer (Göttingen)

Zeitzeugenbefragung

Im Rahmen der Oral History, der wissenschaftlich betriebenen Erforschung mündlich tradierter Lebenserfahrungen, dienen Zeitzeugeninterviews weniger der Aufklärung vergangener Sachverhalte und Ereignisse als vielmehr der Erkenntnis der mentalen und kulturellen Mechanismen und Strukturen, durch die Menschen ihre Erfahrungen im Laufe ihres Lebens verarbeitet haben bzw. verarbeiten. Im schulischen Rahmen werden Zeitzeugen jedoch im Allgemeinen als Informationsquellen (v.a. zur →Sozial- und Alltagsgeschichte) benutzt. Erst allmählich und ansatzweise beginnen Jugendliche sich für die Formung der Zeitzeugenerinnerungen zu interessieren.

Zeitzeugenbefragungen spielen heutzutage für das historische Lernen eine doppelte Rolle. 1. Insofern Interviews mit Zeitzeugen zum festen Bestandteil der medialen →Geschichtskultur geworden sind, müssen Schüler lernen, diesen Erzähltypus, dem scheinbar größte Authentizität zukommt, kritisch zu reflektieren. 2. Das Befragen von Zeitzeugen stellt eine hervorragende Möglichkeit dar, Schüler ein Stück weit die Vergangenheit selber erforschen zu lassen und sie an Verfahren der geplanten und kontrollierten Informations- und Erkenntnisgewinnung über vergangene Ereignisse und Verhältnisse heranzuführen. Wer ein solches Interviews selber sorgfältig geplant, durchgeführt und ausgewertet hat, wird den Suggestionen der medialen Zeitzeugenpräsentationen besser widerstehen können.

Sollen Schüler selber Zeitzeugen interviewen, so werden sie mit einer Reihe von Fragen und Problemen konfrontiert: Wer kommt für die Beantwortung der jeweiligen historischen Frage oder Hypothese als Zeitzeuge überhaupt in Betracht? Welche Leitfragen und Strategien sollen das Gespräch strukturieren? Wo und wann sollte das Gespräch am besten stattfinden? Wie soll man sich gegenüber dem Zeitzeugen verhalten? Wie soll das Interview dokumentiert und ausgewertet werden? Wie kann das Erzählte durch andere Quellen, Darstellungen, Zeitzeugen usw. überprüft und ergänzt werden? Die Vielfalt der Anforderungen macht deutlich, dass Schüler nicht von heute auf morgen vor die Aufgabe einer Zeitzeugenbefragung gestellt werden können, sondern dass sie allmählich Schritt für Schritt an diese Technik herangeführt werden müssen. Einzelne Schritte können auch anhand von aufgezeichneten Interviews oder nach entsprechenden Vorarbeiten der Lehrkraft eingeübt werden.

Henke-Bockschatz, Gerhard: Zeitzeugenbefragung, in: Mayer, Ulrich u.a. (Hrsg.): Handbuch Methoden im Geschichtsunterricht, 2. Aufl. Schwalbach/Ts. 2007, S. 354-369

Gerhard Henke-Bockschatz
(Frankfurt/M.)

Autorinnen und Autoren

Alavi, Bettina, Prof. Dr., PH Heidelberg

Baring, Frank, M.A., Wetzlar
Barricelli, Michele, Prof. Dr., Universität Hannover
Beilner, Helmut, Prof., Dr., Universität Regensburg
Bernhardt, Markus, Prof. Dr., PH Freiburg
Blanke, Horst Walter, Dr., PD, Universität Bielefeld
Bommes, Michael, Prof. Dr., Universität Osnabrück
Böttcher, Christina, Dr., Universität Halle
Born, Nicky, Halle
Both, Siegfried, Dr., Halle
Breit, Gotthard, Prof. Dr., Universität Magdeburg
Buske, Sybille, Dr., Freiburg

Conrad, Franziska, Dr., Wiesbaden

Dalbert, Claudia, Prof. Dr., Universität Halle
Dehne Brigitte, Berlin
Demantowsky, Marko, Jun. Prof. Dr., Universität Bochum
Donat, Sascha, Wilsdruff

Gautschi, Peter, Prof. Dr., Fachhochschule Nordwestschweiz
Grosch, Waldemar, Prof. Dr., PH Weingarten
Günter, Wolfgang, Dr., Freiburg
Günther-Arndt, Hilke, Prof. Dr., Universität Oldenburg
Gundermann, Christine, FU Berlin

Handro, Saskia, Prof. Dr., Universität Münster
Heese, Thorsten, Dr., Osnabrück
Henke-Bockschatz, Gerhard, Prof. Dr., Universität Frankfurt/M.
Hettling, Manfred, Prof. Dr., Universität Halle
Heuer, Christian, PH Freiburg

Juneja-Huneke, Monica, Prof. Dr., Universität Heidelberg

Kenkmann, Alfons, Prof. Dr., Universität Leipzig
Klenke, Dietmar, Prof. Dr., Universität Paderborn
Körber, Andreas, Prof. Dr., Universität, Hamburg
Krause-Vilmar, Dietfrid, Prof. Dr., Universität Kassel
Kuhn, Bärbel, Prof. Dr., Universität Siegen

Lagatz, Uwe, Dr., Wernigerode
Lange, Thomas, Dr., Darmstadt
Lautzas, Peter, Dr., Mainz
Lutz, Thomas, Berlin

Mayer, Ulrich, Prof. Dr., Universität Kassel
Meier, Klaus-Ulrich, Fulda
Mütter, Bernd, Prof. Dr., Universität Oldenburg

Oswalt, Vadim, Prof. Dr., Universität Gießen

Pandel, Hans-Jürgen, Prof. Dr., Universität Halle
Pflüger, Christine, Dr., PH Freiburg
Plattner, Irmgard, Dr., Innsbruck
Popp, Susanne, Prof. Dr., Universität Augsburg

Radkau, Verena, M.A., Braunschweig
Reeken, Dietmar von, Prof. Dr., Universität Oldenburg
Rox-Helmer, Monika, Universität Gießen
Riekenberg, Michael, Prof. Dr., Universität Leipzig

Salewski, Melanie, Kassel
Sauer, Michael, Prof. Dr., Universität Göttingen
Schneider, Gerhard, Prof. Dr., PH Freiburg
Schönemann, Bernd, Prof. Dr., Universität Münster
Schulz-Hageleit, Peter, Prof. Dr., TU Berlin
Slowig, Andreas, Halle
Stübig, Frauke, Prof. Dr., Universität Kassel

Thünemann, Holger, Dr., Universität Münster
Torp, Cornelius, Dr., Universität Halle

Urban, Andreas, Dr., Hannover

Völkel, Bärbel, Prof. Dr., PH Ludwigsburg

Wenzel, Birgit, Prof. Dr., TU Berlin
Wierling, Dorothee, Prof. Dr., Hamburg
Wunderer, Hartmann, Dr., Wiesbaden
Wunsch, Andreas, Halle